ソーシャルワーク演習のための88事例

実践につなぐ理論と技法を学ぶ

[編集] 田中英樹　中野伸彦

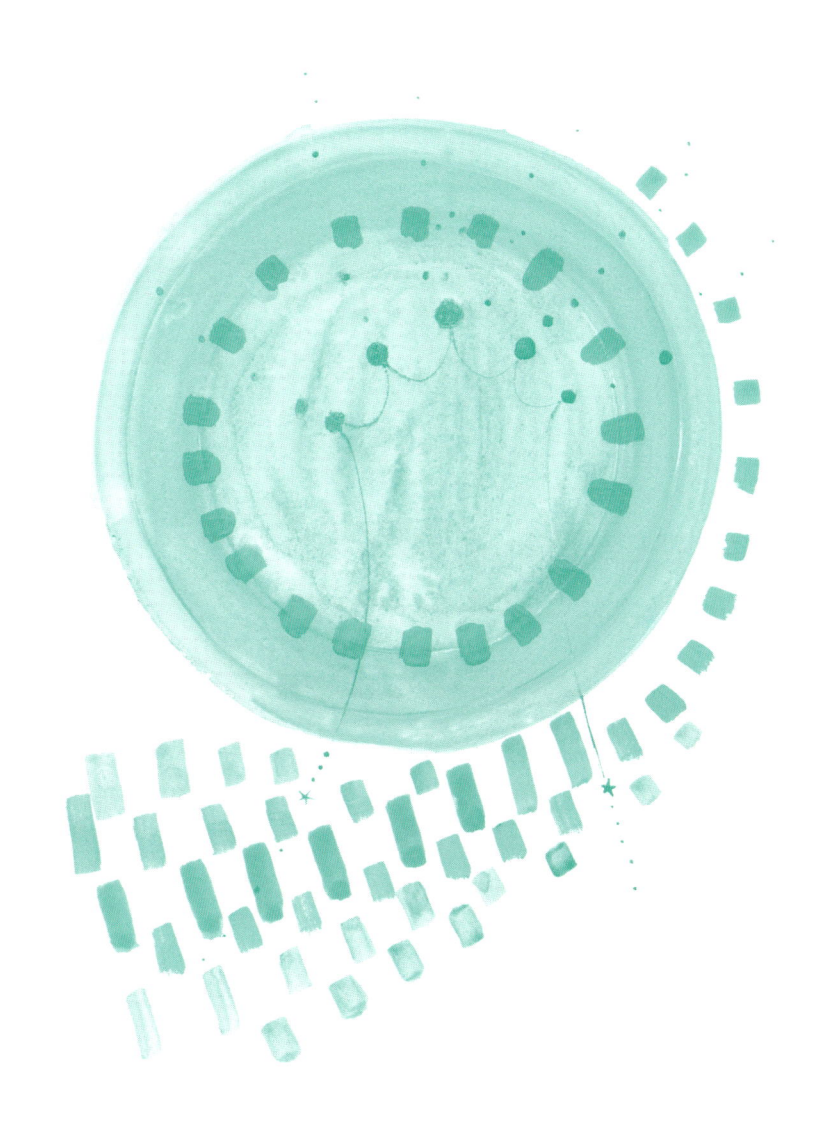

中央法規

はじめに

　近年、社会福祉の分野では、相次ぐ関係法の改正や新設によって、支援の制度や実践過程がめまぐるしく変転しています。このことは、専門職を養成する全国の福祉系大学、短大、専門学校での学びの内容にも大きな影響を与えています。例えば、社会福祉士や精神保健福祉士を養成するための新カリキュラムでは、演習の時間数が大幅に増えただけでなく、演習および実習の担当教員や福祉現場の指導者についても一定の資格要件を求めてきています。このことは、専門職の養成教育が、たんに教室内での科目ごとの知識の修得にとどまるのではなく、実際の福祉現場との密接な連携のなかで、現場に即した応用力や実践力を養っていくことに力点が置かれてきていることを示しています。

　このようななかで、現場に即した応用力や実践力をどのように養っていけばよいのでしょうか。例えば、医師や弁護士は数多くの症例や判例に学ぶことで自らの技能や実践力を磨いていきます。この例に学べば、ソーシャルワーカーの場合は、数多くの課題事例にふれることが実践力を身につけるうえで大切であることがわかります。このため、全国のソーシャルワーカー養成校では、教室での学びと現場実習とをつなぐ大切な役割を果たしている演習科目などで、どれだけ多様な事例を数多く扱えるかが実践力の養成を左右することになってきます。ところが、実際の養成現場では、時間内で取り上げられる事例数には限りがあります。教員の専門性によっては、学ぶことのできる領域にも偏りがみられることが少なくありません。

　そこで、本書では、児童、高齢者、障害者など社会福祉士や精神保健福祉士の対象とされている各分野のなかから88の課題事例をバランスよくとり上げ、それぞれの課題に対応する支援策を、①主体的に考え、②討論し合い、③書き込み、④発表できるような演習形式の活用に適するよう工夫しました。このため、事例の中身も原則として「この場合、あなたがワーカーだったらどのように支援しますか」という問いかけ方式を多用しているところが本書の大きな特色です。また、掲載している援助技法についても、基礎から応用、展開までのステップ方式で段階的・系統的に学べるように工夫しました。さらにはコミュニティソーシャルワークにかかわる現場職員の研修テキストや実務現場の手引書としても活用できるだけの内容を盛り込んでいます。このことで、読者のみなさんの学びの進度や関心領域の違いなどにも十分対応できるように配慮しました。

　このように本書は、限られた演習時間や研修時間でも大きな効果が引き出せるよう、さまざまな工夫を加えました。福祉の専門職を目指す読者のみなさん、また実際の現場で支援にあたっている読者のみなさんが、本書を通して、現場に即した支援のための応用力や実践力を大いに磨いていただくことを期待してやみません。

　本書刊行にあたって、学校で教鞭をとられている方から現場で実践を重ねている方まで、多くの方々に執筆のご協力をいただきました。あらためて御礼申し上げます。また、本書は、長崎県ソーシャルワーク実践事例研究会、九州の社会福祉系大学関係者および特定非営利活動法人日本地域福祉研究所（大橋謙策理事長）の全面的なご支援によって上梓されたことをここに付言し、感謝申し上げます。

2013年3月

田中英樹・中野伸彦

「ソーシャルワーク演習のための88事例」　目次

はじめに
本書の特色と活用法

STEP I　基礎編
―学習問題を通して、基本的な知識・対応を学ぶ―

STEP I（基礎編）の使い方・学習方法		2
事例1	一時保護から自宅に戻った被虐待児への支援	4
事例2	暴力行為を繰り返す中学生に対する支援	6
事例3	シンナー吸引を繰り返す少女への支援	8
事例4	生活保護を受給する視覚障害者に対する生活支援	10
事例5	自立困難な状況に陥り虐待も疑われる高齢者への支援	12
事例6	地域とのかかわりが少ない一人暮らし高齢者への支援	14
事例7	子育てに孤軍奮闘する母親への支援	16
事例8	特別支援学校と普通高校との交流学習への取組み支援	18
事例9	中途障害者の復職に向けた支援	20
事例10	重症心身障害児への自立支援と家族へのレスパイトケア	22
事例11	実姉から虐待を受ける知的障害者への支援	24
事例12	母親を亡くし一人暮らしをする知的障害者への生活・就労支援	26
事例13	がん告知に伴う危機的状況への理解と患者支援	28
事例14	暴力的な夫を抱える外国人妻と子どもへの支援	30
事例15	精神疾患が疑われるホームレスへの支援	32
事例16	がんの終末期における患者と家族への心理社会的支援	34
事例17	被災地支援の派遣要請にとまどう社協職員への支援	36
事例18	借金を抱えるアルコール依存症の高齢者への支援	38
事例19	異臭のする自宅にひきこもる精神障害者への支援	40
事例20	復職を希望するうつ病患者へのリワーク支援	42
事例21	アルコール依存症者へのパートナーシップを活用した支援	44
事例22	バウンダリーの意識が求められる障害者への支援	46
事例23	死ぬまで自宅で暮らし続けたい認知症高齢者への生活支援	48
事例24	薬物依存症者への回復支援	50

STEP II　技法編
―演習課題を明らかにし、活用する技法への学びを深める―

STEP II（技法編）の使い方・学習方法		76
事例25	友人関係に悩む不登校の生徒への支援――ケアマネジメントを活用する	78

i

事例26	自ら相談援助を求めない精神障害者に対する早期介入・早期支援 ——アウトリーチを活用する	80
事例27	さい銭盗を繰り返す障害者への支援——ネットワーキングを活用する	82
事例28	一人暮らし高齢者の孤独死を防ぐための支援 ——社会資源の利用・開発・調整を活用する	84
事例29	対人関係に悩む女性統合失調症者への心理的支援 ——SSTと心理的支援を活用する	86
事例30	無断外泊などから売春行為に至る少女への支援 ——チームアプローチを活用する	88
事例31	リストラにあった中高年とその家族への支援 ——システム論的アプローチを活用する	90
事例32	継続的な治療が必要な気分障害のクライエントへの支援 ——治療モデルアプローチを活用する	92
事例33	電車の運転士だった中途障害者への復職支援 ——生活モデルアプローチを活用する	94
事例34	一般就労が困難な知的障害者への就労支援 ——ストレングスアプローチを活用する	96
事例35	夫のギャンブルで多重債務状態に陥った夫婦への支援 ——心理社会的アプローチを活用する	98
事例36	身体障害者の安定的な在宅生活と復職に向けた支援 ——機能的アプローチを活用する	100
事例37	障害のある子どもへの就学支援——問題解決アプローチを活用する	102
事例38	学校と地域をつなぐ福祉体験プログラムの企画・運営に関する支援 ——課題中心アプローチを活用する	104
事例39	緊急性の高いひきこもり児童とその家族への支援 ——危機介入アプローチを活用する	106
事例40	学校現場における発達障害のある子どもへの学習支援 ——行動変容アプローチを活用する	108
事例41	ハローワークの職業相談員による外国人への就労支援 ——エンパワメントアプローチを活用する	110
事例42	若年性認知症の妻を在宅で介護する夫への支援 ——エコロジカルアプローチを活用する	112
事例43	「つらい」「悲しい」「悔しい」と言えないアルコール依存症者への支援 ——ナラティブアプローチを活用する	114
事例44	働きたい精神障害者の対人関係上のニーズに対する支援 ——SSTを活用する	116
事例45	ホームレス状態で入院した患者に対する居宅への退院支援 ——ケースワークを活用する	118
事例46	難病患者の生活不安に対する支援——グループワークを活用する	120
事例47	在宅の認知症高齢者に対する地域支援——コミュニティワークを活用する	122
事例48	ストーカー犯罪の被害者に対する支援——コンサルテーションを活用する	124

STEP Ⅲ　応用編
―ワークシート等を利用して、援助技法や社会資源に関する応用力を養う―

STEP Ⅲ（応用編）の使い方・学習方法		128
事例49	高齢者の社会貢献による生きがいづくりへの支援	133
事例50	息子から経済的虐待を受けていると思われる認知症高齢者への支援	134
事例51	要介護高齢者の自立生活を支えるケアマネジメントと家族への支援	135
事例52	ターミナル期（終末期）を療養病床で迎える高齢者への支援	136
事例53	在宅生活に支障をきたしている認知症高齢者とその家族への生活支援	137
事例54	夫のDVが原因で母子世帯となる女性への自立支援	138
事例55	施設から在宅への移行を目指す重症心身障害児とその家族への支援	139
事例56	発達が気になる子どもを抱える家族への支援	140
事例57	普通中学校への進学を希望する肢体不自由児への就学支援	141
事例58	知的障害のある夫婦の安定した「生活」を支える支援	142
事例59	地域移行に消極的な知的障害者とその家族への支援	143
事例60	脳内出血を発症した患者の在宅への退院支援	144
事例61	人工透析患者と家族に対する心身両面の苦痛を軽減するための支援	145
事例62	非正規雇用からホームレス状態となった若年男性の相談支援	146
事例63	自宅が「ごみ屋敷」となり近隣からの苦情が絶えない高齢者への支援	147
事例64	社会的入院を余儀なくされている精神障害者の退院・自立生活支援	148
事例65	気分障害のある人の日常生活・社会復帰支援	149
事例66	高齢の家族が抱えるひきこもりの子どもへの生活支援	150
事例67	困窮する生活のなかで万引きや無銭飲食を繰り返す青年への支援	151
事例68	過重労働によって自殺した男性の遺族への支援	152
事例69	孤立状態で病識もない認知症高齢者への支援	153
事例70	初期状態の認知症高齢者に受診を促すための支援	154

STEP Ⅳ　展開編
―援助技法を活用して、総合的・包括的な実践力や展開力を養う―

STEP Ⅳ（展開編）の使い方・学習方法		156
事例71	「私が主人公」の物語を磨く支援	164
事例72	心理教育を活用した精神障害者の家族への支援	168
事例73	在職精神障害者（気分障害）の復職に向けた支援	172
事例74	ICFをもとに作成した個別アセスメントシートを活用した居住支援	176
事例75	ストレングスを活用した統合失調症患者への生活支援	179
事例76	気分障害のある青年へのインフォーマルな資源を活用した支援	182
事例77	スーパービジョンによる新人ソーシャルワーカーへの支援	186
事例78	震災後に仮設住宅で生活する世帯への支援	190

事例79	犯罪被害に遭った一人暮らし高齢者への支援………………………	194
事例80	超高齢社会における高齢者の地域支援…………………………………	198
事例81	一人暮らしをする特別永住在日コリアン１世の高齢者への支援……	202
事例82	認知症の一人暮らし高齢者への地域での支援…………………………	206
事例83	病気のために離れて暮らすことになった高齢者夫婦への支援………	210
事例84	患者と介護する家族の生活の再構築に向けた支援……………………	214
事例85	発達障害者に対するチームアプローチによる支援……………………	218
事例86	知的障害者の地域移行と家族への支援…………………………………	222
事例87	育児不安を抱え地域とのつながりが乏しい親子への子育て支援……	226
事例88	医療、介護の介入が困難な低所得者への支援…………………………	230

援助アプローチ・援助技法解説……………………………………………… 235

ワークシート一覧……………………………………………………………… 247

フェイスシート………………………………………………………… 248
心身の状況、社会活動や介護者等の状況表…………………………… 250
エコマップ……………………………………………………………… 252
タイムラインシート…………………………………………………… 255
ニーズ・アセスメント票……………………………………………… 256
サービス利用計画……………………………………………………… 258
リフレーミング表……………………………………………………… 260
個別アセスメント表…………………………………………………… 261
個別ケアプラン表……………………………………………………… 262
地域アセスメント（SWOT 分析）表………………………………… 263
地域ケアシステムの企画プラン表…………………………………… 264
家族教室の企画プラン表……………………………………………… 265
ICF の考えをもとにしたリフレーミング・個別アセスメント表…… 266
ストレングスアセスメントのワークシート………………………… 267

編集・執筆者一覧

本書の特色と活用法

○社会福祉士・精神保健福祉士養成の新カリキュラムで重視されているのは、時間増が図られた演習科目や指導者の要件のある現場実習などを通して、どのようなクライエントにも対応できる総合的な実践力の養成を目指すことです。本書は、この要望に応えるために、次の4つの特色を備えています。

1．新カリキュラムに対応した実践力を演習形式で学べるよう工夫した

本書では、福祉の全分野をバランスよく網羅するために88の事例を掲載しました。このなかには近年の法改正にも対応できるよう最新の情報も盛り込んでいます。また最近ニュースなどで話題にのぼっている特異な課題なども含めることで時代の要請にも配慮しました。これらの1事例ごとに学習課題を提示することで、①主体的に考え、②討論し合い、③書き込み、④発表できる演習形式の活用に最も適した内容となるよう心がけました。このことで養成校での演習テキストのみならず、広く現場におけるスーパービジョンやコンサルテーションなどの教材としても活用できる内容を目指しました。

2．STEP方式で段階的・系統的に学べるよう工夫した

本書の構成は大きく4つのSTEPに分類されています。STEP Iは、掲載する事例を通してソーシャルワーカーとしての価値や倫理、支援に向けての基礎的な知識や対応を理解する「基礎編」、STEP IIは、24種類の技法を、それぞれに対応する事例を通して学んでいく「技法編」、STEP IIIは、事例に即したアセスメントやケアプランの策定を自由に試みることで援助技法や社会資源の柔軟な活用法や応用力を養う「応用編」、そしてSTEP IVは、現任研修にも活用できる内容として、チームアプローチやコミュニティソーシャルワークなどの総合的・包括的な実践力や展開力を養う「展開編」としました。このことで、読者のみなさんの学びの進度や必要性に応じて段階的・系統的に学べるよう工夫しました。

3．事例の記述は原則として問題を問いかけるところでとどめた

通常、事例集といえば現任のソーシャルワーカーが実際に展開させたプロセスをその結果にいたるまで詳細に記載する場合が多いのに対して、本書では事例への対応策や解決策をあえて示さず、「さて、あなたがワーカーであれば、どうしますか？」という問いかけの段階でとどめることを原則としました。これは、投げかけられた課題事例に対してどのような対応が最も適切かを柔軟にイメージしたり、さまざまな社会資源や援助技法を複合的に組み合わせる想像力や応用力などを養うことで、実務的に対応できる実践力の養成を目指しているためです。ただし、STEPの段階や事例内容によっては、奨励する技法やワークシートなどを明示することで研修効果が高まるような工夫も加えています。

4．価値・技法・課題別アプローチの全体を網羅し学習効果の向上を目指した

本書では、福祉の全分野におけるさまざまな課題事例を網羅しているだけではなく、新カリキュラムに記載されている価値、技法、課題別のアプローチ、支援計画などの基本事項の全体にもふれられるよう配慮しました。その際、参考にしてほしい資料として技法解説やエコマップの記載例、各種アプローチのためのワークシートなどを巻末に一括掲載しています。また、学習効果の一層の向上をはかるために、STEPごとに書き込み欄の様式や頁数を変えたり、必要に応じて事前学習のためのチェックリスト欄を設けるなどの工夫も行っています。

○本書の構成は大きく4つのSTEPに分類されています。ここでは全体の構成とSTEPごとのねらいや活用法を簡単に説明します。具体的な使い方については、本編のなかでSTEPごとにサンプル事例を用いながら詳しく説明していますのでそちらを参照ください。なお、本書に掲載する88の事例には、共通に、事例の内容を要約した標題（キャッチコピー）と3つの学習目標を掲げています。読者は、この標題と学習目標を参考にしながら、事例のなかで学んでほしい（学びたい）ことがらなどを確かめたうえで事例を読みすすめます。

STEP I 基礎編（24事例）

STEP I では、掲載する24の事例を通して支援のための基礎的な知識を理解していきます。各事例の右頁には、事例から考えてほしい問題が五肢選択形式で3問ずつ設定されています。問題内容はソーシャルワーカーの価値・原理・原則に関するものや制度の理解に関するもの、あるいはソーシャルワーカーの基本的な対応に関するものなど、いずれも事例ごとに掲げられている学習目標に対応した問題です。読者はこの問題を解くことによって、事例の読み方や支援に向けての基本的な姿勢や対応の手順などを学んでいきます。問題の解答と解説は、STEP I の最後に掲載していますので、間違えた問題は解説までじっくり読んでおきましょう。なお、事例ごとに学習内容を補うための「事前学習チェックリスト」を掲載していますので、理解を確実にするために役立ててください。

STEP II 技法編（24事例）

STEP II では、掲載する24の事例を通して学習課題を明らかにし、それぞれに対応する技法への理解を深めていきます。各事例の右頁には、アプローチ、技法、アセスメント、支援計画等のあり方を問いかける学習課題を3問ずつ設定していますので、読者は事例を十分読み込んだうえで、それぞれの学習課題に答えていきます。その成果を直接書き込むことができるよう各頁には書き込み欄を設けていますが、巻末に掲載するワークシート等を活用しながらまとめることもできます。技法の理解を確実にするために、「援助アプローチ・援助技法解説」の項目（235頁）も設けていますので、学習課題を考える際の参考にしましょう。

STEP III 応用編（22事例）

STEP III では、掲載する22の事例を通してソーシャルワーカーの視点を明確にし、各種の援助技法や社会資源等の柔軟な活用法や応用力を養います。このためこのSTEPでは、あえて事例のみの掲載にとどめています。読者は、それぞれの事例内容を通して、最もふさわしいアプローチの方法や支援策を選びとり、巻末に掲載しているワークシート等を自由に選択・活用しながらアセスメントや支援計画を策定していきます。その際、複数の援助技法や社会資源などを組み合わせると、より実務に近い支援の応用力が養えることになります。各事例には考えるヒントとして「推奨する技法やワークシート」を掲げていますので、学習の参考にしてください。

STEP IV 展開編（18事例）

STEP IV では、掲載する18の事例を通してチームアプローチやコミュニティソーシャルワークなどの総合的・包括的な実践力や展開力を養います。このため、現場におけるスーパービジョンやコンサルテーションの場面などでも十分活用できる内容になっています。また地域に関連する事例については、個別アセスメントに加えて地域アセスメントも必要になってきますので、このSTEPでは1事例につき4頁程度のスペースを基本にしています。読者は、事例内容を通してケアカンファレンスやチームアプローチなどの支援に向けた全体的なプロセスとその要点、さらには社会資源の開発等の視点についても幅広く学んでいきます。

STEP I

基礎編

24事例

◆STEP Ⅰ（基礎編）の使い方・学習方法

　STEP Ⅰでは、事例を通して、ソーシャルワーカーとしての支援のために必要な基本的な知識について理解してもらうことを狙いとしています。

事例 1　一時保護から自宅に戻った被虐待児への支援

> 事例を通して学んでほしい内容を3項目にまとめました。事例を読んだ後にも、この内容が理解できているか、チェックしてみましょう。

✚ 事例の学習目標

1　危機的状況にある児童への援助について理解する。
2　一時保護の制度について理解する。
3　在宅支援に向けた適切な対応について理解を深める。

> 具体的な事例が展開されています。クライエントの状況、支援者との出会い方、ソーシャルワーカーの支援などを読み取っていきましょう。「自分ならどうするか」を考えながら、読み進めてください。

✚ 事例の概要

　A君（8歳、男子）は、長男（12歳）、長女（10歳）の3人きょうだいの末っ子である。父親は長距離トラックの運転手で、週に1～2日程度の帰宅頻度であった。母親は専業主婦で、家事と育児に専念していたが、A君が小学校に入学した頃から、夫と口喧嘩が絶えなくなった。ある日、A君が「なんでお父さんとお母さんはいつも喧嘩しているの？」と母親に尋ねると、「子どもには関係ない」と一喝され、それ以来A君は、母親の機嫌を伺いながら生活するようになった。

　夫との関係が悪くなってから、それまで優しかった母親は、次第にイライラをつのらせ、子どもたちに強い口調で怒鳴ったり、手をあげるようになった。ある日、小学校の担任教諭がA君の足や腕にアザらしきものを見つけ、「どうしたの？」と聞くと、「転んでぶつけた」と言うだけで黙り込んでしまった。

　ある朝、A君は頬に手を当てて登校してきた。うつむき元気がない様子に担任教諭が近寄ると、A君は泣き出してしまった。事情を聞くと、「帰るといつもお母さんがお酒を飲んでいて、イライラしている。お腹が空いたと言ったら"なんでいつもお母さんを困らせることばかり言うの"と怒られて殴られた」と言った。頬からA君の手を離すと、青アザが残っていた。A君の身の危険を感じた担任教諭は、市内にある児童相談所に相談した。児童相談所のB相談員がA君宅を訪問したところ、玄関先に出てきた長女はやせ気味で、足には複数のアザが見られた。後ろからアルコールの匂いをさせた母親が出てきて、「何の用事ですか」とB相談員をにらみつけた。**(問題1)**

> 学んでほしい・理解してほしい内容について、具体的な学習問題を3題設定しました。問題は右頁にまとめています。その時点までの事例の内容をよく確認して、問題に取り組みましょう。

　B相談員が話を聞き始めると、母親は、普段家にいない夫の浮気が原因で喧嘩が絶えないこと、気づいたら子どもに手をあげてしまっていたこと、自分でもどうしようもないときがあることなどを語り始めた。B相談員は何度か訪問するなかで母親の同意を得て、児童相談所の一時保護施設で子どもたちを保護することにした。その後、児童相談所の一時保護の期限が切れたため、市内にある児童養護施設に再び一時保護を委託することにした。**(問題2)**

　子どもたちは、B相談員と小学校の3人の担任教諭に連れられて、児童養護施設に1週間の期限付きで一時保護となった。そして1週間が経ち、母親が児童養護施設に迎えに来た。母親は施設関係者や、様子を見に来たB相談員に一礼すると、不安そうな表情の子どもたちの手を引いて、タクシーで自宅へ帰って行った。児童相談所のB相談員は、今後も在宅生活に向けた支援の必要性を感じている。**(問題3)**

| 問題1 | 次のうち、B相談員による危機的状況への対応として、最も適切なものを一つ選びなさい。 |

1 母親が落ち着いたときに話すほうがよいと判断し、後日改めて訪問する。
2 母親に虐待の事実を確認するため、子どもたちのアザについて問いただす。
3 子育ての悩みや困っていることはないかなど、母親の受容に努める。
4 事実を確認するため、子どもたちに会わせるよう母親を説得する。
5 子どもたちの安全を確認した上で、生活状況について母親の話に傾聴しながら虐待の認識を促す。

| 問題2 | 次のうち、A君の一時保護に関して、適切なものを一つ選びなさい。 |

1 A君の場合、児童相談所長が必要であると認めるときは、保護者の同意がなくても職権により一時保護ができる。
2 A君の場合、保護した理由を本人に説明することは望ましくない。
3 A君の場合、一時保護の期間は、原則6か月以内である。
4 A君の場合、面会や通信の制限をすることはできない。
5 A君に安心感を抱かせるため、一時保護の期間中であっても、小学校に通学させることにした。

| 問題3 | 次のうち、在宅支援に向けたB相談員の今後の対応として、最も適切なものを一つ選びなさい。 |

1 母親のアルコール依存の治療のため、病院を紹介し治療するよう説得する。
2 子どもたちの安全を考え、学校の担任教諭の協力体制を強化する。
3 母親のストレスを解消するため、子育てサークルの情報を提供し参加を促す。
4 継続訪問に加え、ファミリーサポートセンターや担任教諭との連携など社会資源を活用した支援を行う。
5 夫婦喧嘩が虐待の原因の一つにもなるため、喧嘩をやめるよう母親に理解を求める。

(解答⇒52頁)

事前学習チェックリスト

☐ 児童虐待への対応
☐ 危機介入
☐ 日本社会福祉士会倫理綱領
☐ 児童相談所の役割
☐ 一時保護制度

事例 1　一時保護から自宅に戻った被虐待児への支援

事例の学習目標

1. 危機的状況にある児童への援助について理解する。
2. 一時保護の制度について理解する。
3. 在宅支援に向けた適切な対応について理解を深める。

事例の概要

　A君（8歳、男子）は、長男（12歳）、長女（10歳）の3人きょうだいの末っ子である。父親は長距離トラックの運転手で、週に1～2日程度の帰宅頻度であった。母親は専業主婦で、家事と育児に専念していたが、A君が小学校に入学した頃から、夫と口喧嘩が絶えなくなった。ある日、A君が「なんでお父さんとお母さんはいつも喧嘩しているの？」と母親に尋ねると、「子どもには関係ない」と一喝され、それ以来A君は、母親の機嫌を伺いながら生活するようになった。

　夫との関係が悪くなってから、それまで優しかった母親は、次第にイライラをつのらせ、子どもたちに強い口調で怒鳴ったり、手をあげるようになった。ある日、小学校の担任教諭がA君の足や腕にアザらしきものを見つけ、「どうしたの？」と聞くと、「転んでぶつけた」と言うだけで黙り込んでしまった。

　ある朝、A君は頬に手を当てて登校してきた。うつむき元気がない様子に担任教諭が近寄ると、A君は泣き出してしまった。事情を聞くと、「帰るといつもお母さんがお酒を飲んでいて、イライラしている。お腹が空いたと言ったら"なんでいつもお母さんを困らせることばかり言うの"と怒鳴られて殴られた」と言った。頬からA君の手を離すと、青アザが残っていた。A君の身の危険を感じた担任教諭は、市内にある児童相談所に相談した。児童相談所のB相談員がA君宅を訪問したところ、玄関先に出てきた長女はやせ気味で、足には複数のアザが見られた。後ろからアルコールの匂いをさせた母親が出てきて、「何の用事ですか」とB相談員をにらみつけた。**(問題1)**

　B相談員が話を聞き始めると、母親は、普段家にいない夫の浮気が原因で喧嘩が絶えないこと、気づいたら子どもに手をあげてしまっていたこと、自分でもどうしようもないときがあることなどを語り始めた。B相談員は何度か訪問するなかで母親の同意を得て、児童相談所の一時保護施設で子どもたちを保護することにした。その後、児童相談所の一時保護の期限が切れたため、市内にある児童養護施設に再び一時保護を委託することにした。**(問題2)**

　子どもたちは、B相談員と小学校の3人の担任教諭に連れられて、児童養護施設に1週間の期限付きで一時保護となった。そして1週間が経ち、母親が児童養護施設に迎えに来た。母親は施設関係者や、様子を見に来たB相談員に一礼すると、不安そうな表情の子どもたちの手を引いて、タクシーで自宅へ帰って行った。児童相談所のB相談員は、今後も在宅生活に向けた支援の必要性を感じている。**(問題3)**

| 問題1 | 次のうち、B相談員による危機的状況への対応として、最も適切なものを一つ選びなさい。 |

1　母親が落ち着いたときに話すほうがよいと判断し、後日改めて訪問する。
2　母親に虐待の事実を確認するため、子どもたちのアザについて問いただす。
3　子育ての悩みや困っていることはないかなど、母親の受容に努める。
4　事実を確認するため、子どもたちに会わせるよう母親を説得する。
5　子どもたちの安全を確認した上で、生活状況について母親の話に傾聴しながら虐待の認識を促す。

| 問題2 | 次のうち、A君の一時保護に関して、適切なものを一つ選びなさい。 |

1　A君の場合、児童相談所長が必要であると認めるときは、保護者の同意がなくても職権により一時保護ができる。
2　A君の場合、保護した理由を本人に説明することは望ましくない。
3　A君の場合、一時保護の期間は、原則6か月以内である。
4　A君の場合、面会や通信の制限をすることはできない。
5　A君に安心感を抱かせるため、一時保護の期間中であっても、小学校に通学させることにした。

| 問題3 | 次のうち、在宅支援に向けたB相談員の今後の対応として、最も適切なものを一つ選びなさい。 |

1　母親のアルコール依存の治療のため、病院を紹介し治療するよう説得する。
2　子どもたちの安全を考え、学校の担任教諭の協力体制を強化する。
3　母親のストレスを解消するため、子育てサークルの情報を提供し参加を促す。
4　継続訪問に加え、ファミリーサポートセンターや担任教諭との連携など社会資源を活用した支援を行う。
5　夫婦喧嘩が虐待の原因の一つにもなるため、喧嘩をやめるよう母親に理解を求める。

（解答➡52頁）

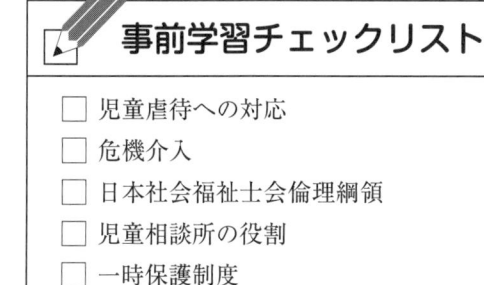

事前学習チェックリスト

☐ 児童虐待への対応
☐ 危機介入
☐ 日本社会福祉士会倫理綱領
☐ 児童相談所の役割
☐ 一時保護制度

事例 ② 暴力行為を繰り返す中学生に対する支援

✚ 事例の学習目標

1　スクールソーシャルワーカーとしての支援のあり方を学ぶ。
2　暴力や非行を繰り返す児童に対する支援のあり方を学ぶ。
3　家庭環境が児童の心理面に与える影響について理解を深める。

✚ 事例の概要

　中学2年生のC君（14歳、男子）は、学校を休むことが多い。登校しても授業を妨害したりクラスメイトに暴力を振るったりしており、学力は劣っている。特に年下の1年生に対する暴力には目に余るものがあり、誰もC君に近づこうとはしない。このため同級生にも友人は少なく、同じように暴力的な傾向のある2～3人の生徒に限られている。

　C君の母親（42歳）は、昼夜のパート勤めで家計を支えながら家事を行う多忙な毎日を過ごしている。家の中では一人息子のC君とも顔を合わせることが少なく、家族の会話はほとんどない。父親（45歳）は、C君が小学5年生のときに、勤めていた会社からリストラされ、その後は再就職先が見つからずギャンブルと酒に浸る毎日を送っていた。このことで夫婦の仲も悪くなり、喧嘩の末の度重なる暴力に耐えかねた母親は、ある日、C君を連れて市内のアパートに移り住んだ。現在も父親とは別居状態が続いており、C君とのかかわりもほとんどない。小さな頃から元気な子として周りからも可愛がられていたC君だったが、両親の別居がきっかけで、学校では毎日のように暴力を振るうようになった。初めは軽いいたずら程度であったものが、その後次第にエスカレートし、今では相手を怪我させるほどひどい暴力を振るうこともある。

　ある日、C君が学校を休んで繁華街を歩いていたところ、話しかけてきた下校中の小学生に特に理由もなく暴力を振るい怪我をさせてしまった。その夜すぐに母親は、嫌がるC君を引き連れて、中学校の担任教諭とともに怪我を負わせた小学生の家に出向き、保護者に謝罪したことでこの一件は解決できた。母親は、小学生の保護者や担任教諭に「大変ご迷惑をおかけしました。私の教育がなっておらず申し訳ありません」と何度も頭を下げて謝罪した。だが、当事者であるC君に反省の様子はみられなかった。

　その後、C君は夜の繁華街で年上の不良グループともみあいになり、今度は逆にC君が数日間入院するほどの怪我を負ってしまった。度重なる暴力や非行を繰り返すC君の将来に大きな不安を感じた母親は、あらためて担任教諭と今後の対応を協議し、校内に出入りするDスクールソーシャルワーカー（社会福祉士）に相談することとし、後日、Dスクールソーシャルワーカーは母親との面談を行った。**(問題1)**

　面談を終えたDスクールソーシャルワーカーは、C君を支えるためのケース会議を開催することにした。**(問題2)**

　そして、ケース会議ではC君に対する支援策の検討が開始された。**(問題3)**

| 問題 1 | 次のうち、Dスクールソーシャルワーカーの知り得た情報の扱い方として、適切なものを一つ選びなさい。 |

1　C君への支援なので、支援に協力してもらえるよう同級生全員にすべての情報を伝える。
2　地域との連携を図るため、周辺住民にすべての情報を伝えて協力してもらう。
3　母親のパート先に家庭状況を伝え、いつでも協力してもらえる体制をつくっておく。
4　同級生の保護者に対しては、正当な理由がなければC君の情報を伝えてはならない。
5　問題が解決した後であれば、周辺住民にはC君の情報を公開してもよい。

| 問題 2 | 次のうち、C君を支援する初回のケース会議の出席者として、適切なものを一つ選びなさい。 |

1　Dスクールソーシャルワーカー、医師、保健師、看護師、弁護士
2　Dスクールソーシャルワーカー、母親、学校長、担任教諭、福祉事務所の生活保護担当者
3　Dスクールソーシャルワーカー、母親、民生委員、生活支援員、自治会長
4　Dスクールソーシャルワーカー、介護福祉士、ケアマネジャー、訪問介護員
5　Dスクールソーシャルワーカー、母親の職場職員、父親が以前勤めていた会社社員、警察

| 問題 3 | 次のうち、C君への具体的な支援策として、適切なものを一つ選びなさい。 |

1　C君の学力が劣っているのは軽い知的障害があるためであるから、今後の生活に向けて療育手帳を申請する。
2　父親とのコミュニケーションが必要と考えられるため、父親との2人暮らしを勧める。
3　繁華街などを出歩かないように、ゲーム機やパソコン等を買い与える。
4　今後も暴力的な行為を繰り返すおそれがあるため、暴力や不良行為の改善を目的として、できるだけ早期に児童養護施設に入所させるための手続きを開始する。
5　これまで自分が行ってきた行動についてC君と話し合い、行動の改善に向けて、具体的な目標と計画を立てさせ、その実現に向けての支援を行う。

(解答➡52頁)

事前学習チェックリスト

☐ 秘密保持
☐ スクールソーシャルワーク
☐ コンサルテーション
☐ チームアプローチ
☐ 行動療法

事例 3 シンナー吸引を繰り返す少女への支援

✜ 事例の学習目標

1 少年非行について理解する。
2 少年法について理解を深める。
3 スクールソーシャルワーカーの適切な対応について理解を深める。

✜ 事例の概要

　Eさん（14歳、女子）は、現在中学2年生である。小学6年生の冬休みに両親が離婚し、一人っ子のEさんは母親に引き取られ、隣町の母親の実家に引っ越した。隣町の中学校に進学したEさんには知り合いがいなかった。早くクラスメイトと仲良くなろうとしたが、学校での些細な出来事からいじめを受けるようになり、学校も休みがちになった。母親は仕事で早朝から家を出て帰りも遅い。祖父母や母親との会話も減り、他に話し相手もいなかったことから、Eさんは人と接することに不安を感じるようになった。心配した担任教諭は、中学校のFスクールソーシャルワーカーにEさんへの支援を依頼し、Eさん本人との面談も数回行われた。

　ところがある日、Eさんが学校にも行かず繁華街を制服姿で歩いていると、学校の先輩にあたるGさんに声をかけられた。Gさんの家に誘われ行ってみると、何人もの先輩がおり、シンナーを勧められると、Eさんは興味本位でシンナーを吸引した。シンナーを吸引すると、Eさんは学校でのいじめや家庭での寂しさなど嫌なことが全部忘れられた。こうして吸引回数は増え続け、Eさんのシンナーに対する依存性は次第に高まっていった。

　そんなある日、自宅近くの公園で、深夜Gさんたちと大声を出して騒いでいたところを警察に通報され保護された。Eさんは警察でこれまでのシンナー歴を素直にありのまま話した。最初のシンナー吸引から約1年が経過していたが、母親とFスクールソーシャルワーカーは警察から話を聞かされるまで、Eさんのシンナー吸引の事実をまったく知らなかった。**(問題1)**

　その後、Eさんと母親との関係はますます気まずくなり、会話もほとんどなくなった。Eさんは学校に行けないままの状態が続き、夜は友人宅に外泊し、母親の出勤後に帰宅する毎日となった。数か月後、Eさんは再びシンナーに手を出したことで警察に保護された。Eさんは家庭裁判所からの観護措置の決定を受け、少年鑑別所に入所し、さまざまな調査や心理検査等を受けた。その後、審判が開かれ保護処分決定となり、保護観察となった。**(問題2)**

　保護観察と聞いてEさんや母親、祖父母は安堵した表情で涙を浮かべていた。保護観察が開始された後、EさんはGさんとの付き合いをやめている。夜間の外出もなくなり、母親との会話も増え、中学校にも通学するようになった。担任教諭とFスクールソーシャルワーカーは、Eさんが受けたいじめにも対処し、その後の学校生活を見守り続けている。**(問題3)**

| 問題1 | 次のうち、Fスクールソーシャルワーカーによる危機的状況への対応として、最も適切なものを一つ選びなさい。 |

1　Eさんに、シンナーを吸引した理由を厳しく問いつめ、繰り返さないよう反省を促す。
2　Eさんがシンナーを吸引したことによって身体に後遺症等の悪い影響が出ていないかを確かめるため、すぐに病院受診を勧める。
3　シンナー吸引の原因は母子関係の悪化であり、母子で話し合うことが最も適切な関係改善の方法と考えられるため、Eさんへの直接の指導や助言は特に行わない。
4　先輩のGさんがすべて悪いので、今後、Eさんには近づかないようGさんとその保護者を厳しく指導する。
5　母子関係の修復に際し、支援者として、適切な指導、助言、見守り等を行う。

| 問題2 | 次のうち、Eさんのような少年事件に対する処分として、誤っているものを一つ選びなさい。 |

1　保護処分
2　検察官送致
3　裁判官送致
4　都道府県知事または児童相談所長送致
5　不処分、審判不開始

| 問題3 | 次のうち、FスクールソーシャルワーカーによるEさんへの具体的な支援について、最も適切なものを一つ選びなさい。 |

1　Eさんの生きてきた人生を丁寧に傾聴し、今後の学校生活について話し合う。
2　Eさんの学校生活の様子について、担任教諭と定期的に連絡を取り、話し合う。
3　Eさんのクラスメイトに、本人の学校での様子や日常の生活について詳しく尋ねる。
4　Eさんは保護観察処分中であるため、本人への支援は直ちに中止する。
5　先輩であるGさんの問題行動が心配なので、念のためにEさんの様子をGさんに電話で伝える。

(解答⇒53頁)

事前学習チェックリスト

- [ ] 少年法
- [ ] 少年審判制度
- [ ] 危機介入
- [ ] 保護観察制度
- [ ] 家庭裁判所の役割

事例 4 　生活保護を受給する視覚障害者に対する生活支援

✚ 事例の学習目標

1. 対人援助技術について理解を深める。
2. エンパワメントアプローチについて理解を深める。
3. 福祉事務所の生活保護担当者の適切な対応について理解を深める。

✚ 事例の概要

　Hさん（60歳、男性）は、高校卒業後、建設業や製造業を転職しながら現場の作業員として働いていた。独身であったために日頃の食生活は乱れがちで、飲酒・喫煙の習慣もあった。Hさんは40代後半の頃に受診した健康診断で糖尿病と診断され、生活習慣を改めるよう指導されたが、特に改善に向けての努力をすることもなく過ごしていたところ、50代前半から目の見えにくさを感じるようになった。このことから、作業速度の低下や見落としが多くなり、上司から頻繁に仕事のミスを指摘されるようになったため、職場に居づらくなり、まもなく退職を余儀なくされた。

　貯蓄のなかったHさんは、退職後、福祉事務所で生活保護を申請した。福祉事務所のI生活保護担当者（社会福祉士）が担当となり、Hさんの生活支援が開始された。I生活保護担当者はまず、目の見えにくさを訴えるHさんに眼科受診を勧めた。するとHさんは、糖尿病性網膜症と診断され、身体障害者手帳3級（視覚障害）が交付された。その後も、特にHさんの生活習慣の改善は見られず、糖尿病の症状は悪化した。やがて調理や洗濯という日常生活にも支障が出るようになったため、Hさんの障害等級は2級に変更となった。Hさんの症状悪化を確認したI生活保護担当者は、健康管理や生活リズムの改善を目標とし、ホームヘルパーの利用を勧め、Hさんは週2回の家事援助を受けることになった。

　Hさんは、「生活保護を受けていることや、ホームヘルパーが出入りしていることを知られたくない」と話しており、公営住宅に転居したが、他の住民との交流はほとんどない状態だった。**（問題1）**

　Hさんは普段から、「何かできる仕事があれば、生活保護を受けなくてすむ」と話しており、I生活保護担当者は就労の可能性を広げる手段として、国立の研修施設で実施されている「鍼灸師養成コース」や、音声ガイド機能のあるパソコンを利用する「情報処理コース」に関する情報提供を行った。**（問題2）**

　また、Hさんはホームヘルパーと口論になることが多く、1年間に3度ほど事業所を変えている。その理由は、ホームヘルパーの活動中に、飲酒を続けたり、何か気に入らないことがあると強い口調で責め立てるなどのHさんに対する苦情が、事業所を通してI生活保護担当者のもとに入ったためである。その後も近隣住民との付き合いはなく、次第にひきこもりがちになっており、糖尿病の管理も難しく、また定期健診の結果も徐々に悪化しているHさんに対して、I生活保護担当者は新たな支援を検討することとした。**（問題3）**

| 問題 1 | 次のうち、Hさんの発言に対するI生活保護担当者の対応として、適切なものを一つ選びなさい。 |

1 Hさんの気持ちに寄り添い、I生活保護担当者のみがかかわり支援をしていく。
2 制度やサービスの利用は当然であると説明し、Hさんを励ます。
3 他者と交流しなければ社会参加はできないことを、Hさんに論理的に説明する。
4 Hさんの気持ちを受けとめ、これからのサービス利用についてHさんとともに検討する。
5 Hさんの納得できる他の場所への転居を勧める。

| 問題 2 | 次のうち、Hさんの就労に対するI生活保護担当者のエンパワメントアプローチとして、適切なものを一つ選びなさい。 |

1 就労し自立することが目的であるため、Hさんに資格や知識を獲得させる。
2 視覚障害者の就労支援に関する情報提供を行い、Hさんの職業選択の機会を増やす。
3 近隣の作業所や就労継続支援事業所を紹介し、Hさんがすぐにでも通所できるように手続きを開始する。
4 今から新しい仕事を覚えることは難しいとHさんに伝え、就労が不可能であることを説明する。
5 生活保護を受給していれば、就労する必要がないことをHさんに伝える。

| 問題 3 | 次のうち、Hさんの生活支援を担当するI生活保護担当者の具体的な対応として、適切なものを一つ選びなさい。 |

1 Hさんにケース会議の開催を提案し、体調管理と日常生活の改善を目的としたチームケアを実施していく。
2 Hさんの飲酒・喫煙について厳しく注意し、健康管理のための指導をこまめに実施する。
3 Hさんに、飲酒について自分に非があることを認めさせ、事業所へ謝罪するように指導する。
4 Hさんの安否確認のために、地域の民生委員に見守りを依頼する。
5 Hさんの就労を最優先とするため、ハローワークでの面談や採用面接等にできるだけ同席する。

(解答➡54頁)

事前学習チェックリスト

☐ エンパワメントアプローチ
☐ チームアプローチ
☐ パターナリズム
☐ 福祉事務所の役割
☐ 生活保護担当者(社会福祉士)の役割

事例 5　自立困難な状況に陥り虐待も疑われる高齢者への支援

✣ 事例の学習目標

1　自立困難な状況に陥った高齢者の不安や身体症状の原因について理解する。
2　家族による虐待の背景や原因について理解する。
3　家族による虐待への介入の方法について学ぶ。

✣ 事例の概要

　Jさん（82歳、女性）は、昨年5月までは夫と2人で暮らしていた。家計をはじめ、すべてを夫が取りしきっていた。Jさんは、常に夫に従い自ら考えて家庭生活を行うことはなかった。2年前より、夫は持病の慢性気管支炎のために臥床することが多くなったが、近くにいる長女（60歳、既婚）から介護を受けており、家計なども妻に任せることはなかった。

　そのような状況のなかで、昨年5月に夫が死亡して、Jさんは一人暮らしとなった。その後、家計等を取りしきることになったJさんは、慣れないこともあり、長女からの支援についてもどうすればよいのかの判断さえできない状態が続いた。

　Jさんには2人の子どもがいる。長女は近くに住み、日頃の生活の支援を行っていたが、長男（56歳、既婚）はまったくといってよいほどこれまでかかわりをもっていなかった。しかし、しばらくすると、Jさんの一人暮らしを機会に、突然、長男が県外より単身で転居し、Jさんと同居するようになった。長男はこれまで県外での生活が長かったため、近所付き合いがまったくない。また、長女は、長男との折り合いが悪く、同居を理由に母親とのかかわりを次第にもたなくなっていった。

　Jさんはこの頃、「眠れない」「わからないことが多い」「長男との同居が不安だ」などの訴えを長女にしていた。（問題1）

　Jさんと長男が同居を始めて2か月余りたった頃、Jさんに認知症と思われる症状が現れた。Jさんは夜間に出歩くようになり、長男の怒鳴り声がよく聞かれるようになった。

　ある日、隣人が、急に物音が聞こえなくなったことを不安がり、地区のK民生委員に連絡した。K民生委員はJさん宅を訪問したが、長男に「何もない」と拒否されJさんに会うことはできなかった。再度、隣人が長男の留守を見計らい訪ねると、Jさんは声も出ないくらいに痩せ細り、あたりは尿臭が漂っていた。

　その報告を受けたK民生委員は、地域包括支援センターに相談した。相談を受けた地域包括支援センターのL社会福祉士は、同僚とJさん宅を訪問したが、「来るな」と、物を投げるなどの長男の激しい抵抗を受けてしまった。（問題2）

　また、L社会福祉士は、地域包括支援センターの同僚などとともに、今後のJさん家族への支援方法について検討を開始した。（問題3）

| 問題 1 | 次のうち、Jさんの不安の要因と考えられるものとして、適切でないものを一つ選びなさい。 |

1 夫が生前、Jさんに生活の一切を任せてこなかったために、家計のやりくりなどの方法がわからないこと。
2 Jさんが長女だけにしか不安や身体症状を訴えてこなかったこと。
3 Jさんとこれまでまったくかかわりをもってこなかった長男との同居で長女がかかわりを放棄したこと。
4 これまで長女がJさんの支援を行ってきたにもかかわらず、話し合いもしないで長男が一方的に同居を始めたこと。
5 Jさん自身がこれまで自立する努力をしてこなかったこと。

| 問題 2 | 次のうち、この時点におけるL社会福祉士によるJさん家族への対応として、適切なものを一つ選びなさい。 |

1 しばらく様子をみて、Jさんや長男から相談があれば対応する。
2 長女に連絡を取り、Jさんの介護に改めて参加するよう説得する。
3 長男の家族に連絡し、長男がJさんと同居した理由を確認する。
4 あらかじめ所轄の警察署に支援を求め、警察官とともに再訪問する。
5 再訪問の要否について、関係者による会議を開催する。

| 問題 3 | 次のうち、地域包括支援センターで検討された今後のJさん家族への支援方法として、適切でないものを一つ選びなさい。 |

1 長男が急に同居をするようになったことでJさんに混乱が生じていることが考えられるため、これまでかかわりの多かった近隣住民にも支援を求める。
2 長男の介護負担が大きいと考えられるため、介護保険サービスが利用できるよう要介護認定の申請を勧める。
3 家族間で問題を解決できるように、Jさん、長男、長女およびその家族での話し合いの場を設定する。
4 Jさんへの介護放棄も考えられるので、Jさんの特別養護老人ホームへの措置入所の必要性を検討する。
5 近所付き合いを拒む長男が原因でJさん家族が孤立してしまっているため、長男に地域の介護教室や介護者の集いを紹介する。

(解答 ➡ 55頁)

事前学習チェックリスト

☐ 危機介入
☐ 高齢者虐待への対応
☐ 介護保険制度
☐ 家族への支援
☐ 地域包括支援センターの役割

事例 6 地域とのかかわりが少ない一人暮らし高齢者への支援

✚ 事例の学習目標

1 高齢者の自己実現に向けた支援の方法について学ぶ。
2 市町村社会福祉協議会の役割と地域の社会資源について理解する。
3 一人暮らし高齢者を取り巻く課題および地域支援のあり方について学ぶ。

✚ 事例の概要

　M町社会福祉協議会（以下、M町社協とする）に勤務するN職員のもとに、O民生委員が相談をもちかけた。O民生委員の担当区域に在住するPさん（75歳、女性）についてである。
　Pさんは半年前に夫を亡くし、現在一人暮らし。変形性膝関節症のため立ち上がりにやや時間がかかるものの、日常生活はおおむね不自由なく生活している。65歳でパートの仕事を辞めてからは、得意の料理を夫に食べてもらうのを楽しみに過ごしてきたが、一人暮らしになってからは、何となくテレビを見て過ごす毎日を送っている。
　そんなとき、Pさんは調理の際にガスコンロの火を消し忘れていたことがこの1か月で3回あり、それを他県に住む一人息子のQさん（49歳）に話したところ、同居を強く勧められた。PさんはQさんとの関係が特に悪いわけではないが、Pさんにすれば、今になって他県で暮らすことは考えられず、今後もこの土地で暮らし続けたいと思っている。Qさんからは、ガスコンロで調理しないように厳しく注意されたが、Pさんは「電磁調理器などの慣れない器具の操作は年寄りには難しい」と聞き入れず、かといって「趣味の料理もやめたくない」と考えている。そこでPさんは、M町社協が町と連携して実施している緊急通報システム設置事業を利用したいと、O民生委員に話をした。この事業は、高齢者や障害者世帯を対象に火災報知機や緊急通報器を貸与する事業であるが、利用対象者は介護保険の要介護度や日常生活自立度判定基準の要件を満たす必要があり、Pさんは今のところ該当していなかった。
　相談をもちかけられたM町社協のN職員は、数日後、O民生委員とともにPさん宅を訪問し、緊急通報システム設置事業の対象になっていないことを説明した。**(問題1)**
　面談のなかでPさんは、「これまで老人会や公民館で行われている"ふれあい・いきいきサロン"には一度も参加したことがなく、また、最近は誰とも会わず、話もしないまま一日が終わってしまうことが度々あり、このままの生活を続けてはいけないと自分でも考えている」という。さらに「自分の特技を活かして何か人に喜んでもらえるようなことができれば張り合いが出てくるかもしれない」とも話していた。N職員は、Pさんの望む生活が続けられるような支援が必要と考えた。**(問題2)**
　そこで、緊急通報システム設置事業以外の支援策を幅広く検討してみることにした。**(問題3)**

問題1 次のうち、N職員の職種名として、正しいものを一つ選びなさい。

1 　現業員
2 　福祉活動指導員
3 　企画指導員
4 　福祉活動専門員
5 　生活相談員

問題2 次のうち、Pさんの自己実現が尊重される方法として、最も適切なものを一つ選びなさい。

1 　PさんがQさんと同居して、Pさんが日常的に料理ができる機会を設ける。
2 　Pさんが料理以外の趣味をもつよう、公民館の手芸講座に連れていく。
3 　Pさんが配食サービスを毎日利用できるようにする。
4 　Pさんがデイサービスを週に2回利用できるようにする。
5 　Pさんが自宅で安全に調理をできる方法を一緒に考え、継続的に支援を行う。

問題3 次のうち、N職員によるPさんへの具体的な支援策として、最も適切なものを一つ選びなさい。

1 　緊急通報システム設置事業は対象外のため、一人息子と同居するよう説得する。
2 　まずはPさんを"ふれあい・いきいきサロン"や老人会などに誘い、他のメンバーと一緒に調理をする機会を設ける。
3 　料理は火災の危険性が高いため、Pさんが自宅で調理をしないよう、近隣住民間で連携して見張る。
4 　N職員には日常的な見守りなどはできないので、後はO民生委員にすべてを一任する。
5 　Pさんには認知症の傾向がみられるので、まずは入院を勧める。

（解答 ➡ 56頁）

事前学習チェックリスト

☐ 自己実現への支援
☐ 市町村社会福祉協議会の役割
☐ 民生委員の役割
☐ 小地域ネットワーク活動
☐ 社会資源の活用・開発・調整

事例 7 子育てに孤軍奮闘する母親への支援

✝ 事例の学習目標

1　子育てに悩む母親の気持ちを傾聴し、共感することの大事さを学ぶ。
2　子育て支援に関する法制度を理解する。
3　子育てに悩む母親への生活支援のあり方について検討する。

✝ 事例の概要

　子育て支援センターを訪れたRさん（24歳、女性）は、S相談員を前にすると目に涙を浮かべながらこれまでの人生を語り始めた。
　Rさんが大学1年生のとき、同じ大学の同級生だったTさんと出会った。2人は恋に落ち、まもなくRさんは妊娠した。互いの両親にこのことを打ち明けると、中絶するように強く迫られた。しかし、2人はかたくなに拒否し、生み育てる決断をした。これをきっかけに互いの両親から勘当されたため、2人はやむなく自宅を出て、同じ市内のアパートを借りることにした。
　2人は両親がいないなかでささやかな結婚式を挙げ、まもなく男の子が誕生した。六畳一間の小さなアパートで、3人の生活が始まった。子育てに専念するために、2人は大学を中退した。Tさんは土木関係のアルバイトで家計を支えた。生活は貧しかったが、それでも幸せだった、あの日が来るまでは。
　Tさんの帰りが遅い日が何日も続き、やがて、家に帰ってくることも少なくなった。不安になったRさんがTさんの携帯電話をこっそり盗み見したところ、メールのやり取りから、Tさんが浮気をしていることがわかった。激怒したRさんはTさんと離婚し、子どもと2人で生活する決断をした。
　そこからの人生は試練の連続であった。Rさんは5歳になった子どもを保育所に預けてパートの仕事を始めた。それでも収入が少ないために、夜も仕事を始めた。このため、食事をつくるための時間と気力がなくなり、コンビニエンスストアで買ってきた弁当を子どもに与えるようになった。
　Rさんは、大学時代の友人たちを羨ましく思った。好きな服を着て、好きなところに遊びに行ける。私の人生は一体何だったのか、このまま子育てで青春が終わるのか。そう思うと、とてもみじめな気持ちになった。同じ市内には自分の両親がいる。しかし頼れない、自分の身勝手な行為で勘当されたのだから。だからといって、あの憎い元夫にも頼りたくない。この子を一人で育てなければならない。それはとても長く苦しい旅路に思えた。そうすると、生きる気力が萎えてきた。このまま、子どもと一緒に命を絶つことも頭をよぎった。そんなとき、ふと子育て支援センターのチラシが目にとまり、すがるような気持ちで訪れてみることにした。
　S相談員はRさんのこれまでの話を聞き、一言、言葉をかけた。**(問題1)**
　そして、利用できる制度の説明をした。**(問題2)**
　また、RさんとS相談員は、これからの対応について話し合った。**(問題3)**

| 問題1 | あなたがS相談員ならば、危機的状況に苦悩するRさんに対し、どのような共感の言葉をかけますか。次のうち、最も適切なものを一つ選びなさい。 |

1 「私も子育ては苦労しました。悩んでいるのはあなただけではありませんよ」
2 「あなたはまだ若いのだから、人生なんとかなりますよ」
3 「死ぬなんて簡単に口にすべきではありません。子どもを巻き込むなんてもってのほかです」
4 「世の中にはもっと不幸な人がいるのだから、あなたも頑張ってください」
5 「誰にも頼れず、一人で子育てをすることが苦しかったのですね。それで、生きる気力が萎えてしまったのですね」

| 問題2 | 次のうち、Rさんと子どもを支援するための施策や施設等として、正しいものを一つ選びなさい。 |

1 乳児院
2 児童扶養手当法
3 児童自立支援施設
4 放課後児童健全育成事業
5 放課後等デイサービス

| 問題3 | 次のうち、Rさんに対するS相談員の今後の対応として、最も適切なものを一つ選びなさい。 |

1 Rさんと別れた夫が復縁できるように、仲介役を担う。
2 Rさんが両親と仲直りができるように、Rさんの両親と連絡をとる。
3 夜も働くことは身体にもよくないので、Rさんにすぐに辞めるように助言する。
4 Rさんから子どもを引き離し、自分が里親になる。
5 子育てサークル等を紹介し、Rさん一人で子どもを育てることの不安を和らげる。

(解答⇒ 57頁)

事前学習チェックリスト

☐ 傾聴
☐ 共感
☐ 危機介入
☐ 児童扶養手当法
☐ 子育て支援センターの役割

事例 ⑧ 特別支援学校と普通高校との交流学習への取組み支援

事例の学習目標

1　交流学習とソーシャルインクルージョンとの関連を学ぶ。
2　障害者の就労支援について理解する。
3　ソーシャルインクルージョンを実現するための実践について検討する。

事例の概要

　特別支援学校高等部のU教諭と、同じ市内にある普通高校のV教諭は、障害者のソーシャルインクルージョンを促すために連携を取り合うことにした。これをいかにして実現するのか、皆目見当がつかなかったが、2人の教諭は手探りで一歩を踏み出すことにした。2か月後、特別支援学校高等部の3年生（身体障害者、知的障害者）と、V教諭が受け持つクラスの高校3年生が交流できるような機会を設けるという計画を立てた。実施するにあたり、周囲の理解を求めることが骨の折れる作業であった。両校の校長は当初こそ理解を示さなかったものの、両教諭の粘り強い説得により、次第に態度を軟化させた。
　事前に、特別支援学校の生徒には、コミュニケーションの取り方について、ロールプレイ等を通して学ぶ機会をつくった。一方、普通高校の生徒には、障害について自主勉強する機会をつくった。
　そして、いよいよ交流会の日がやってきた。コミュニケーションが円滑に進むように、両校の生徒を交えた小グループをつくり、そこでゲームなどの活動を行った。当初は交流に控えめだった両校の生徒たちも、次第に打ち解けて仲良くなる様子が見受けられた。U教諭とV教諭は確かな手ごたえを感じていた。
　生徒の感想には、おおむね「交流する機会がもててよかった」というポジティブな意見が書かれていた。一方で、両教諭を絶句させるような感想もあった。普通高校の生徒のなかに「障害のある生徒とふれあって、かわいそうだと思った。もっと正直に言うと、自分が障害者じゃなくてよかったと思った。もし自分が障害者なら、ずっとあのなかで生きていくしかない。そうなるなら死んだほうがましだ」と書いている生徒がいたからである。同様に、特別支援学校の生徒のなかにも「今日は楽しく交流ができたが、明日からは別々の学校に行くことになる。結局、健常者とは別の世界に生きている僕たちは、あちらの世界に行くことはない。交流会は気休めにしかすぎない。先生たちの自己満足のためにやっているなら、いっそのことやめてほしい」という感想があった。**(問題1)**
　この感想を書いた特別支援学校の生徒は、一般就労を希望したが、一般の事業所に雇用されることが困難なため、卒業後には障害者の事業所で、雇用契約を結んで就労することが決まっていた。**(問題2)**
　両教諭は、障害者のソーシャルインクルージョンに向けた取組みが、困難な道のりであることを思い知らされた。**(問題3)**

問題1	次のうち、両教諭の、生徒に対する今後の対応として、適切と思われるものを二つ選びなさい。

1　普通高校の生徒がもっている偏った考え方を変えるよう、強く指導する。
2　特別支援学校の生徒を叱咤激励し、夢や希望に向けて励ましていく。
3　生徒の意見を取り入れ、ソーシャルインクルージョンの取組みを中止する。
4　両校間で、もっとこのような交流の機会を増やすように働きかける。
5　これを機に、障害者のソーシャルインクルージョンを目指して何ができるのか、両校の生徒を交えながら検討する。

問題2	次のうち、特別支援学校の生徒が受けようとしている就労支援サービス事業として、最も適切なものを一つ選びなさい。

1　就労継続支援事業A型
2　就労継続支援事業B型
3　就労移行支援事業
4　障害者試行雇用（トライアル雇用）事業
5　職場適応援助者（ジョブコーチ）支援事業

問題3	両教諭が目指すソーシャルインクルージョンの実現に向けて、これからどのような取組みが求められているか、次のうち、適切と思われるものを二つ選びなさい。

1　社会が、障害者のソーシャルインクルージョンに関心を寄せる時代が来るまで静観する。
2　地域のなかで、福祉、教育、行政、NPOなど、さまざまな分野の人とネットワークを形成しながら共同で取り組んでいく。
3　地域のなかに障害者が安心して暮らせるような保護区をつくり、支援する体制をつくる。
4　障害の有無を問わず、すべての人間が異なる存在であり、その違いを尊重し合えるような心を育む学校教育に取り組む。
5　障害者が社会のなかで、不当な差別や偏見を受けて心を傷つけないようにするために、できるだけ外出は控えるように勧める。

（解答⇒58頁）

事前学習チェックリスト

☐ ソーシャルインクルージョン
☐ 特別支援学校
☐ エンパワメント
☐ 障害者の就労支援
☐ 権利擁護

事例 9 中途障害者の復職に向けた支援

事例の学習目標

1 ノーマライゼーションの視点から、障害者支援のあり方について考える。
2 障害者の雇用を促進する法制度について理解する。
3 ノーマライゼーションの理念に基づいた社会を形成していくためのアプローチについて検討する。

事例の概要

　Wさん（29歳、男性）は、大学を卒業後、電子機器メーカーに勤めていたが、28歳のときに交通事故により脊髄を損傷し、車いすの生活を送ることになった。Wさんは、このまま身体が不自由な状態で生きていくことに絶望し、自分の身に降りかかった不運を呪った。

　Wさんには、妻のXさん（26歳）がいた。Xさんは献身的にWさんを支えていたが、Wさんが怒りを自分にぶつけてくることに耐えられなくなり、ある日、娘（7歳）を連れて実家に戻ってしまった。Wさんは、ますますふさぎこむようになった。「妻にも見捨てられてしまった。障害をもって生きていきたくない。恥をさらしてまで生きていくのはごめんだ」。このように考え、リハビリテーションにも積極的に取り組まなくなった。自暴自棄になり、車いすごと階段から落ちようとしたこともあった。

　ある日、同じ病院に8歳になる少女が入院してきた。Wさんは、娘の年齢に近いこの少女に親しみを抱き、よく話をするようになった。しかし数週間後、少女は白血病のために命を落としてしまった。少女は亡くなる間際にWさんに「命は大事です。生きてください」という言葉を残した。Wさんは悲嘆に暮れた。三日三晩泣き暮らした。そうして、「生きよう。彼女の分まで生きて頑張ろう。社会復帰をして、再び妻と娘と一緒に暮らそう」と決意した。

　その後、Wさんは身体障害者リハビリテーションセンター（以下、「センター」とする）に転院し、リハビリテーションに打ち込んだ。その甲斐あって、スロープ等の設備や障害者用のトイレがあれば、ほぼ自分で身の回りのことはできるようになった。社会復帰に関して、Wさんは元の会社に戻ることを望んでいた。会社は従業員200名を超える中規模の企業であったが、残念なことにバリアフリー等の設備はなく、Wさんが働ける環境は整っていなかった。**(問題1)**

　会社の責任者は不安を口にした。「Wさんが頑張っているのはよくわかるのだが、なにせ障害者がうちの会社で働いた例がないからなぁ。どう迎えてよいやら皆目見当がつかない」と、Wさんの復帰を渋っていた。Wさんは、再び意気消沈した。センター所属のY医療ソーシャルワーカーに、「やはり、今の会社には私の戻る場所はないんじゃないか。そもそも、障害者が社会のなかで生きていくのは難しいんじゃないか」と不満をこぼした。**(問題2)**

　これを受け、Y医療ソーシャルワーカーは、Wさんの復職に向けた支援を開始した。**(問題3)**

問題1
次のうち、Wさんのような人の就労を後押しするために、事業主にも協力する責務があることが明文化されている施策として、正しいものを二つ選びなさい。

1. 身体障害者福祉法
2. 雇用対策法
3. 障害者基本法
4. 特別障害者手当
5. 障害者雇用促進法

問題2
次のうち、ノーマライゼーションの理念を考慮した場合のY医療ソーシャルワーカーが今後とるべきWさんへの対応として、最も適切なものを一つ選びなさい。

1. 今の会社は理解がないので、あきらめるよう説得し、別の会社を紹介する。
2. 障害者が就労することは困難であるから、就労自体をあきらめるよう勧める。
3. 施設で生活をすれば、就労の心配はいらないから安心して生活ができると勧める。
4. 障害をもっていると就労のハンディキャップとなるから、もっとリハビリテーションに励み、自力で歩けるようになってから仕事を探すことを勧める。
5. 自分が会社の責任者と設備について話し合うから、就労をあきらめないように伝える。

問題3
次のうち、Y医療ソーシャルワーカーが会社の責任者に対してとるべき対応として、適切なものを二つ選びなさい。

1. 法定雇用率に違反していることをすぐに行政に報告し、その改善を迫る。
2. Wさんの就労についてはジョブコーチが支援できることを伝える。
3. 就労上、差別をしていることを強く抗議し、その改善を迫る。
4. 会社の責任者が抱く不安に理解を示しつつ、Wさんが働きやすい環境を提案する。
5. この会社への就労に見切りをつける。

(解答➡ 59頁)

事前学習チェックリスト

- ☐ ノーマライゼーション
- ☐ 障害者雇用促進法（障害者の雇用の促進等に関する法律）
- ☐ 法定雇用率制度
- ☐ バリアフリー
- ☐ 自己実現への支援

事例 ⑩ 重症心身障害児への自立支援と家族へのレスパイトケア

✚ 事例の学習目標

1 障害児の自立支援について理解を深める。
2 児童発達支援センターについて理解を深める。
3 主介護者である家族へのレスパイトケアの重要性を理解する。

✚ 事例の概要

　Zちゃん（5歳、女児）は、保健所の乳児検診で発育異常を疑われ、療育施設で受診したところ、脳性麻痺による重度の肢体不自由と中度の知的障害と診断された。生後5か月より、児童発達支援センターに通所している。母親のAさん（37歳）は4年前に夫と離婚し、現在はAさんの実家から車で5分ほどの距離にアパートを借りて、Zちゃんと2人で生活している。

　Zちゃんの祖父母にあたるAさんの両親は、Zちゃんの育児に積極的にかかわっており、祖母はZちゃんの通所に可能な限り同行している。祖父も障害のあるZちゃんを大切に育てたいと思っており、「Zちゃんのためにならないから、母親は働きに出たりせずいつもそばにいるべきだ」とAさんを経済的に支援している。

　児童発達支援センターには相談支援事業所が併設されており、初期アセスメントからB相談支援専門員が対応し、個別援助計画の策定やリハビリテーションスタッフとの連絡調整を行っている。

　Aさんは真面目な性格で、初期のアセスメントでは、Zちゃんが障害をもったことについて、また、夫との離婚についても「自分の責任である」とB相談支援専門員に話したことがあり、現在も自分を責めている様子がうかがえた。**(問題1)**

　ある時、いつも身の回りの世話をしてくれていた祖母が腰痛の悪化で入院することとなった。2週間の入院であったが、その後もリハビリテーションのために通院が必要であり、家事をこなすことが困難な状態であった。祖父は家事ができないため、Aさんが両親の身の回りの世話をすることとなった。

　祖母の退院から2週間程経過した頃から、AさんのZちゃんに対する態度に変化が現れ、児童発達支援センターのスタッフのいる前で厳しく叱責したり、汚れたままのおむつで登所させたりするようになった。そこで、リハビリテーションスタッフからB相談支援専門員に連絡があり、Aさんの生活状況を把握することも含め個別支援会議を開催することとなった。**(問題2)**

　会議の場では、リハビリテーションスタッフから、Zちゃんの身体機能に関する報告と今後の支援計画についてAさんに報告されたが、Aさんはうつむいたままであった。そこでB相談支援専門員は、最近通所に同行していない祖母について質問したところ、「母の腰痛が改善されず、日中はほとんど横になっている。父は家事ができないため、両親の身の回りの世話とZの育児を一人でやっている。自分の時間がない」と涙を流しながら話し始めた。**(問題3)**

| 問題 1 | 次のうち、Ｚちゃんの自立支援のために B 相談支援専門員が配慮すべきポイントとして、適切なものを一つ選びなさい。 |

1 重度の肢体不自由と知的障害があるため、Ａさんにいつもそばにいるように指導する。
2 Ｚちゃんが将来も安心して生活できるように、早期の施設入所を促す。
3 Ａさんに、Ｚちゃんの障害受容の促進を図るとともに、専門職と連携し身体的発育・心的発達の両面からの支援の必要性を伝える。
4 Ｚちゃんが脳性麻痺になった原因を、Ａさんと一緒に考える。
5 Ｚちゃんが安心して暮らしていくためには、父親が必要であることをＡさんに伝える。

| 問題 2 | 次のうち、児童発達支援センターでＺちゃんの個別支援会議を開催するにあたって、適切なものを一つ選びなさい。 |

1 B 相談支援専門員が必要性を考慮して参加者を決定する。
2 Ｚちゃん、家族、医師、児童指導員および保育士、児童発達支援管理責任者その他必要な職員と B 相談支援専門員が参加する。
3 専門職との連絡調整は B 相談支援専門員が行うため、Ａさんと B 相談支援専門員の 2 人だけで開催する。
4 主にＡさんの心理的支援が必要であると仮定し、B 相談支援専門員と心理指導を担当する職員がＡさんを招き、3 人で開催する。
5 いつも通所に付き添っていた祖母が体調不良のため、回復するまで開催を延期する。

| 問題 3 | 次のうち、Ａさんの状況を確認した B 相談支援専門員の対応として、適切なものを一つ選びなさい。 |

1 Ａさんが泣くことはＺちゃんの教育によくないことを伝え、どんなにつらくても涙を流さないように指導する。
2 Ａさんが苦労している状況を祖父に伝え、自分のことは自分でするように訪問指導を行う。
3 祖母の介護には介護保険制度、Ｚちゃんの介護については障害福祉サービスの利用を説明し、Ａさんのレスパイトケアについて提案する。
4 Ａさんの負担軽減のため、リハビリテーションスタッフにＺちゃんの ADL 向上を目的としたメニューをオーダーする。
5 Ａさんの状況を離婚した夫に伝え、支援を依頼する。

(解答➡ 59 頁)

事前学習チェックリスト

- [ ] レスパイトケア
- [ ] パターナリズム
- [ ] アドボカシー
- [ ] 社会資源の活用
- [ ] 児童福祉法

事例 ⑪ 実姉から虐待を受ける知的障害者への支援

✚ 事例の学習目標

1. 障害者虐待防止法について理解する。
2. 相談支援事業所、市町村障害者虐待防止センターの役割について理解する。
3. 関係機関との連携による虐待への支援プロセスについて理解する。

✚ 事例の概要

　知的障害のあるCさん（36歳、女性）には、2人の姉（Dさん（40歳）、Eさん（38歳））と、弟（Fさん、34歳）がいる。両親は、Cさんが幼い頃に離婚。その後、4人の子どもたちは父親のもとで暮らしていたが、その父親もまた20年ほど前に家出・失踪したため、その後はDさんが親代わりになってきょうだいたちの面倒をみてきた。

　4人のきょうだいは家計を助けるため、中学を卒業すると、全員、自宅から通える職場に就職したが、DさんとCさんは職場との折り合いがうまくいかず、2～3年で退職し、その後は自宅に引きこもった。Cさんは退職後の一時期、母親との暮らしを希望していたが、Dさんの反対にあい断念した。その後、Eさんが結婚したため、きょうだい3人の暮らしとなったが、Eさんは、夫の浮気が原因で間もなく離婚し、4人のきょうだいは再び同居を始めることになった。この頃から姉妹間では、ささいな理由での言い争いやトラブルが頻発するようになった。

　2年前の1月、Fさんの結婚により、Cさんと2人の姉は自宅を出てアパート暮らしを始めることになった。それ以降、姉妹間のトラブルはさらに深刻化し、DさんがEさんの暴力に耐えかねて婦人保護施設へ入所するまでに至った。さらに、Dさんがいなくなった後、今度はCさんがEさんから虐待を受けるようになった。この様子をみかねたFさんは、引き続き姉妹が同居生活を続けていくことは各々にとってストレスとなり関係悪化を招くこと、虐待を受けているCさんが心配であることなどから、知人の紹介を経て相談支援事業所に相談に訪れた。

　相談を受けたG相談支援専門員（社会福祉士）は、Eさんが外出する時間帯を見計らってFさんとともにCさんの住むアパートを訪問した。Cさんは、Fさんの同行もあってか、自ら普段の生活の様子や虐待の状況について話し始めた。Cさんによると、Eさんの虐待については「ひどく殴られ、いつかは殺されるかもしれない」と訴える一方、「殴られるのは自分が間違ったことをしたときだけ、他に行くところもないし自分が我慢すればいい」とも話した。しかし、そのように話すCさんの表情には不安と疲れがにじみでており、顔や露出している腕からは複数のあざを目視で確認することができた。**(問題1)**

　面談を終えたG相談支援専門員は、早急な対応の必要性があることをFさんに告げた。**(問題2)**

　そして、G相談支援専門員は、Cさんに対する具体的な支援策の検討を開始した。**(問題3)**

問題1 次のうち、Cさんに対する虐待を確認したG相談支援専門員（社会福祉士）が連携すべき社会資源として、適切なものを一つ選びなさい。

1 近隣住民
2 市町村障害者虐待防止センター
3 婦人保護施設またはグループホーム
4 警察
5 都道府県障害者権利擁護センター

問題2 次のうち、G相談支援専門員によるCさんへの支援方針について、適切なものを一つ選びなさい。

1 「他に行くところもない」というCさんの意見を尊重し、引き続きEさんとの同居生活が続けられるような支援策を検討する。
2 「殴られるのは自分が間違ったことをしたときだけ」というCさんの意見を尊重し、まずはCさんの問題点を改善するよう働きかける。
3 「自分が我慢すればいい」というCさんの意思よりも、まずは虐待が繰り返されないような具体策を優先する。
4 姉妹間のトラブルは一般家庭でもありうることなので、とりたてて問題視しない。
5 Eさんの虐待に問題があるので、その問題行動が改善できるような対応策を優先する。

問題3 次のうち、G相談支援専門員によるCさんへの具体的な支援策について、適切なものを一つ選びなさい。

1 安全な形で引き続き現在の生活を続けるためにFさんに頻繁に来てもらったり、G相談支援専門員が直接介入することでEさんとCさんとの関係緩和を図る。
2 引き続き安全な形で今の生活を維持することができるよう、警察と連携してEさんを厳しく指導する。
3 Cさん自身の問題点を見つけ、そこを改善するためのプログラムを組んで訓練する。
4 Cさんの意思よりも生命の安全を考え、直ちに婦人保護施設またはグループホームに入所するなどの緊急保護に向けた調整を行う。
5 Cさんに今後の支援の流れについて説明したうえで、市町村障害者虐待防止センターに通報する。

（解答➡60頁）

事前学習チェックリスト

☐ 権利擁護
☐ 価値葛藤
☐ 相談支援事業所（相談支援専門員）の役割
☐ 市町村障害者虐待防止センターの役割
☐ 障害者虐待防止法（障害者虐待の防止、障害者の養護者に対する支援等に関する法律）

事例 12 母親を亡くし一人暮らしをする知的障害者への生活・就労支援

事例の学習目標

1. 知的障害者の生活支援について理解する。
2. 知的障害者の就労支援について理解する。
3. 関係機関の連携による就労と生活の一体的な支援について理解する。

事例の概要

　Hさん（25歳、男性）は、IQ68（鈴木ビネー知能検査による）で療育手帳を所持しており、障害基礎年金2級を受給している。特別支援学校高等部では、慣れた環境での作業の集中力や持続力の高さが評価され、実習でもその能力が認められたため、卒業と同時に地元の金属加工会社に就職した。働き始めの頃は、同僚との関係づくりがうまくいかず苦労したが、特別支援学校の進路担当教諭の助言により、会社側が職場にHさんの指導係を配置したことで徐々に仕事にも慣れ自信をもつようになった。両親はHさんが幼い頃に離婚。その後、Hさんは母親と暮らしたが、昨年12月に母親が病気で亡くなったため、現在は一人暮らしである。

　生活面で支えになっていた母親が亡くなって以来、Hさんの生活は乱れ、仕事にも影響を及ぼすようになった。食事をつくる人がいなくなったため、Hさんは朝食抜きで出勤したり、夕食も菓子やパンだけでまともに摂らない日々が続き、見る見るうちに瘦せ細り顔色も悪くなっていった。このような状況に、地域の民生委員や近所の人々からはたまに差し入れがあったが、健康状態の改善には至らなかった。また、Hさんは夜更かしが増えたことで健康状態はさらに悪化し体調を崩す日も多かった。このためHさんは遅刻や無断欠勤が相次いだ。また、会社ではこの時期に長年Hさんを指導してきた指導係が定年退職した。指導係がいなくなるとHさんは、周りの指示に反抗的な態度をとったり、作業をさぼることも多くなったために、間もなく会社を解雇された。そのうえ、計画的な金銭管理が苦手なHさんは、次々と高額な商品を購入して貯金はあっという間になくなり、現在の生活費も足りず家賃も滞納している状態が続いている。

　見かねた地域の民生委員が障害者就業・生活支援センターに相談をもちかけ、I生活支援ワーカー（社会福祉士）が対応することになった。Hさんは障害者就業・生活支援センターでの面接に抵抗を示したため、I生活支援ワーカーは後日、民生委員とともにHさん宅を訪れた。自宅は物が散乱しており、足の踏み場もない状況であった。Hさんは民生委員に対し、今の生活状況について「まずい、なんとかしなきゃ。体調もよくない。だけどうすればよいかわからない」と少しずつ語り始めるとともに、「仕事がしたい」とも訴えた。**（問題1）**

　初回面接後も、I生活支援ワーカーはHさんとの面接を重ね、また、関係機関からも情報収集を行い、Hさんに必要とされる社会資源について、整理を行った。**（問題2）**

　そして、I生活支援ワーカーは、Hさんへの今後の支援について、具体的な検討を始めた。**（問題3）**

| 問題1 | 次のうち、I生活支援ワーカーによるHさんへの支援のあり方について、適切なものを一つ選びなさい。 |

1　Hさんの生活については、金銭管理等の経済面が安定すればよいと思われるので、経済生活の安定を図るための支援を行う必要がある。
2　Hさんの今までの生活状況から、生活を立て直し再就職することは可能だと思われるので、それに向けて段階的に支援を行う必要がある。
3　Hさんの今までの生活状況から、地域での一人暮らしは難しいので、施設への入所に向けての支援を行う必要がある。
4　Hさんにとっては、働くことが最優先課題なので、すぐに再就職に向けての支援を開始する必要がある。
5　Hさんの今までの経過から、再び働くことは難しいと思われるので、就労継続支援事業B型を利用しながらHさんに合った生産活動を選択することが望ましい。

| 問題2 | 次のうち、現段階でのHさんに対する支援に必要とされる社会資源として、適切なものを一つ選びなさい。 |

1　生活保護授産施設、福祉事務所、ハローワーク
2　民生委員、地域住民、ハローワーク
3　療養介護、生活介護、行動援護、同行援護、ハローワーク
4　短期入所（ショートステイ）、ハローワーク
5　医療機関、福祉事務所、地域障害者職業センター、自立訓練（生活訓練）もしくは宿泊型自立訓練、施設入所支援もしくはグループホーム

| 問題3 | 次のうち、I生活支援ワーカーによるHさんへの今後の具体的な支援策として、適切なものを一つ選びなさい。 |

1　関係機関と連携をしながら体調の回復を図り、生活支援と就労支援を一体的かつ段階的に行う。
2　地域での生活は難しいので、生活介護と施設入所支援の組み合わせ利用に向けて調整する。
3　Hさんを深く反省させたうえで、ハローワークでの就職活動を促す。
4　生活保護制度の適用が必要と思われるので、福祉事務所に支援を依頼する。
5　Hさんが就職すればすべてが解決できる問題なので、ハローワークに支援を依頼する。

（解答➡ 61頁）

事前学習チェックリスト

☐ 知的障害者の特性
☐ 障害者の雇用・就労に向けて活用できる制度
☐ 障害者に対する就労支援機関、職業リハビリテーション機関の役割
☐ 障害者就業・生活支援センターの生活支援ワーカー、就労支援ワーカーの役割
☐ ストレングスモデル

事例 ⑬

がん告知に伴う危機的状況への理解と患者支援

✚ 事例の学習目標

1　がん告知に伴うクライエントの心理的反応を理解する。
2　がん治療における社会保障制度についての知識を深める。
3　がん告知後の医療ソーシャルワーカーの適切な対応について理解を深める。

✚ 事例の概要

　Jさん（55歳、男性）は大学卒業後、一般企業に事務員として就職した。真面目で努力家のJさんは仕事を休むことなく、プライベートな時間も資格取得に向けて努力するなど、仕事一筋に取り組んできた。結婚し子どももうけ、数年前には念願の一軒家を建てた。息子の大学進学も決まり、Jさんは夫として父親として、その役目を果たすことができていると感じていた。
　ある日、Jさんは数か月間続く咳と体重減少を主訴に近所の内科クリニックを受診した。すると、医師から、「レントゲン検査で影があるようなので詳細な検査を受けたほうがよい」と総合病院を紹介された。総合病院を受診して2週間後、Jさんと妻は「ステージⅣ期の肺がんです。この段階では治癒を目的とした治療はなく、症状緩和と延命のための化学療法になります。化学療法を受けなければ約半数の人の余命は6か月ですが、化学療法を行えば、Jさんのような非喫煙者の場合、約半数は2年以上も今の生活を続けている人たちがいます。今の体力なら化学療法が可能なので一緒に頑張りましょう」と医師から説明を受けた。
　風邪でもこじらせているのだろうと考えていたJさんは、思いもよらない突然のがん告知を冷静に受け止めることができなかった。たばこを吸わずお酒も控え、家族のことだけを考えて真面目に生活してきた今までの人生を否定されたかのようにも思えた。子どもの頃に伯父ががんで苦しんで他界しており、Jさんは、がんは怖くて耐え難い痛みをもたらすものという印象をもっていた。なぜ自分ががんにならなければならないのかという抑えきれない怒りや、死ぬのかもしれないという不安で気持ちが落ち着かない状態となった。一方で、誤診かもしれない、自分の場合は化学療法が効くかもしれないと期待もした。このようなJさんの悩みを聞いた主治医は、相談支援センターのK医療ソーシャルワーカーを紹介した。**（問題1）**
　そのようななか、Jさんはインターネットで肺がんについて調べているうちに、抗がん剤が高額であるという書き込みを見つけた。妻は治療を受けることを勧めたが、Jさんは効くかどうかわからない状況で、自分にお金をかける価値があるのか、家族のために財産を残したほうがよいのではないかと治療を躊躇するようになった。**（問題2）**
　次の外来日、Jさんは、がん告知からの今までの気持ちや、苦痛のない生活を続けたいということをK医療ソーシャルワーカーに話した。また、化学療法という治療方針は納得したものの、医療費のこと、そして、自分が治療を受けることの価値について悩んでいると語った。Jさんの悩みを聞いたK医療ソーシャルワーカーは、今後の対応について検討した。**（問題3）**

問題 1 次のうち、この段階における K 医療ソーシャルワーカーの J さんへの支援として、適切なものを一つ選びなさい。

1 J さんの反応は適応障害が疑われるため、精神科受診を勧める。
2 J さんの不安は正確な情報を知らないために生じているものと考えられ、がんに関する医学情報を積極的に提供し、励ます姿勢を大切にする。
3 J さんが今以上に混乱しないよう、今後は J さんへの説明を控えるよう院内調整し、妻が代理決定できるよう支援する。
4 J さんのような心的反応は、通常、数日から 2 週間程度で軽減して現実的問題に適応できるといわれているため、不安などの精神状態が長期化しないか継続して確認をしていく。
5 J さんのように不安状態に陥っている患者には、患者の意向よりも、医療従事者の治療方針が優先されるため、K 医療ソーシャルワーカーが J さんの気持ちを汲んで治療方針を決定する。

問題 2 次のうち、現在の J さんの状況から利用できる制度の説明として、適切なものを一つ選びなさい。

1 高額療養費制度の自己負担限度額の上限は、加入している保険者ごとに異なるため、確認を行うことが重要である。
2 J さんの高額療養費制度の自己負担限度額適用認定証の申請窓口は、市区町村である。
3 J さんが 2 つの医療機関を受診した場合、高額療養費として保険対象分の自己負担はすべて合算して請求することができる。
4 医師の判断により病気を理由に休職し、給料等の支給がされていないか、傷病手当金よりも少ない場合、連続する 3 日以上の待期を経て、最長で 1 年 6 か月間、傷病手当金を受給することができる。
5 傷病手当金は、65 歳以下の人であれば一定の条件を満たすことで、最長で 1 年 6 か月間、受給することができる。

問題 3 次のうち、この段階における J さんに対する K 医療ソーシャルワーカーの対応として、最も適切なものを一つ選びなさい。

1 最適な選択は化学療法を行うことであると判断して、J さんと家族のためにも治療を受けるように介入する。
2 同じ悩みを抱えている患者からのアドバイスが最も有効であると考えられるため、患者会を紹介し、ピアサポートが受けられるよう支援する。
3 J さんの抱えている思いに共感的態度を示しながら必要とする情報を提供し、J さんが納得した自己決定をできるように支援する。
4 J さんが求めている情報を提供することを最優先とし、利用できる社会保障制度についての情報提供のみを行う。
5 J さんにセカンドオピニオンを紹介し、治療方針に関する情報を得られるようにする。

（解答⇒ 62 頁）

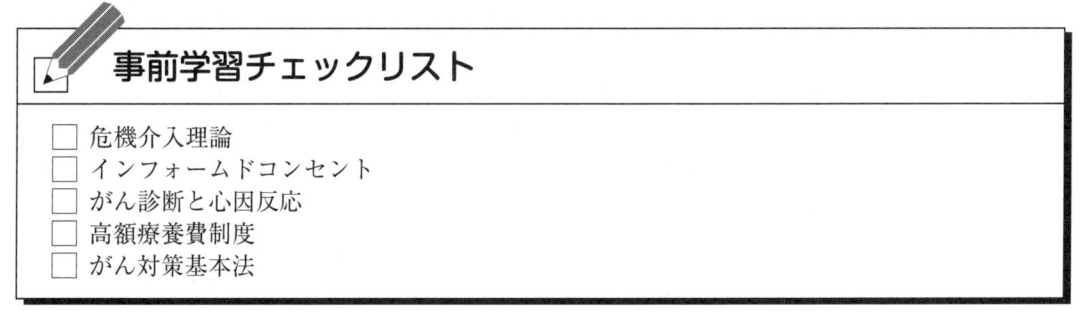

事前学習チェックリスト

- ☐ 危機介入理論
- ☐ インフォームドコンセント
- ☐ がん診断と心因反応
- ☐ 高額療養費制度
- ☐ がん対策基本法

事例 14 暴力的な夫を抱える外国人妻と子どもへの支援

事例の学習目標

1 外国文化、日本文化にふれ、グローバリゼーションについて考える。
2 NPO法人のさまざまな活動について理解する。
3 DV相談を受けた社会福祉士等の適切な対応について理解を深める。

事例の概要

　Lさん（36歳、女性）はフィリピン国籍で、15年前に日本に来て飲食店で働いていた。その後、同じ店で働く韓国籍の男性と10年前に結婚し、Lさんは結婚と同時に仕事を辞めた。現在、長男（5歳）、長女（3歳）の2人の子どもと賃貸アパートに4人で暮らしている。

　結婚した当初、夫婦は仲良く生活していたが、その後、夫が仕事中に客と喧嘩になるトラブルを起こしたことで店を退職した。同時期に長男が生まれたが、夫は働こうとせず、酒の量が増え、次第にLさんに暴力をふるうようになった。夫は退職後も定職に就こうとしなかったため、やむなくLさんがパートで働き家族を支えることになり、子どもは2人とも近くの保育所に通うようになった。

　その後、Lさんや子どもに対する夫の暴力は次第にエスカレートし、アパートでは大きな物音や口論する夫婦の声、子どもの泣き声が何度も近くの住人に確認された。最近では、深夜にLさんが救急車で病院に運ばれたことも何度かあったという。

　そんなある日、Lさんは夫の日頃の暴力に耐えかね、泣き叫ぶわが子2人を連れて、近くの交番に駆け込み、助けを求めた。Lさんは交番の警察官から、市の福祉事務所への相談を勧められ、すぐに相談に行った。Lさんは現在の自分の苦しい状況を泣きながら、福祉事務所のM婦人相談員（社会福祉士）に話した。**（問題1）**

　Lさんの話によると、Lさんは来日して約15年間日本で暮らしており、どうにか日常会話はできるものの、日本語の理解力はまだ低く、地域の人たちとの付き合いもほとんどなかった。一方、長男は保育所で他の園児と接することもあり、言葉の問題は特になかった。Lさんと子どもたちは、自宅に帰ることができない状況のなかでM婦人相談員と話し合い、M婦人相談員は、民間NPO法人が運営するDVシェルターに一時的に避難してもらい、Lさん本人や子どもたちの安全を確保したうえで、Lさんには自分の気持ちを整理しながら、新たな人生を歩めるように対応した。

　Lさんは、子どもとともに約1か月間をこのDVシェルターで暮らすことにした。今後の生活については、担当となった福祉事務所のN母子自立支援員を中心に、Lさんの希望を聞きながらDVシェルターの職員や児童相談所等の専門家と協議、調整しながら支援策を実行することにした。**（問題2）**

　Lさんは現在、N母子自立支援員をはじめ多くのスタッフたちに見守られながら、自分の置かれている困難な状況からの立ち直りのきっかけをつかもうとしている。**（問題3）**

| 問題1 | 次のうち、M婦人相談員によるLさんの危機的状況への支援のあり方について、適切なものを一つ選びなさい。 |

1 なぜもっと早く支援を求めなかったのかと、Lさんに理由を問いつめる。
2 Lさんと2人の子どもに対して、暴力や虐待の影響が精神や身体に後遺症等として出ていないかを確かめるため、すぐに病院受診を勧める。
3 夫婦での喧嘩や口論はどの家庭でもよくあることであり、家族間でよく話し合うことが一番納得のいく関係改善の方法と思われるため、Lさんへの助言、アドバイスは特に行わない。
4 夫がすべて悪いので、夫を呼び厳しく指導する。
5 Lさんの生きてきた人生を丁寧に傾聴し、今後の生活について希望や問題点を整理しながら話し合う。

| 問題2 | 次のうち、今後、Lさんとその子どもが生活の基盤を再構築するために検討できる入所施設の種類として、最も適切なものを一つ選びなさい。 |

1 救護施設
2 母子生活支援施設
3 児童養護施設
4 自立援助ホーム
5 宿所提供施設

| 問題3 | 次のうち、N母子自立支援員によるLさんへの今後の支援策として、適切なものを一つ選びなさい。 |

1 夫の暴力から逃れるため、直ちに離婚を勧める。
2 Lさんが誰とでも親しくなり、他の母子自立支援員にも状況がわかるように、毎回、担当母子自立支援員を替えて対応する。
3 N母子自立支援員の役割は、Lさんの日常生活を支援することなので、相談ごとは他機関の相談員に任せる。
4 夫の行動が心配なので、直ちに警察に相談に行く。
5 Lさんへの支援については、公的な機関とも連携して継続的に行う。

(解答 ⇒ 63頁)

事前学習チェックリスト

- ☐ 国際ソーシャルワーカー連盟（IFSW）のソーシャルワークの定義
- ☐ 在留管理制度
- ☐ NPO法人の役割
- ☐ DV防止法（配偶者からの暴力の防止及び被害者の保護に関する法律）
- ☐ 児童福祉法

事例 15

精神疾患が疑われるホームレスへの支援

事例の学習目標

1　自立を支える社会資源や法制度について学ぶ。
2　援助を拒否するクライエントへのかかわりについて考察する。
3　貧困の諸相についてシチズンシップの観点から理解を深める。

事例の概要

　O市にあるP会というNPO団体は、市からの委託を受けホームレス支援を行っている。週に1回の炊き出しとともに、地域を巡回しながら見守りと声かけの活動も行っている。ある日、P会のスタッフであるQソーシャルワーカー（精神保健福祉士）は、いつもの巡回で、独り言を言い続けているホームレスのRさん（58歳、男性）に声をかけた。

　当初Rさんは、話しかけてもそっけなく、つじつまの合わない話が多かったが、何度か面談を重ねるうちに、次のことがわかってきた。Rさんは、これまで独身を通してきた。現在のようなホームレス生活をするようになって8年目になる。中学校を卒業後、土木関係の仕事を転々としながら生活していたが、勤めていた会社が倒産し、失業保険も尽きるなかで、次の仕事が見つからず、蓄えも底をつき、苦し紛れに高利の借金をしてしまう。このことで、その後の借金の支払いのみならず、アパートの家賃の支払いも滞るようになり、ついには路上生活を余儀なくされた。この頃から、Rさんには自分をさげすむ声が聴こえるようになり、「誰かに見張られている感じがする」ようになった。日雇いの仕事でも、「命を狙われている」感じからか、周囲とトラブルになることが多かった。精神科への受診はしたことがない。今の生活については「逃げるのに疲れる」「眠れずに身体がだるくて困る」と話している。

　Qソーシャルワーカーは、その話を共感的に傾聴するなかで、Rさんの言動と行動を踏まえた援助の方針として、「生活保護の受給」「精神科受診」「住まいの確保」が必要であると考えた。（問題1）

　そこで、Qソーシャルワーカーは保健所に連絡を取り、保健師とともにRさんのもとを再訪した。Rさんに受診を勧めたところ、前向きな返事が得られなかった。しかし、日を改め機会をみて再度受診を促したところ、精神科のあるS総合病院に外来受診することとなった。精神保健指定医の診察によれば、Rさんは統合失調症であり、入院治療が必要であるとのことであるが、入院治療について、Rさんは拒否している。（問題2）

　その後Rさんは、Qソーシャルワーカーの働きかけにより納得して治療を開始し、自立に向けた準備として退院後の住まいを探し始めた。Rさんは、仕事を探す傍らホームレス支援にも携わろうと考えている。生活の見通しが立ち始めるなかで、社会とのつながりを実感できるようになり始めた。（問題3）

| 問題 1 | 次のうち、R さんが生活保護を受給するにあたり、適切なものを一つ選びなさい。 |

1　R さんの精神科受診について、医療扶助は適用されない。
2　R さんは、生活保護費を借金返済にあてることができる。
3　R さんに貯蓄性の生命保険がある場合でも、解約する必要はない。
4　R さん自身の申請がなければ、生活保護は適用されない。
5　R さんの居住の場として、保護施設を活用できる。

| 問題 2 | 次のうち、R さんに対する Q ソーシャルワーカーの対応として、最も適切なものを一つ選びなさい。 |

1　R さんの意思にかかわらず、市長同意による医療保護入院の手続きを検討する。
2　自傷他害のおそれがあるため、措置入院の手続きを検討する。
3　身体面での不調をとらえて、検査の必要性から任意入院を勧める。
4　R さんの治療への自己決定を尊重し、受診援助を見合わせる。
5　R さんの意向を踏まえつつ、通院治療の可能性と方策について検討する。

| 問題 3 | 次のうち、退院後の R さんへの活動支援に求められるシチズンシップの考え方を構成する要素として、適切なものを二つ選びなさい。 |

1　自立
2　権利
3　市場
4　参加
5　健康

(解答 ⇒ 64 頁)

事前学習チェックリスト

☐ 自立支援
☐ シチズンシップ
☐ 社会正義（ソーシャルジャスティス）
☐ エンパワメント
☐ 社会的排除

事例 16 がんの終末期における患者と家族への心理社会的支援

事例の学習目標

1　がん終末期における心理社会的支援について理解を深める。
2　がん終末期における患者の喪失体験を理解する。
3　入院治療から地域ケアに移行するうえでのチーム医療について理解する。

事例の概要

　Tさん（57歳、男性）は、工業高校卒業後、父親が経営していた町工場の跡を継ぎ、22歳で結婚した。明るく、頼り甲斐があるTさんは、商工会でも活躍し、また一人息子の長男（34歳）は3代目を目指してTさんのもとで働いていた。

　ある日、食欲不振と吐き気、体重減少と腹痛を訴えて、Tさんは総合病院に緊急入院した。Tさんの病気は、末期のスキルス胃がんで、リンパ節転移と腹膜播種があり、抗がん剤治療の適応はなく緩和治療しか受けられない状態だった。また、妻（55歳）と長男には、Tさんの余命が3か月程度であると告げられた。

　家族の前では、「治療ができないものは仕方がない」と明るく振舞っていたTさんだったが、病棟看護師には「何でがんなんかになってしまったのか」と嘆いて涙することもあった。入院中、長男に仕事を任せざるを得ない状況に、仕事の関係者や商工会に迷惑をかけないだろうかと心配し、医療者に「いつ退院できるのか」と尋ねることもあった。Tさんは仕事ができなくなったことに対して、社会的役割の喪失感を強く感じていた。

　しかし、Tさんの症状は日に日に進行し、倦怠感やがん性疼痛のためベッド上で過ごすことが増え、移動の際は付き添いが必要になった。人に頼らないと移動がままならない状況に、周囲に対して「申し訳ない」と口にするようになり、Tさんの口数は減った。また、経口からの食事摂取量は減少し、中心静脈栄養の機械管理となった。Tさんは、自身の体調変化から余命は長くないのではないかと考えるようになった。妻はパートの仕事を終えると毎日面会に来て、看護師と一緒に清拭をするなど懸命に介護に取り組んだ。長男は町工場や商工会への連絡などTさんの仕事を代行していた。Tさんは、介護を受けなければ生活できない状況に情けなさを感じて自分の存在価値を見出せず、病院のU医療ソーシャルワーカーにそのことを訴えた。（問題1）

　疼痛コントロールがついてきた頃、主治医と病棟看護師は、Tさんの在宅ケアを提案することにした。Tさんは息子に仕事の引継ぎができることや仕事場に戻ることができると退院に意欲をみせたが、妻は「点滴をつけたこんな病状で連れて帰る自信はない。急変したらどうしたらよいのか」と退院を拒んだ。そのため、U医療ソーシャルワーカーのもとに、在宅医療や緩和ケア病棟についての情報提供と調整をしてほしいと主治医から依頼があった。U医療ソーシャルワーカーは、妻と面談を行い、社会資源などについての紹介をした。（問題2）

　また、U医療ソーシャルワーカーは、Tさんとその家族への今後の支援方法を改めて検討した。（問題3）

問題 1 次のうち、Tさんの全人的苦痛に対するU医療ソーシャルワーカーの支援として、適切なものを一つ選びなさい。

1 Tさんの生きてきた人生や大切にしてきたことなどについて、Tさん自らが語れるよう傾聴していく。
2 がんの終末期には身体的喪失や自律性の喪失など多くの「喪失」を体験するため、Tさんの訴えに積極的にかかわり励まし続ける。
3 Tさんが感じている喪失体験を解決する最も有効な方法は、宗教家による介入であると考え、調整する。
4 「死」についての話題は極力避けるようにして、これ以上Tさんが落ち込まないよう配慮する。
5 余命が短いことが予測されるため、将来の希望について話し合うことは避け、確実に達成できる内容について意図的に話題を設定していく。

問題 2 次のうち、Tさんの生活支援に活用できる制度の説明として、適切なものを一つ選びなさい。

1 Tさんが訪問看護を利用する際は、医療保険制度よりも介護保険制度が優先される。
2 介護保険制度でTさんが「要支援」の場合は、特殊寝台の貸与について保険給付することができない。
3 Tさんが医療保険制度による訪問看護を導入した場合、週に3回を限度に利用することができる。
4 「緩和ケア病棟」は主に、Tさんのような人や、後天性免疫不全症候群で苦痛の緩和を必要とする患者に対して緩和ケアや在宅への移行支援を行う施設である。
5 訪問介護のホームヘルパーから、中心静脈栄養の点滴管理の支援を受けることができる。

問題 3 次のうち、この時点におけるU医療ソーシャルワーカーの支援として、最も適切なものを一つ選びなさい。

1 Tさんは仕事ができる状態ではなく、2代目としての役割も終えているため、介護の必要性をTさんに納得してもらうことでTさんのさまざまな喪失感はなくなる。
2 妻や長男が、Tさんの役割代行に加え、新たに介護者としての役割を担う状況であることを理解して家族支援を行う。
3 妻や長男の介護疲労の予防と負担軽減を最優先ととらえ、緩和ケア病棟に転院するようTさんに促す。
4 Tさんの希望である自宅退院のみが願いを実現できる方法であるとTさんの家族を説得し、往診や訪問看護師とのチーム医療を展開する。
5 妻の訴えのとおり、チーム医療のなかで、最優先される課題は医療処置の方法についてであり、Tさんの価値観や希望などの訴えに対する介入の優先順位が下がってもやむを得ない。

（解答 ➡ 65頁）

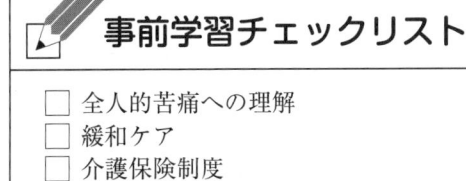

事前学習チェックリスト

☐ 全人的苦痛への理解
☐ 緩和ケア
☐ 介護保険制度
☐ チーム医療
☐ 訪問看護

事例 17 被災地支援の派遣要請にとまどう社協職員への支援

事例の学習目標

1 社会福祉協議会の目的と職員の役割を理解する。
2 被災地支援の意義と方法について理解を深める。
3 社会正義と支援活動との関連性について理解を深める。

事例の概要

　ある日、V県の沖合いを震源とするマグニチュード9.0の大地震が発生。V県を含む広範な地域一帯の家屋を倒壊させたばかりか、地震によって発生した大津波によって沿岸地域の複数の集落は壊滅的な打撃を受け、多くの死傷者を出す大惨事が発生した。V県社会福祉協議会（以下、V県社協）自体も大きな被害を受けたが、V県社協は被災地支援・復興のためにすぐに活動を開始した。**(問題1)**

　地震発生から1週間後、W県社会福祉協議会（以下、W県社協）より、W県内にあるX市社会福祉協議会（以下、X市社協）総務課宛に、震災に伴う職員派遣の可否を尋ねる調査票が送られてきた。W県社協では被災地支援のために職員をV県に派遣することは確実であったものの、この時点ではV県内のどの地域に入るかは明確になっていなかった。全国社会福祉協議会から送られてくる被災地の情報を頼りにW県内の各市町村社協は職員派遣についての協議を開始していたが、被災地のなかでも原子力発電所の被害という前例のない課題を抱えていたV県への職員派遣については、各市町村社協とも慎重な姿勢を示していた。

　そのようななか、X市社協地域福祉課のY職員（31歳、男性、社会福祉士）に、社協の会長ならびに事務局長と地域福祉課長よりV県への職員派遣についての打診があった。Y職員を含むX市の社協職員は、誰も被災地での支援経験がなかった。一方、X市社協内部では、安全面に大きな不安があるなかで、被災地に職員を派遣することに慎重な意見もあった。特に放射能という目に見えない脅威のなかで職員に万一の事態が発生した場合、職員の命や家族への補償問題に対する責任を誰が負うのか、また負いきれるのか、というものであった。**(問題2)**

　被災地への派遣に関する上司からの打診を承諾するかどうか、Y職員は迷っていた。放射能や被災地での支援経験がないことへの不安と、職員自体にも多くの死傷者を出している被災地社協での困難を極める活動状況を耳にするにつけ、「助けに行きたい、行かなければならない」「でも、安全面の保障は」との葛藤が決断を迷わせた。加えて、長期的な被災地支援の必要性が見込まれている状況下で、自分がもし派遣要請を承諾した場合、第2陣、第3陣と派遣要請が他の職員にも出されることになり、他の職員にも同様の決断を強いることになるのではないか。さらには職員の派遣に慎重な姿勢をとっている他市町村社協の動向にも少なからぬ影響を与えることになるのではないか。そのように考えるY職員にとって、今回の決断は、これまで経験したことがないほど重く、困難なものとなった。**(問題3)**

問題1 被災地復興に向けV県社協が活用できる制度として、適切でないものを一つ選びなさい。

1 災害ボランティアセンター
2 生活福祉資金の貸付
3 運営適正化委員会
4 福祉人材センター
5 生活支援相談員

問題2 Y職員に対する派遣要請のあり方について、最も適切なものを一つ選びなさい。

1 Y職員を守るために、放射能の影響が解消されるまで、V県への派遣を見合わせる。
2 放射能などの二次災害を防ぐ装備が整うまで、Y職員のV県への派遣を見合わせる。
3 Y職員には、被災地支援の意義と目的を丁寧に伝えたうえで、被災地の情報収集を徹底し、放射能の安全性が確認できているところに限って派遣する。
4 Y職員には、被災地支援の意義と目的を丁寧に伝えたうえで、まずは被災地の社協の運営を支援する目的で派遣し、その後は現地の指示に委ねる。
5 Y職員には、本人や家族の不安を解消するために、万一の事態にそなえW県社協が手厚い補償をつけたうえで派遣する。

問題3 V県への職員派遣の要請に対するY職員の姿勢として、適切なものを一つ選びなさい。

1 これまで被災地支援の経験がまったくないので迷惑になると考え、断ったほうがよい。
2 V県のどの地域に派遣されるかがわかるまで、態度を決めないほうがよい。
3 他の職員に迷惑がかからなければ承諾したほうがよい。
4 他の市町村社協の動向をみきわめながら、他の社協に迷惑がかからないようであれば承諾したほうがよい。
5 放射能の影響が懸念されても、万全の注意をしながら承諾したほうがよい。

（解答➡66頁）

事前学習チェックリスト

☐ 社会福祉協議会の役割
☐ 被災地支援
☐ 生活福祉資金制度
☐ 地域福祉の推進
☐ 社会正義（ソーシャルジャスティス）

事例 18　借金を抱えるアルコール依存症の高齢者への支援

✚ 事例の学習目標

1　多重債務の原因と整理方法を学ぶ。
2　問題解決に向けて、他職種との連携の方法を学ぶ。
3　アルコール依存症と認知症を併発する一人暮らし高齢者への支援の方法を学ぶ。

✚ 事例の概要

　Zさん（71歳、男性）は、5年前に妻を亡くし、現在一人暮らしである。
　Zさんは、60歳で退職するまで建設会社で働いていた。Zさんの妻には2人の連れ子（長男、次男）がおり、Zさんとは養子縁組をしていた。
　Zさんは、58歳のときに、長男夫婦と一緒に住むために二世帯住宅を建てた。長男とともに連帯債務者となり、住宅ローンを1800万円借りた。住宅ローンは長男が返済していたので、Zさんは自分の通帳を長男夫婦に預けた。
　しかし、Zさんが64歳のとき、長男が理由も言わず仕事を辞めてしまった。このため、住宅ローンが返済できなくなってしまった。その2年後、家は競売にかけられた。その年、Zさんの妻が亡くなった。同じ年、長男も病死した。このため、長男の妻と子は他県の実家に帰った。
　Zさんは、安い賃貸アパートに一人で引っ越した。同じ市内に住むZさんの次男が、アパート賃貸借契約の保証人になった。そのとき、次男がZさんの通帳を見たところ、Zさんが退職した後、多額の預金が引き出されていることがわかった。
　家は競売により900万円で売却された。しかし、住宅ローンの債務残高は、この時点で1500万円あったので、差し引き600万円の借金が残った。
　さらに、Zさんはパチンコをしすぎて生活費が足りなかったので、年金を担保に借金していた。現在の年金担保借入の残高は80万円である。年金は本来2か月分で32万円だが、その半額が返済のために天引されるので、使える年金は2か月分で約16万円しかない。Zさんは、クレジットカードでも、キャッシングで40万円の借金をしていた。
　Zさんは、昼間からアパートで多量の酒を飲んでいる。アルコール依存のようである。認知症も進み、次男の妻の顔すら覚えていない。自分では買い物にも行けないので、次男の妻が毎日のように買い物をしたり、掃除をしたりするなど、身の回りの世話をしている。このため、次男にもストレスがたまるようになり、これ以上Zさんの面倒を見きれないと思った次男は、ある日、地域包括支援センターへ相談に訪れた。
　相談を受けた地域包括支援センターのA相談員は、Zさんの借金を整理することが必要と考えた。**（問題1）**
　そして、借金を整理するための具体的な方策を検討した。**（問題2）**
　またA相談員は、Zさんには生活全般にわたる支援策も必要であると考えた。**（問題3）**

問題1 次のうち、地域包括支援センターのＡ相談員がとるべきＺさんの債務整理の方針について、適切なものを一つ選びなさい。

1 Ｚさんに対し、支出を減らすようアドバイスし、返済を促す。
2 Ｚさんに、毎月一定額を地域包括支援センターに預けてもらい、地域包括支援センターが債権者に分割で返済する。
3 地域包括支援センターの職員が、裁判所に相談しながら、Ｚさんの破産申立書を作成し、Ｚさんに破産申立てをさせる。
4 市の消費生活相談員に相談して、個人再生の申立書を作成してもらう。
5 Ｚさんと一緒に、弁護士または司法書士に相談に行き、借金の整理について相談する。

問題2 次のうち、Ｚさんの借金を整理する具体的な方策について、最も適切なものを一つ選びなさい。

1 個人再生申立て
2 破産申立て
3 任意整理
4 クーリングオフ
5 不法行為に基づく損害賠償請求

問題3 次のうち、Ａ相談員によるＺさんへの生活支援策（債務整理を除く）について、最も適切なものを一つ選びなさい。

1 次男に対し、Ｚさんの面倒を見ることができないというのは道徳や倫理に反するため、Ｚさんの面倒を見るよう説得する。
2 次男に対し、法律上、養子ではあっても親の面倒を見るべき扶養義務があると説明し、自分でＺさんの面倒を見るようアドバイスする。
3 Ｚさん本人に対して、酒を飲まず、自立してアパートで生活するよう促す。
4 Ｚさんにはアルコール依存と認知症がみられるので、まずは医療機関の専門医による受診・治療を優先させながら、本人の意向などを確かめる。
5 次男夫婦のストレスと介護負担の軽減をはかるため、Ｚさんにはデイサービスやホームヘルプサービスなどの在宅福祉サービスの利用を勧める。

（解答➡67頁）

事前学習チェックリスト

☐ 権利擁護
☐ 多重債務
☐ 自己破産制度
☐ アルコール依存症
☐ 地域包括支援センターの役割

事例 19 異臭のする自宅にひきこもる精神障害者への支援

✚ 事例の学習目標

1　未受診の精神障害者に対する危機介入の方法を理解する。
2　精神障害者の人権擁護を意識した受診援助のあり方を理解する。
3　受診援助にあたっての社会資源の活用方法について学ぶ。

✚ 事例の概要

　B精神保健福祉士は、保健所の精神保健福祉相談員として勤務を始めて3年目になる。ある日の午後、管轄内の民生委員から電話がかかってきた。話を聞くと、町内の古い家に住むCさん（50歳代、男性）に関するものであった。民生委員によると、3年ほど前からCさん宅の庭には草木が生い茂り、塀があるため中は見渡せないが、激しい異臭がし、一人暮らしにもかかわらず、連日怒鳴り声が聞こえてくるとのこと。その異臭と怒鳴り声に近隣住民は困っているが、Cさんの精神疾患を疑い、何となく恐ろしくてCさん宅に行くことがためらわれ、住民から民生委員に相談があったとのことであった。そこでB精神保健福祉士は、その日の夕方、民生委員と一緒にCさん宅を訪れた。**(問題1)**

　Cさん宅の庭は草木が生い茂り、あたりには糞尿のような激しい異臭も漂っていた。雨戸は閉まっていたが、明かりが漏れているのでCさんは室内にいるようであった。B精神保健福祉士はCさん宅の呼び鈴を押して声をかけたが応答がなかったため、その日は引き返した。その後、B精神保健福祉士と民生委員が何度かCさん宅を訪れたところ、5回目の夜間訪問時にCさんはやっと顔を出してくれた。Cさんは髪やひげなどは手入れしておらず、著しい体臭がして風呂も入っていないようだった。B精神保健福祉士が自己紹介をすると、怪訝そうな顔をしながらも、おとなしく応じてくれた。

　Cさんの話を聞くと、3年ほど前に母親が亡くなり、その後は体調がすぐれないので自宅にひきこもっているとのことであった。病院にも行かず家で横になっていると、隣人（高齢の女性）が常に家の中を覗くようになり、そのために雨戸を閉め、さらに寄せつけないために大きな声で注意をしたり糞尿を庭に撒いているとのことであった。民生委員が「お婆さんはとっくに亡くなったよ」と言っても、Cさんは「そんなはずはない！」と譲らなかった。**(問題2)**

　その後、Cさんは、B精神保健福祉士の勧めで地域の精神科病院を受診し、3か月の入院を経て退院した。B精神保健福祉士がCさんの退院後も時々訪問し相談にのっていたことで、Cさんの状態は安定していたが、B精神保健福祉士は、Cさんの退院6か月後に震災地域の支援のため、遠方へ一時赴任することになった。6か月後、再び元の職場に戻ったB精神保健福祉士がCさん宅を訪れたところ、昼なのに雨戸は閉まり、庭には異臭が漂っていた。民生委員に聞くと、Cさんは以前の状態に戻ってしまったとのことであった。**(問題3)**

| 問題 1 | 次のうち、Cさん宅を最初に訪問した際にB精神保健福祉士が留意しておくべき倫理について、適切なものを一つ選びなさい。 |

1 　地位利用の禁止
2 　機関に対する責務
3 　自己決定の尊重
4 　社会に対する責務
5 　クライエントの批判に対する責務

| 問題 2 | 次のうち、この場面におけるB精神保健福祉士のCさんへの声かけによる対応として、適切なものを一つ選びなさい。 |

1 　「つらいと感じていることの解決方法を一緒に考えましょう」
2 　「お婆さんは亡くなっているから覗くはずはありませんよ」
3 　「大きな声を出すと警察に来てもらいます」
4 　「今から一緒に精神科を受診しましょう」
5 　「今から精神保健指定医の診察を受けてもらいます」

| 問題 3 | 次のうち、この場面におけるB精神保健福祉士の対応として、適切なものを一つ選びなさい。 |

1 　Cさんと相談し、成年後見制度の手続きを開始する。
2 　Cさんに医療中断の理由を聞きながら、通院先に搬送する。
3 　精神保健指定医に連絡し、診察を依頼する。
4 　緊急性がないと判断し、困っていることの解決方法をCさんと一緒に考える。
5 　Cさん宅に入り、残薬量を確認する。

（解答➡ 68頁）

事前学習チェックリスト

☐ 日本精神保健福祉士協会倫理綱領
☐ 自己決定
☐ 危機介入
☐ 成年後見制度
☐ 非自発的入院制度

事例
⑳

復職を希望するうつ病患者への
リワーク支援

✚ 事例の学習目標

1 精神障害者の復職支援（リワーク支援）について理解を深める。
2 地域障害者職業センターの役割について理解する。
3 職業カウンセラーの対応について理解を深める。

✚ 事例の概要

　Dさん（45歳、男性）は、大学卒業後、大手証券会社に入社し、20年後に係長に昇進した。Dさんには妻と高校1年と中学2年になる2人の息子がいる。

　Dさんは最近、残業が続き、職場でのストレスなどが原因でうつ病を発症した。そこで、しばらく休職して自宅で静養することになった。3か月の自宅での静養と病院への通院治療によって状態は安定するようになり、また仕事のことが心配になり、早く職場に復帰したいと考えるようになった。

　職場の上司にあたるE課長とDさんとは入社以来、家族ぐるみの付き合いがあり、DさんにとってE課長は、困ったときには何かと相談にのってくれる頼りがいのある上司だった。今回のDさんのうつ病についても、家族のように心配してくれており、日頃から、復職を希望するDさんの思いを何とか実現したいと考えていた。

　その後、Dさんの状態は日を追うごとに安定してきたため、E課長はDさんの復職に向けて、自分にできることを具体的に準備していきたいと考えるようになった。ただし、Dさんがいきなり復職して通常勤務をするにはまだ不安があると判断したE課長は、主治医と相談したところ、とりあえず地域障害者職業センターの復職支援（リワーク支援）制度を利用してみてはどうかとの助言をもらった。そこでE課長は、Dさんの了解を得た後、Dさんと一緒に市内にある地域障害者職業センターに出向いた。**（問題1）**

　2人は、地域障害者職業センターのF職業カウンセラーから復職支援（リワーク支援）についての説明を受けるとともに、Dさんが希望する復職のイメージについてもいろいろと相談した。**（問題2）**

　相談を受けたF職業カウンセラーは、今後どのような支援が必要かを整理したうえで、まず支援方針をたて、DさんとE課長と主治医にそれぞれ説明し、職場にも協力してもらうことを確認した。その後、復職支援プログラムの適応度を確認するために、Dさんには3週間ほど地域障害者職業センターに通所してもらうことにした。

　3週間後、おおむね順調に通所できることが確認できたので、F職業カウンセラーは相談内容や通所中の様子、主治医や会社の意見などを取り入れた支援計画を策定した。**（問題3）**

| 問題 1 | 次のうち、Dさんが訪れた支援施設を規定している法律として、正しいものを一つ選びなさい。 |

1　精神保健福祉法
2　職業安定法
3　障害者基本法
4　障害者雇用促進法
5　社会福祉法

| 問題 2 | 次のうち、F職業カウンセラーによるDさんへの支援の方針として、最も適切なものを一つ選びなさい。 |

1　Dさんが早く復職できるように執拗に働きかける。
2　Dさんがうつ病になった原因を詳しく聞きだして対応する。
3　Dさんの焦る気持ちを理解して対応する。
4　Dさんが会社を解雇されないよう、Dさんの家族も一緒になってDさんを激励する。
5　Dさんが早く復職できるようにジョブコーチを派遣し、会社の同僚にも地域障害者職業センターに来所してもらう。

| 問題 3 | 次のうち、F職業カウンセラーによるDさんへの具体的な復職支援（リワーク支援）として、最も適切なものを一つ選びなさい。 |

1　早急に復職しないと会社を解雇されるので、復職を急がせる。
2　E課長に毎日、地域障害者職業センターに来て会社の状況を教えてもらい、その内容をF職業カウンセラーからDさんに伝える。
3　復職が無理と判断されたら主治医に入院を勧めてもらう。
4　Dさんの気持ちを理解しつつも、焦らず復職支援プログラムへの参加を促す。
5　Dさんに会社を訪問してもらい、早く職場の雰囲気になれるようにする。

（解答⇒ 69頁）

事前学習チェックリスト

☐ インフォームドコンセント
☐ 気分障害（躁うつ病）
☐ 障害者雇用促進法（障害者の雇用の促進等に関する法律）
☐ 地域障害者職業センター（職業カウンセラー）の役割
☐ 復職支援（リワーク支援）

事例 21

アルコール依存症者へのパートナーシップを活用した支援

✚ 事例の学習目標

1　パートナーシップ関係による支援について理解を深める。
2　アルコール依存症者のセルフヘルプグループ（自助グループ）について理解を深める。
3　アルコール依存症者に対するソーシャルワーカーの基本的対応について学ぶ。

✚ 事例の概要

　Gさん（45歳、女性）は、夫と2人の高校生の子どもの4人で暮らしている。夫は勤めていた会社を辞めて3年前に起業したが、経営状態が厳しく、毎日帰宅が遅い。Gさんも中小企業で営業職として働いており、多忙な生活を続けていた。仕事は、取引先との付き合いなどで酒を交えたものも多く、疲労とともに夫ともすれ違いの生活が続いた。そしていつしか、Gさんは不眠を解消するために、就寝前に飲酒をするようになった。しかし、飲酒が続くことで睡眠が浅くなり、深い眠りとストレス解消を得るために、さらに飲酒量が増えていった。Gさんはそのうち、朝までアルコールが残り、遅刻や欠勤までするようになった。Gさんは勤務先からもそのことで何度か注意を受け、落ち込んではまた飲酒するという悪循環となっていった。夫は忙しい仕事の合間にGさんの勤務先と連絡を取り、深夜に食器洗いや洗濯などの家事を引き受けていた。ある日、何度も「もう酒をやめる」と言うのにやめられないGさんの状況を改善させるために、夫はGさんと話し合い、一緒に精神科病院の外来を訪れることにした。外来では、H精神保健福祉士が夫との面接を行った。**(問題1)**

　その後、Gさんは自らの意思でアルコール専門病棟に入院し、アルコール依存症の治療に取り組み始めた。また、夫も院内の家族教室に参加した。H精神保健福祉士も、アルコール・リハビリテーションプログラムの担当スタッフの一人として、Gさんの支援にかかわった。**(問題2)**

　H精神保健福祉士は、Gさんの退院に向けて、入院中から地域のアルコール依存症のセルフヘルプグループにGさんが参加できるように支援したり、復職に向けた勤務先との連絡調整、外泊時にGさん宅を訪問するなどの支援を行った。そして、Gさんは3か月後に退院となった。

　Gさんは退院後もしばらくは休職を続け、復職のためのリハビリ出勤から開始した。また、入院中から参加していた地域のセルフヘルプグループにも引き続き参加し、断酒生活を続けるための努力をしている。H精神保健福祉士は、外来通院患者を対象としたアルコール依存症者のグループワークを他職種と一緒に担当し、Gさんの断酒生活を支えている。さらには、Gさんと一緒に地域のセルフヘルプグループにも時々参加している。**(問題3)**

| 問題1 | 次のうち、この場面でのH精神保健福祉士の夫への対応として、最も適切なものを一つ選びなさい。 |

1　Gさんの意志の弱さを受容できるように働きかける。
2　Gさん本人の「受診する」という意思が重要であると話す。
3　Gさんを問題に直面化させ、底つき体験までいく必要があることを伝える。
4　受診までの夫の苦労をねぎらう。
5　医療保護入院の手続きについての理解を求める。

| 問題2 | 次のうち、H精神保健福祉士による支援策として、適切なものを一つ選びなさい。 |

1　家族の問題からGさんを抜き出し、Gさん個人の問題に焦点を絞る。
2　飲酒したことで失ったものを棚上げにして、治療に集中させる。
3　適度な飲酒生活のための自己コントロールを促す。
4　こうなったことは自業自得であるとの内省をはからせる。
5　断酒の動機を見つけ出す動機づけ面接を行う。

| 問題3 | 次のうち、このグループにおけるH精神保健福祉士のかかわり方について、適切なものを一つ選びなさい。 |

1　参加者と一緒に自分の経験や感情を分かち合う。
2　参加者の話に耳を傾け、聴くことに徹する。
3　専門職として専門的見地からの見識を述べる。
4　司会や板書、受付などの補助的な役割を担う。
5　アルコール・リハビリテーションプログラムを紹介する。

(解答⇒70頁)

事前学習チェックリスト

☐ アルコール・リハビリテーションプログラム
☐ 断酒会
☐ AA（アルコホーリクス・アノニマス）
☐ アルコール専門病棟
☐ 動機づけ面接法

事例 22 バウンダリーの意識が求められる障害者への支援

✚ 事例の学習目標

1. 精神保健福祉法に基づく入院形態について学ぶ。
2. 援助関係形成におけるバウンダリー（援助境界）と治療的枠組みへの考察を深める。
3. スーパービジョンの価値・倫理・原則について理解を深める。

✚ 事例の概要

　Ｉさん（26歳、女性）は現在、地元のIT企業でコンピュータープログラマーとして働いている。母親は、最近Ｉさんが頻繁にリストカットしていることに気づいていた。Ｉさんは職場で同僚の男性と交際していたが、相手には妻子がおり、その同僚に結婚を迫ったものの、相手はそれに応じてくれなかった。Ｉさんは悲嘆にくれ、橋から飛び降りて、大けがをした。3か月間の休職・治療後、職場に復帰はしたが、その同僚に脅迫めいたメモを渡したり、嫌がらせのメールやファックスを頻繁に送信するようになった。困った同僚が上司に訴えたことで、Ｉさんは勤め先から厳重な注意を受けた。

　後日、Ｉさんは母親とともにＪ精神科クリニックを訪れた。相談に応じたＫ精神保健福祉士は、偶然にもＩさんとは共通の友人を介した知人であった。面談のなかでＩさんは、「自分の子ども時代は両親からの愛情が乏しく、その空しさを埋めるために、他の人に愛情を求めている」と語った。腕を見せてもらったところ、目新しいリストカットの傷跡がいくつも残っていた。加えて、気持ちの落ち込みも著しいことから、Ｊ精神科クリニックの医師は入院治療が必要と判断し、近隣の精神科病院を紹介した。Ｉさんは医師の勧めに同意し入院した。**(問題１)**

　半年間の入院治療を終えた後、Ｉさんは J 精神科クリニックに通院することとなった。Ｉさんは普段から両親と口論することが多かったが、ある日、些細なことで興奮したＩさんは突然家を出て、Ｋ精神保健福祉士も知る共通の友人のマンションに泊めてもらうことになった。ところが3日後には、その友人とも仲たがいをし、個人的に仲裁を頼まれたＫ精神保健福祉士が丁寧に対応したために、そのことがきっかけとなって、以来Ｉさんは、Ｋ精神保健福祉士に対して、勤務時間のいかんを問わずさまざまなアドバイスを求めたり、頻繁に携帯電話をかけたりするようになった。**(問題２)**

　その後もＩさんは「これから死にます」「私を見捨てないで」など、Ｋ精神保健福祉士に対する相談内容を徐々にエスカレートさせながら過剰に対応を求めてくるようになった。対応に苦慮したＫ精神保健福祉士は、Ｉさんへの今後の支援のあり方について、同僚であるＬ精神保健福祉士からのスーパービジョンを受けることにした。**(問題３)**

| 問題 1 | 次のうち、Iさんの精神科病院への入院形態について、適切なものを一つ選びなさい。 |

1 任意入院
2 措置入院
3 医療保護入院
4 応急入院
5 仮入院

| 問題 2 | 次のうち、Iさんに対するK精神保健福祉士の対応として、適切なものを二つ選びなさい。 |

1 Iさんが泊まる場所がない場合は、K精神保健福祉士の家に泊める。
2 Iさんへの支援のあり方について、職場内にケースカンファレンスを求める。
3 Iさんに対する早期支援として、入院機能のある精神科病院に同行する。
4 Iさんとの関係性を意識するなかで、自己の感情を客観視する。
5 Iさんの感情に巻き込まれないよう、かかわりを避けて状況が落ち着くのを待つ。

| 問題 3 | 次のうち、L精神保健福祉士が実施するスーパービジョンの形態について、最も適切なものを一つ選びなさい。 |

1 個人スーパービジョン
2 ライブスーパービジョン
3 グループスーパービジョン
4 ピアスーパービジョン
5 コミュニティスーパービジョン

(解答⇒71頁)

事前学習チェックリスト

☐ バウンダリー
☐ 治療的アプローチ
☐ 行動変容アプローチ
☐ スーパービジョン
☐ チームアプローチ

事例 23 死ぬまで自宅で暮らし続けたい認知症高齢者への生活支援

✚ 事例の学習目標

1. 認知症高齢者のアドボカシーを専門職としてどのように行うかを学ぶ。
2. 成年後見制度の申立てに対する支援の方法を学ぶ。
3. 地域での生活支援について理解を深める。

✚ 事例の概要

　Mさん（72歳、男性）は、10年ほど前に妻を亡くし、その後は自宅で一人暮らしである。子どもはなく、近所に住む姪のNさん（55歳）が時々様子を見に来ていた。歩くことは不自由ではなかったが、3年ほど前からもの忘れが目立つようになり、たびたび通帳を紛失しては「Nさんが盗った」と騒いで警察に電話したり、そのことを近所の人に告げ回ったりするようになったため、Nさんは認知症専門医を受診することをMさんに勧めた。

　Mさんははじめ、「もの忘れは年のせい」と受診を拒んでいたが、鍋を焦がして火事になりそうな騒ぎを起こしたことで、ようやく受診に同意するようになった。Nさんが付き添い、近所の認知症専門医を受診したところ、医師からは「軽度から中等度の認知症で、在宅での一人暮らしは危険や事故を伴う」との説明を受けた。同時に内服治療を勧められたが、Mさんは「薬を飲んでも認知症は治らない」と拒否し、1人でタクシーに乗って帰宅してしまった。困ったNさんが医師に相談したところ、O地域包括支援センターを紹介された。

　翌日、Nさんは、市内にあるO地域包括支援センターを訪れ、P社会福祉士にMさんの今後の生活について相談した。Nさんは、「Mさんにはこれまでさんざん迷惑をかけられてきた。これ以上面倒をみることができないので、施設入所を勧めてほしい」と訴えた。これを受け、P社会福祉士は、まずMさんとの面接が必要と判断し、Nさんに同行訪問をするように頼んだ。しかし、NさんはP社会福祉士がMさんを訪問することには同意したものの、「自分は今後一切Mさんとはかかわりたくない」と話して帰宅してしまった。

　2日後、P社会福祉士は実態把握のためにMさん宅を訪問した。Nさんからの紹介であることを伝えると、Mさんは怒りながらNさんへの不満を語った。また、病気について聞くと、Mさんは認知症であることを自覚しており、金銭管理が次第に困難になりつつあることへの不安も強くもっていることがわかった。**（問題1）**

　P社会福祉士がさらに詳しくMさんに話を聞くと、最近、契約した覚えのない商品が次々届くようになっているとのことであった。そこでP社会福祉士は、成年後見制度の申立てが必要と判断し、制度の説明を行った。**（問題2）**

　また、Mさんは、「亡くなった妻と苦労して建てたこの自宅で、死ぬまで生活したい」と語った。P社会福祉士はMさんへの支援方法を検討することにした。**（問題3）**

問題 1	次のうち、この時点においてP社会福祉士が行うMさんに対するアドボカシー支援として、最も適切なものを一つ選びなさい。

1　Mさんの安全な生活を最優先に考えて、施設入所という方向で調整を行う。
2　Mさんには軽度から中等度の認知症があるので、Nさんの意向を優先する。
3　Mさんは認知症の問題で困っているので、まずは認知症の治療を優先する。
4　Mさんの思いを受けとめながら、Mさんが望む生活について問いかける。
5　認知症は治らない病気なので、しばらくMさんの様子を見守る。

問題 2	次のうち、Mさんの成年後見制度の申立てを行う際のP社会福祉士の支援方法として、最も適切なものを一つ選びなさい。

1　Mさんは認知症なので、専門職であるP社会福祉士がすべて代行して手続きを行う。
2　弁護士に依頼したほうが確実なので、Mさんに弁護士を紹介する。
3　Mさんに申立ての手続きを自分で行う意向があれば、それを支援する。
4　身内である姪のNさんが申立てすべきなので、Nさんを説得する。
5　Nさんがかかわりを拒むので、市長に申立てを依頼する。

問題 3	次のうち、P社会福祉士が行うMさんへの支援策として、適切なものを一つ選びなさい。

1　介護保険の施設入所サービスが利用できると安心なので、その手続きを急いで行う。
2　Mさん本人の個人情報は誰にも教えられないので、地域の人と連携することは避ける。
3　Mさんの了解を得ながら、地域住民やさまざまな社会資源を活用し、本人が安心して暮らせるような環境を整える。
4　認知症の進行を予測して、グループホームへの入所をMさんに勧める。
5　身内である姪のNさんに、Mさんの生活支援を任せる。

（解答⇒ 72頁）

事前学習チェックリスト

☐ アドボカシー
☐ 成年後見制度
☐ 日常生活自立支援事業
☐ 地域包括支援センター
☐ 介護保険制度

事例 24 薬物依存症者への回復支援

事例の学習目標

1. 薬物依存にかかわる関係法令について理解を深める。
2. 薬物依存症者への相談に際しての留意点を学ぶ。
3. 利用者理解の視点について考察を深める。

事例の概要

「息子が麻薬をやっている。どうしてよいかわからない」という母親からの電話相談が、精神保健福祉センターのQ精神保健福祉士のもとに寄せられた。そこでQ精神保健福祉士は母親に、息子と一緒に来所するよう促すと、翌日、痩せ細ったRさん（30歳、男性）が母親に連れられてやってきた。

Rさんによると、音楽のイベント会場で年上の男性から大麻を勧められ、最初は軽い気持ちで始めたという。一度だけでやめようと思っていたが、1週間もすると「もう一度あの感覚を味わいたい」と思うようになり、その後は大麻がなくなる度に男を訪ねるようになった。そのうちに覚せい剤を勧められ、頻繁に吸うようになったという。今の生活について、「やめたくてもやめられない」「つらいときに大麻があれば頼ってしまう」とのことで、イライラ感と無気力にさいなまれるなか、先月には仕事も辞めてしまった。この来所相談後、Rさんとのかかわりは一時途絶えるが、3か月後に母親からの電話で、Rさんが多量の覚せい剤を吸引し、意識混濁のなかでS精神科病院に入院したことがわかった。(問題1)

2か月後、Rさんは、S精神科病院を退院し、Q精神保健福祉士のもとを不意に訪ねてきた。「大麻をやりたくてたまらない」「家族から責められてつらい」とのことであった。Q精神保健福祉士は、Rさんの思いを受け止めながら、近くに民間のT薬物依存回復者施設があることと、そこでの取組みの様子を伝え、今度一緒に訪問してみるよう誘った。了承したRさんは見学後、T薬物依存回復者施設に通所したいと申し出た。(問題2)

T薬物依存回復者施設は、薬物依存から回復した人がスタッフとなって、禁止薬物に頼らない生活のための相談と日課が用意されている施設である。T薬物依存回復者施設に通うようになって1年後、Rさんはこう精神保健福祉士に心境の変化をこう話した。「これまで自分と向き合うことがつらいからクスリに逃げていた。施設に通うようになって不安に向き合える自信がついてきた。今は施設の職員になることが目標です」。

Q精神保健福祉士は、流暢に話すRさんの思いを受け止めながら、今度、地域の中学校で行われる薬物依存についての普及啓発事業で、体験談を話してもらえないかとRさんに依頼した。(問題3)

問題1	次のうち、Rさんの入院を踏まえて病院側が行う対応として、適切なものを一つ選びなさい。

1　主治医は、Rさんを麻薬中毒者として都道府県知事へ届け出る義務がある。
2　主治医は、Rさんを麻薬中毒者として警察に通報する義務がある。
3　Rさんの麻薬依存症の治療のためには、必要に応じ麻薬を使用してもよい。
4　Rさんの入院措置については、精神保健指定医2名以上の診察の一致を必要とする。
5　主治医は、Rさんの覚せい剤使用について都道府県知事へ届け出る義務がある。

問題2	次のうち、この時点におけるQ精神保健福祉士によるRさんへの対応として、適切なものを二つ選びなさい。

1　Rさんの薬物への意識を遠ざけるために、世間話などで気持ちをそらす。
2　薬物をやめてほしいと願っている母親の思いを、Rさんにそのまま伝える。
3　Rさんのありのままの思いを受けとめ、気持ちを支える。
4　再度薬物を使用した場合、警察に通報することをRさんに伝える。
5　薬物そのものよりも、Rさんの生活習慣や態度に焦点を当てる。

問題3	次のうち、薬物に頼らない生活力を引き出すためのRさんへのアプローチとして、適切なものを一つ選びなさい。

1　パターナリズム
2　ノーマライゼーション
3　ケイパビリティ
4　リーガルモデル
5　インフォームドコンセント

（解答➡74頁）

事前学習チェックリスト

☐ ナラティブモデル
☐ 薬物依存回復者施設の役割
☐ ピアサポート
☐ エンパワメント
☐ ケイパビリティ

解答

■事例①

【問題1】　正解 5

1　後日改めて訪問するのでは、被虐待児の安全確認を怠ることになる。よって、適切でない。
2　母親に虐待の事実を確認することは必要だが、問いただすのは審判的態度につながる。よって、適切でない。
3　母親の受容に努めることも必要ではあるが、虐待が疑われる場合は、親（加害者）の虐待の認識と子ども（被害者）の安全確認が最優先される。よって、適切でない。
4　被虐待児に会わせるよう母親を説得することは一方的であり、対応としては適切でない。
5　虐待が疑われる場合は、何よりも被虐待児の安全確認が優先される。また、母親の話に傾聴しながら虐待の認識を促し、現状を把握することが必要となる。よって、適切である。

【問題2】　正解 1

1　児童福祉法第33条により、児童相談所長が必要であると認めるときは、保護者の同意がなくても職権により一時保護ができる。よって、適切である。
2　一時保護をした際には、被虐待児に児童相談所が保護した目的および今後の見通しなどについて理解しやすい表現で伝えることが必要である。よって、適切でない。
3　一時保護の期間は原則2か月以内である。よって、適切でない。
4　児童相談所長または入所している施設の長が必要と認める場合は、面会や通信の制限をすることができる。よって、適切でない。
5　一時保護の期間中は、幼稚園や学校等に通学できない。よって、適切でない。

【問題3】　正解 4

1　母親のアルコール依存の治療のため病院を紹介するのはよいが、説得するのではなく納得して治療を受けられるよう促すことが必要である。よって、適切でない。
2　学校の担任教諭の協力体制を強化するのも必要であるが、在宅支援を継続するための手段としては十分ではないといえる。よって、適切でない。
3　母親のストレス解消のための情報を提供し参加を促すだけでは、在宅支援の継続は難しい。よって、適切でない。
4　経過観察および危機対応のための継続訪問に加え、社会資源を活用した援助が在宅支援の継続に最も望ましい援助である。よって、適切である。
5　夫婦喧嘩をやめるよう母親に理解を求めるだけでは、在宅支援の継続は難しい。また、母親だけに働きかけを行えばよいものでもない。よって、適切でない。

■事例②

【問題1】　正解 4

1　支援の内容によっては、情報の一部を友人に伝える必要があるかもしれないが、すべての情報を同級生全員に伝える正当な理由があるとは考えられない。よって、適切でない。
2　地域での支援体制が全くできていない段階で、すべての情報を周辺の住民に伝える正当な理由があるとは考えられない。よって、適切でない。
3　家庭環境に関する情報については、必要であればDスクールソーシャルワーカーからではなく、母親自身から直接パート先に伝えられることのほうが望ましい。よって、適切でない。
4　社会福祉士及び介護福祉士法第46条（秘密保持義務）に「社会福祉士又は介護福祉士は、正当な理由がなく、その業務に関して知り得た人の秘密を漏らしてはならない。社会福祉士又は介護福祉士でな

くなった後においても、同様とする」と規定している。よって、適切である。
5　4にあるとおり、支援を終了した後においても、業務において知り得た情報は他人に漏らしてはならない。よって、適切でない。

【問題2】　正解 2

1　現在のC君の状況からは、病的なものにより暴力行為を繰り返しているとは言い難く、現段階では医師や看護師などの医療関係者とDスクールソーシャルワーカーのみのケース会議ではなく、学校関係者の出席が必要となってくる。よって、適切でない。
2　学校関係者やスクールソーシャルワーカーのみで支援を行うのではなく、福祉事務所の生活保護担当者とも連携を図ることによって、生活保護の受給などによりC君にかかわる環境改善を図ることで本人の支援へとつなげることもできる。よって、適切である。
3　支援の内容によっては、今後、民生委員・児童委員や自治会長などと連携することも考えられるが、現段階で、担任教諭などの学校関係者不在でケース会議を行う状況ではない。よって、適切でない。
4　介護等に従事する者はC君と母親が置かれている状況には関係していない。よって、適切でない。
5　場合によっては母親の勤務状況などの情報が今後必要になるかもしれないが、現段階では両親の職場関係者をいきなり出席させる状況ではない。よって、適切でない。

【問題3】　正解 5

1　本事例の内容だけでは知的障害と断定できる要因は見当たらない。よって、適切でない。
2　現在の父親の状況ではC君に対して暴力を振るう可能性も考えられる。また、C君の生活や教育を支援できる環境でもない。よって、適切でない。
3　繁華街を出歩くことが、C君が暴力的になった直接の原因であるとは考えにくく、C君への支援においてゲーム機等を買い与えることは必要とは考えられない。よって、適切でない。
4　児童福祉法第41条に、「児童養護施設は、保護者のない児童、虐待されている児童その他環境上養護を要する児童を入所させて、これを養護し、あわせて退所した者に対する相談その他の自立のための援助を行うことを目的とする施設とする」と規定されており、選択肢の目的とは明らかに異なっている。よって、適切でない。
5　DスクールソーシャルワーカーとC君自身が一緒になって、①問題の分析・認識を行い、②支援のゴール・目標を設定し、③計画を立て、④支援策を実施し、⑤評価を行う、などの行動療法を活用したプログラムは、C君自身が自らの行動の改善を目指していく手法としては一定の効果が期待できる。よって、適切である。

■事例③

【問題1】　正解 5

1　支援にあたっては、Eさんが非行を犯すに至った気持ちや背景に目を向ける必要がある。これまでの生活や家族関係を確認し自らの問題に気づかせる支援が必要である。よって、適切でない。
2　まずはシンナー吸引の事実を母親やFスクールソーシャルワーカーに知られたEさんの心情を察し、危機的状況の支援に努めることが必要である。その後、頭痛や気分不良、不眠などの症状が認められた場合には、早期の病院受診を勧める。よって、適切でない。
3　Eさんの変化は、両親の離婚や転居後に始まっている可能性が高い。家族関係についての指導や助言は当然必要である。よって、適切でない。
4　まずは当事者自身とその家族の内面に働きかけることが重要である。よって、適切でない。
5　当事者とその家族は自分の問題を発見しても、問題解決の糸口を見つけ出せないことも多いため、支援者として助言等をしていくことは必要である。よって、適切である。

【問題2】　正解 3

1　保護処分決定には、保護観察、児童自立支援施設または児童養護施設送致、少年院送致等があり、Eさんの保護観察も保護処分によるものである。よって、正しい。

2　検察官送致は、罪を犯したときに14歳以上で、保護処分よりも刑罰を科すのが相当と判断された場合に行われることがある。よって、正しい。
3　裁判官は司法権を行使し判決を下す者であり、少年事件の処分には直接かかわらない。よって、誤りである。
4　少年を、児童福祉機関の指導にゆだねることが適当だと認められた場合には、事件を都道府県知事または児童相談所長に送致されることがある。よって、正しい。
5　少年を、処分しなくても更生が十分にできそうな場合には、不処分または審判不開始の措置となる。よって、正しい。

【問題3】　正解 1
1　Eさん本人のこれまでの人生を認め、母親やクラスメイトとのよりよい関係を構築し、エンパワメントの視点を強めるかかわり方が重要になる。よって、適切である。
2　スクールソーシャルワーカーとしての連絡は、現段階においては定期的ではなく、随時、密接に取り合う必要がある。よって、適切でない。
3　理由はどうあれ、個人の尊厳やプライバシーを害するような行動をとってはならない。よって、適切でない。
4　保護観察中であっても、非行を繰り返したり自傷他害の可能性もあり得るので、Eさん本人や家族に対する精神的な支援は継続して行う必要がある。よって、適切でない。
5　Gさんの問題行動について心配ではあるが、まずはEさんへの働きかけを中心に据え、Gさんへの不用意な連絡が、Eさんのプライバシーの侵害や秘密保持等、倫理上の責任に触れないよう配慮する必要がある。よって、適切でない。

■事例④

【問題1】　正解 4
1　支援ネットワークの構築はソーシャルワークの重要な要素であり、抱え込みは不適切な支援につながりやすい。よって、適切でない。
2　Hさんはパワーレスの状態にあるため、支援者の励ましが逆効果になることがある。まずは、Hさんの気持ちを受容することが必要である。よって、適切でない。
3　Hさんの気持ちに寄り添うことなく正論を伝えることは、Hさんを追い詰めることになりかねない。よって、適切でない。
4　Hさんの気持ちに寄り添い、ともに問題解決にかかわっていく姿勢は信頼関係の構築にもつながり、よりよい支援の可能性を広げる。よって、適切である。
5　Hさんの「知られたくない」というデマンド（欲求）のみに注目した対症療法的なアプローチでは、ニーズ（必要）に対する支援はできない。よって、適切でない。

【問題2】　正解 2
1　Hさんを「就労」させることが目的ではなく、Hさんの就労の可能性を広げることが目的である。よって、適切でない。
2　視覚障害により、就労継続困難となった経験のあるHさんに対し、職業の選択肢を増やすための情報提供は必要不可欠である。よって、適切である。
3　本人の意向を確認せず、手続きを開始することはパターナリズム（父権主義）の典型であり、Hさんの就労の可能性を制限してしまう。よって、適切でない。
4　Hさんの障害や年齢から支援者が判断してしまうことは、「バイステックの7原則」の「非審判的態度」に反する。よって、適切でない。
5　Hさんの「就労したい」という希望を、金銭的な面からのみ評価しており、「生活の充実」というメンタルな面を支援することができていない。よって、適切でない。

【問題3】 正解 1
1 Hさんは、体調管理や生活環境の整備が必要であり、I生活保護担当者だけでは十分に支援することができない。各分野の専門職と連携を図るため、ケース会議の場を設定し、チームケアの推進を図ることは、重要なソーシャルワークである。よって、適切である。
2 Hさんの体調管理は重要であるが、指示的な態度や言動は、生活保護担当者（社会福祉士）として実施すべきではない。よって、適切でない。
3 Hさんの飲酒については、問題として把握すべきであり、ホームヘルパーと事業所について今後の対応をHさんと一緒に考えていくことが重要である。よって、適切でない。
4 近隣住民に「知られたくない」と言っているHさんの心情を無視して、民生委員に見守りを依頼すべきでない。よって、適切でない。
5 Hさんの生活状況を考えると、就労が最優先ではない。また、必要以上の支援を実施することで、支援者への依存心が生まれるおそれがある。よって、適切でない。

■事例⑤

【問題1】 正解 5
1 生前の夫婦の生活のあり方が課題になっている。若い頃より夫が生活のすべてを一手に引き受けて、Jさんに任せることをしていない経験の乏しさが不安につながっている。よって、適切である。
2 長女は身近にいていつでも相談できる信頼関係が成り立ち、長女も母親への配慮が見られる。しかし、長男との同居によりこの関係が切れたことが不安につながっている。よって、適切である。
3 生活の経過から、長男は母親であるJさんの世話を目的に同居を始めたと考えられるが、事前の相談もなく、また長女の長男に対する不満がJさんの不安にもつながっていると考えられる。よって、適切である。
4 長男の真意がわからない行動がJさんの不安につながっていると考えられる。よって、適切である。
5 Jさんの不安や自立できない原因を、本人の努力不足と判断することはできない。これまでの長年にわたる生活のあり方が現在の暮らしにつながっていると考える必要がある。よって、適切でない。

【問題2】 正解 4
1 本事例は虐待が疑われる「緊急の場合」とみなすことができるため、訪問を拒否されて支援をやめるのではなく、速やかにJさんの安全確認と通報に関する事実確認を行い、入院や措置入所の必要性等を判断する必要がある。このためにも地域包括支援センターは日頃から地域住民との信頼関係を構築していくことが大切となる。よって、適切でない。
2 場合によっては、Jさんの許可を得て長女に連絡し、これまでのJさんの状態などを報告することも考えられるが、虐待が疑われる本事例では、Jさんの安全確認と虐待の事実確認が第一である。また、長男と折り合いの悪い長女に、介護に参加するよう一方的に説得するのは、支援として適切でない。
3 本事例では、まずはJさんの安全確保が求められる。長男の状況を確認するには、繰り返し訪問するなどして長男と信頼関係を築き、長男から直接話を聞くようにするという姿勢が大切である。その後、長男の許可を得て、長男の家族に連絡をするということは考えられる。よって、適切でない。
4 高齢者虐待防止法第12条において、市町村長は立入調査の際、所轄の警察所長に援助要請ができるとされている。Jさんが痩せ細っているという情報があり、また、一度訪問し、物を投げるなどの強い抵抗を受けた本事例では、虐待の事実確認のために、警察署に援助を依頼し、警察官同行のもとで立入調査を行うことが望ましい。よって、適切である。
5 高齢者虐待防止法第16条により、市町村では、高齢者虐待の防止等のため高齢者虐待防止ネットワークの構築が進められている。このネットワークをもとに虐待への支援等が行われるが、事実確認のできていないこの段階では、関係者を集めて再訪問の要否を検討する必要はない。よって、適切でない。

【問題3】 正解 3
1 事例文から、長男は県外での生活が長かったために親や近隣との付き合いはないが、近隣住民とJさんとの関係は良好であり、また近隣の人々もJさんのことを案じていることがうかがわれる。よって、

この関係を活用しながら、Jさんの心身の安定につなげていくことは適切である。
2　長男が介護保険という制度を知らず、Jさんの世話を抱え込んでいるために介護放棄につながっているとも考えられる。このため、Jさんと長男に介護保険について説明し、長男の介護負担軽減のためにも介護保険サービスの利用を勧めることは適切である。また、認定後、訪問介護を利用してJさんへの支援と長男への助言を行うことも大切である。
3　虐待を抱えている家族だけで問題を解決するよう求めることは危険であり、場を設定するだけでは支援として適切とはいえない。Jさんの安全を確保したうえで、当事者・支援者を含めたカンファレンスが設定される必要がある。よって、適切でない。
4　Jさんは衰弱していることが想定され、医療の必要性も考えられる。地域包括支援センターは管轄の市町村とも連携をとり、緊急入院や特別養護老人ホームへの措置入所等の対策を立てることも必要となる。よって、適切である。
5　長男が、近隣との付き合いがなく閉じこもりがちなこと、介護をどのように行ってよいかわかっていない可能性があることが介護放棄につながっているとも考えられる。そのような状態にある長男に、地域の介護教室や介護者の集いを紹介することは支援として適切である。

■事例⑥

【問題1】　正解 4

1　現業員は福祉事務所に配置される。よって、誤りである。
2　福祉活動指導員は、都道府県および指定都市社会福祉協議会に配置される。よって、誤りである。
3　企画指導員は、全国社会福祉協議会に配置される。よって、誤りである。
4　多くの市区町村社会福祉協議会には、福祉活動専門員が配置されている。よって、正しい。
5　生活相談員は、老人福祉施設などで入所者の生活全般にかかわる相談に応じ、必要な助言等を行う職員である。よって、誤りである。

【問題2】　正解 5

1　Pさんは、今になって他県で暮らすことは考えられず、今後もこの土地で暮らし続けたいと思っていることから、Qさんとの同居を望んでいない。よって、適切でない。
2　Pさんは、趣味の料理をやめたくないと考えており、他の趣味をもつことを望んでいるわけではない。よって、適切でない。
3　Pさんは、趣味の料理をやめたくないと考えており、配食サービスの利用を望んでいるわけではない。よって、適切でない。
4　Pさんは、デイサービスの利用希望を表明していない。よって、適切でない。
5　自宅での生活をしながら趣味の料理を続けることができるため、Pさんの望む生活が続けられる一つの方法と考えられる。よって、適切である。

【問題3】　正解 2

1　既存の制度が利用できない場合は、他の社会資源等の活用などあらゆる方法を検討・提案する必要がある。また、他県に住む一人息子との同居はPさんの意向にもそぐわない。よって、適切でない。
2　"ふれあい・いきいきサロン"などの地域住民とのかかわりの場に、Pさんの得意な料理をもちこむことで、支援の仕組みづくりに役立てようとする手法は、本人の意向にもかなっている。よって、適切である。
3　Pさんの唯一の趣味である料理を禁止させる方向での支援は、本人の意向に反している。地域住民との人間関係にも摩擦を生じさせる可能性がある。よって、適切でない。
4　福祉活動専門員は、民生委員にすべてを一任するのではなく、常に連携・相談できる立場にあるべきである。よって、適切でない。
5　認知症があったとしても、周囲の支援等により在宅生活を続けていける可能性はある。よって、直ちに入院を勧めることは適切でない。

■事例⑦

【問題1】 正解 5

1. 援助者が自分自身について語ることは自己開示であり、相手との信頼関係を築く意図で使われることがある。「悩んでいるのはあなただけではない」というのは、相手の抱えている問題をノーマライズし、相手に安心感を与えることを意図している。自己開示もノーマライズも、相手の理解をねらいとする共感とは意図とアプローチが異なる。よって、適切でない。
2. 今、苦しみにとらわれているＲさん対して、将来を楽観視する言葉は耳に入っていかない。まず、現在の苦しみを傾聴し、それを軽くしてあげることが求められる。よって、適切でない。
3. 「～すべき」という言葉で援助者が正論を押しつけることでは、相手の苦しみを理解することにはならない。相手の主張に異論があるときでも、まずは、耳を傾けて共感する姿勢で接することが望ましい。よって、適切でない。
4. 自分よりも下位の人と比較して自尊感情を上昇させるのは、社会的比較理論の下方比較と呼ばれている。これを用いて援助者が叱咤激励することは共感とはいえない。Ｒさんは、自分より不幸な人の話ではなく、自分自身の話を聞いてもらい、苦しみを軽くしてくれることを求めている。よって、適切でない。
5. Ｒさんは、一人で子育てをする孤独感と、将来に明るい展望がもてない虚無感にとらわれ苦悩しているので、まずはＲさんの苦しみに耳を傾けることが必要とされる。このため、苦悩している具体的な内容を共感的に返していくことは適切である。

【問題2】 正解 2

1. 乳児院は、主に１歳未満の乳児を入院させて養育することを目的としている。Ｒさんの子どもは５歳であることから対象外となる。よって、誤りである。
2. 児童扶養手当法とは、父や母の死亡や離婚などによって、父または母と生計を同じくしていない児童を育成するために支給される手当を定めた法である。Ｒさんの場合、離婚により対象となる。手当の支給には所得制限があるが、Ｒさんについては事例文より低所得者と考えられるため、正しい。
3. 児童自立支援施設は、犯罪などの不良行為をしたり、するおそれがある児童や、家庭環境等から生活指導を要する児童などを入所または通所させ、必要な指導を行って自立を支援する児童福祉施設である。Ｒさんの子どもは犯罪等の不良行為をしていないので、誤りである。
4. 放課後児童健全育成事業とは、小学校に就学しているおおむね10歳未満の児童であって、その保護者が労働等により昼間家庭にいない児童に、政令で定める基準に従い、授業の終了後に児童厚生施設等の施設を利用して適切な遊びおよび生活の場を与えて、その健全な育成を図る事業をいう。Ｒさんの子どもは小学校に就学していないので、誤りである。
5. 放課後等デイサービスは、学校就学中の障害児に対して、放課後や夏休み等の長期休暇中において、生産能力向上のための訓練等を継続的に提供することにより、学校教育と相まって障害児の自立を促進するともに、放課後等の居場所づくりを推進することを目的としている。Ｒさんの子どもは就学しておらず、障害児でもないため対象外である、よって、誤りである。

【問題3】 正解 5

1. 別れた夫との復縁を、Ｒさんは望んでいない。よって、適切でない。
2. 両親との仲直りをＲさんが望まない限りは、Ｓ相談員が自ら両親と連絡をとるなど仲介役を担うことはない。かえって関係をこじらせることも考えられる。よって、適切でない。
3. 他に収入のあてもないまま夜間の仕事をすぐに辞めるように助言することは、Ｒさんをいたずらに経済的に困難な状況に追い込むことも想定される。よって、適切でない。
4. Ｒさんから子どもを引き離し、自分が里親になることは、相談員としての職務の範疇を越える行為である。よって、適切でない。
5. インフォーマルな資源を活用し子育ての不安を和らげ、一方でフォーマルな資源を活用し生活の安定化を図ることが求められる。よって、適切である。

■事例⑧

【問題1】　正解 4、5

1　普通高校の生徒がもつ障害者観は、社会のなかで長い年月をかけて積み重ねられてきたものであり、この生徒の意見は、一般社会にある障害者観の投影ともいえよう。そのため教師の立場から、生徒の考え方を一方的に変えるように指導するのではなく、率直な意見を受け止めつつも、粘り強く時間をかけて、すべての人が社会のなかで生きる権利があり、障害の有無により隔てられた社会の垣根を取り払うことの大切さを知ってもらうような対応が求められる。よって、適切でない。
2　多くの障害者は、人生の節目において、社会にあるさまざまな障壁（バリア）に阻まれ夢を実現できない体験を繰り返す。そのことで無力感を学習し、新たにチャレンジする気力が次第に奪われていく。このため、軽はずみな叱咤激励は、障害者をいたずらに苦しめるだけである。一般就労等を目指す障害者に必要なことは、社会で活躍するための自助努力のみならず、社会が障害者に対して門戸を開くことであろう。よって、適切でない。
3　交流会の否定的な感想を受けて、取組みをやめてしまっては、障害者のソーシャルインクルージョンは進まない。今回の反省から改善に向けて模索することが重要であり、その過程にこそ意味があるといえよう。よって、適切でない。
4　交流の回数を増やし、生徒同士がふれあえる機会を増やすことで、両者の垣根が次第に低くなることが期待される。よって、適切である。
5　今回は初回の交流会であったために教員主導で行ったが、目的はあくまで生徒の学びであるので、今後は生徒たち自身に企画してもらうことで、自主的にソーシャルインクルージョンに向けての取組みが学びとして深まっていくことが期待される。よって、適切である。

【問題2】　正解 1

1　就労継続支援事業は、通常の事業所に就労することが困難な障害者を対象に、就労の機会を提供するとともに、生産活動その他の活動の機会の提供を通じて、その知識および能力の向上のために必要な訓練を行うことを目的としている。A型は、雇用契約に基づく就労が可能な者を対象としている（雇用型）。よって、適切である。
2　就労継続支援事業B型は、雇用契約に基づく就労が困難な者を対象としている（非雇用型）。よって、適切でない。
3　就労移行支援事業は、通常の事業所に雇用されることが可能と見込まれる者につき、一般就労等への移行に向けて、就労移行支援事業所内での作業や、企業における実習、適性に合った職場探し、就労後の職場定着のための必要な支援を行うものである。よって、適切でない。
4　障害者試行雇用（トライアル雇用）事業は、事業主と有期雇用契約を締結し、3か月程度の試行雇用を行うものである。障害者の就労に対する不安を軽減し、事業主と障害者の相互の理解を深め、その後の常用就労を目指す。よって、適切でない。
5　職場適応援助者（ジョブコーチ）支援事業とは、事業所にジョブコーチを派遣し、障害者や事業主に対して、雇用の前後を通じて障害特性を踏まえた直接的、専門的な援助を実施するものである。よって、適切でない。

【問題3】　正解 2、4

1　静観するだけでは社会は何も変わらない。よって、適切でない。
2　ネットワークの形成により、ソーシャルインクルージョンへの関心が広がり、活動が強化されることが期待できる。よって、適切である。
3　地域の保護区での支援は、障害者を隔離する発想から脱していない。よって、適切でない。
4　違いを尊重する学校教育により、人権意識をもった子どもが、いずれ社会を変える核となることが期待される。よって、適切である。
5　外出を控えることは、インクルージョンの機会を障害者自らが潰すことになる。よって、適切でない。

■事例⑨

【問題1】 正解 3、5

1　身体障害者福祉法は、身体障害者の自立と社会経済活動への参加を促進するための法律であるが、事業主の責務については記述がない。よって、誤りである。
2　雇用対策法第4条において、障害者の職業の安定を図るため、雇用の促進、職業リハビリテーションの推進その他の障害者がその職業生活において自立することを促進するために必要な施策を充実することが謳われている。しかし、これは、国が講じなければならない施策であり、事業主が担うよう明記された責務ではない。よって、誤りである。
3　平成23年8月の改正後の障害者基本法では、事業主が、障害者の雇用に関し、その有する能力を正当に評価し、適切な雇用の機会を確保するとともに、個々の障害者の特性に応じた適正な雇用管理を行うことによりその雇用の安定を図るよう努めなければならない、と明記されている。よって、正しい。
4　特別障害者手当は、精神または身体に著しく重度の障害を有し、日常生活において常時特別の介護を必要とする特別障害者に対して負担軽減のために支給される手当のことであり、就労とは関連がない。よって、誤りである。
5　障害者雇用促進法（障害者の雇用の促進等に関する法律）では、事業主が、就労を求める障害者の能力を正当に評価し、適当な雇用の場を与え、適正な雇用管理を行うことによりその雇用の安定を図るよう努める責務があることが謳われている。よって、正しい。

【問題2】 正解 5

1　医療ソーシャルワーカーには、クライエントの自己決定を尊重した対応が求められる。よって、Wさんに今の会社をあきらめるように勧めることは適切でない。
2　医療ソーシャルワーカーは、クライエントのニーズを満たすために支援すべきであり、Wさんの就労したいというニーズをあきらめるよう勧めることはそれに反する対応である。よって、適切でない。
3　Wさんの希望は、施設での安心できる暮らしではなく、たとえ困難であっても、就労して家族と暮らすことである。よって、適切でない。
4　バンク-ミケルセンが提唱するノーマライゼーションとは、障害をもつ人を社会に適応できるように変えることではなく、社会をノーマルにしていく取組みである。よって、Wさんにリハビリテーションに励むよう叱咤激励することは適切でない。
5　ノーマライゼーションの理念に基づき、会社をノーマルにすることで、Wさんが働きやすい環境に変えていくことが適切である。

【問題3】 正解 2、4

1　行政に報告する必要もあると考えられるが、まずは会社と直接向き合って相談することが先決である。よって、適切でない。
2　ジョブコーチの役割を伝えることは、会社がWさんを雇用するための安心材料になると考えられる。よって、適切である。
3　抗議をしたところで、会社との溝が深まるばかりで、Wさんの就労が遠のくことも懸念される。よって、適切でない。
4　会社は、障害者受入れの知識や経験がないために拒んでいるにすぎず、就労しやすい環境づくりの情報を提案することにより、不安解消につながる。よって、適切である。
5　この会社に見切りをつけることは、Wさんの意思にそぐわない。よって、適切でない。

■事例⑩

【問題1】 正解 3

1　相談支援専門員は当事者の自己決定を援助する立場にあり、指導するものではない。よって、適切でない。
2　施設入所が必ずしもZちゃんの生活の安心につながるとは限らない。また、Zちゃんと家族のニー

ズ把握ができていないため、パターナリズム（父権主義）に陥りやすくなる。よって、適切でない。
3　AさんがZちゃんの障害を受容し、現状を受け入れることで、Zちゃんの将来について展望をもつことができるようになる。そうすることで、家庭と施設の両側面からより効果的な支援が可能となる。よって、適切である。
4　Zちゃんの障害の原因については、Aさんは長い時間自分を責めてきているのであえて眼を向けず、Zちゃんの未来に眼を向けるようにAさんを支援していくことが重要である。よって、適切でない。
5　育児における父親の必要性についてはAさんも理解しており、離婚についても自分を責めている様子がうかがえるので、特に伝える必要はない。よって、適切でない。

【問題2】　正解 **2**
1　個別支援会議は、Zちゃんを中心とする家族や支援チームの情報共有、支援の方向性について、本人・家族と各専門職の意見交換の場となることが望ましい。B相談支援専門員が参加者を決定するものではない。よって、適切でない。
2　児童福祉法に基づく施設基準「児童発達支援センター」に定められた職員（Zちゃんにかかわる専門職）が参加することで、本人・家族と支援チームの情報共有が円滑に行われる。よって、適切である。
3　B相談支援専門員は、本人・家族と支援チームの専門職との連絡調整を行うが、各分野の専門的な問題や解決策については、専門職から直接伝えることが望ましい。よって、適切でない。
4　祖母の介護も必要となり、Aさんは精神的に不安定な状態にあるが、B相談支援専門員はZちゃんを中心とした支援を提供する立場にあるため、レスパイトケアの領域を超える支援はB相談支援専門員の業務の範疇ではない。よって、適切でない。
5　祖母の体調不良で、Aさんの介護負担が増加しており、Zちゃんを中心とする支援のなかでAさんのレスパイトケアが早急に必要な状況にある。よって、適切でない。

【問題3】　正解 **3**
1　Aさんが涙を流している場面では、B相談支援専門員は「援助」という意図をもってAさんの感情表出を助けることで、Aさんが抱えている問題を話しやすい状況にするとともに、心理的なサポートにつなげていく必要がある。感情をコントロールするように指導することはない。よって、適切でない。
2　Aさんからの情報だけでは、家庭内で祖父がどのような役割を担っているか判断できない。また、B相談支援専門員が訪問指導することはない。よって、適切でない。
3　制度やサービスに関する情報提供は重要なソーシャルワークであり、Aさんのレスパイトケアを提案するときは、「Zちゃんの親（支援者）」ではなく、Aさんに対する配慮を伝え、「個人として認識」していることを伝えることが重要である。よって、適切である。
4　Aさんのレスパイトケアの一環としてZちゃんのADL向上を目的とすることは本来の支援と異なる。また、B相談支援専門員がリハビリテーションのオーダーを出すことはない。よって、適切でない。
5　離婚した夫がZちゃんの支援に必要であるか、またAさんや祖父母が必要としているかは不明であり、B相談支援専門員の判断で支援を依頼することではない。よって、適切でない。

■事例⑪

【問題1】　正解 **2**
1　近隣住民については、虐待の防止や観察段階での協力を必要とするが、本事例では、G相談支援専門員（社会福祉士）によって現に虐待が発生していることが確認できているところから、まずは市町村障害者虐待防止センターに通報することが必要である。よって、適切でない。
2　障害者虐待の防止、障害者の養護者に対する支援等に関する法律（障害者虐待防止法、2012（平成24）年10月1日施行）では、虐待を発見した人に対して、市町村障害者虐待防止センターに通報することを義務づけている。よって、適切である。
3　虐待を発見した人は、まず市町村障害者虐待防止センターに通報する義務がある。また、一時保護や緊急保護の対応は、同センターの判断によって実施されるものである。よって、適切でない。

4 障害者虐待防止法の規定により、虐待を発見した人は警察ではなく、まずは市町村障害者虐待防止センターに通報する義務がある。警察は、同センターによる立ち入り調査の段階で、必要に応じて連携する場合もあると規定されている。よって、適切でない。
5 障害者虐待防止法の規定により、虐待を発見した人は、都道府県障害者権利擁護センターではなく、まずは市町村障害者虐待防止センターに通報する義務がある。都道府県障害者権利擁護センターは、市町村障害者虐待防止センターと連携しながら虐待に関する情報の集約や虐待防止等の啓発活動などを行う。よって、適切でない。

【問題2】　正解 3

1 EさんによるCさんへの虐待が確認できているにもかかわらず、引き続きEさんとの同居を続けることは、事態の緊急性を正しくとらえているとはいえず、解決にもつながらない。よって、適切でない。
2 虐待の原因よりも、虐待が繰り返されているという事実の重大性が十分認識されていない。また、虐待発見後の対応にも誤りがある。よって、適切でない。
3 EさんによるCさんへの虐待が確認できていること、またCさん自身が生命の危険を感じるまでに至っているところから、虐待の再発防止策を優先する必要がある。よって、適切である。
4 EさんによるCさんへの虐待が、Cさん自身に生命の危険を感じさせていることを確認できているにもかかわらず、一般的な家庭問題と同列に扱うことは誤りである。よって、適切でない。
5 Eさんの問題行動を改善することは根本的な解決を図るうえで重要だが、改善するまでにはかなりの時間を要すことが予測されるので、その間のCさんに対する緊急避難的な対応策を優先する必要がある。よって、適切でない。

【問題3】　正解 5

1 EさんによるCさんへの虐待について、自身の介入による関係改善に限界を感じ相談に訪れているFさんに対して、引き続き関係改善を依頼するには無理がある。またG相談支援専門員の介入にも時間的な制約があり限界がある。よって、適切でない。
2 虐待を繰り返すEさんを警察と連携して威圧的に対応することは逆効果を招くおそれがある。まずは市町村障害者虐待防止センターに通報し、立ち入り調査等によって虐待の程度を確認する必要がある。よって、適切でない。
3 G相談支援専門員が独自に支援プログラムを立てるのではなく、市町村障害者虐待防止センターの立ち入り調査に基づく対応プログラムを優先させる。よって、適切でない。
4 緊急保護の必要性は認められても、その権限は市町村等の自治体にあるため、まずは市町村障害者虐待防止センターに通報することが先決となる。よって、適切でない。
5 障害者虐待防止法では虐待を発見した人に市町村障害者虐待防止センターに通報することを義務づけていることから、そのことをCさんに説明することは重要である。よって、適切である。

■事例⑫

【問題1】　正解 2

1 Hさんのニーズは、一時的な経済生活の安定だけではなく、体調の回復、現在の生活状況の改善とともに、以前のように働きたいということである。よって、適切でない。
2 Hさんの今までの生活状況からも、体調が回復すれば、適切な支援を受けながら生活を立て直し就労に結びつけることは可能だと考えられる。よって、適切である。
3 Hさんの今までの生活状況からも、適切な支援を受ければ地域での生活を継続することは可能であると考えられる。よって、適切でない。
4 Hさんのニーズは、働くことだけではなく、今の生活状況を改善したいという思いも含まれている。よって、適切でない。
5 今までの経過から、Hさんが一般の会社で働くことが不可能であると決めつけることはできない。また、本人が今後、就労継続支援事業所のみの利用を望んでいるとも限らない。よって、適切でない。

【問題2】　正解 5

1　Hさんは、すでに療育手帳を所持していることから、生活保護関連のサービスではなく、障害福祉サービス事業所などの利用が適切である。よって、適切でない。
2　段階的な就労支援が必要であり、体調の回復、生活の立て直しに向けても専門的な支援が必要とされる現段階においては、民生委員や地域住民のみにその支援を依頼するのは限界がある。よって、適切でない。
3　Hさんにはさまざまな関係機関と連絡調整を行いながら体調回復に向けての支援とともに、生活支援と就労支援を段階的かつ一体的に提供することが望ましいため、ハローワークとHさんが対象となっていないその他の社会資源の組み合わせは適切でない。
4　体調の回復に向けての支援、段階的な就労支援が必要なこと、身体的障害もなく、段階的な生活支援が必要と思われるHさんのことを考えると適切ではない。
5　Hさんの今後の支援においては、医療機関、障害福祉サービス事業所、福祉事務所、地域障害者職業センター等の連携による、体調回復に向けた支援、生活の立て直しに向けた支援と再就職に向けての段階的な支援が必要と考えられる。よって、適切である。

【問題3】　正解 1

1　Hさんのニーズは、生活を立て直し再び仕事をしたいということなので、医療機関、福祉事務所、障害者職業リハビリテーション機関、障害福祉サービス事業所等と連携し、体調回復を図ったうえ、生活支援と就労支援を一体的に行いながら段階的に支援していくことが必要となる。よって、適切である。
2　今後のHさんへの支援において、施設入所支援の利用が必要な可能性はある。しかし、Hさんの意向も確認できておらず、健康状態も不明確な今の段階において常時介護する必要もないHさんが、施設入所支援と生活介護の組み合わせを利用すると決めつけることは、利用者本位のサービス提供に反する。よって、適切でない。
3　Hさんについての現状の客観的な把握および今後の支援の見通しも立ってない状況のなかで、支援者が一緒に取り組む姿勢を見せずHさんを厳しく指摘するだけでは信頼関係の構築ができないし、Hさんがエンパワメントすること、Hさんがリカバリーすることに自信をもつようになることは困難である。よって、適切でない。
4　Hさんのニーズは、生活を立て直し再び働くことにある。その際に福祉事務所との連携も必要となってくるが、それは生活保護の申請のみを目的としたものではない。よって、適切でない。
5　Hさんの現状から、体調の回復、経済生活の安定、生活課題に向けての段階的な支援等も必要であることは明らかである。また、就労支援に限ってみても、障害者職業リハビリテーション機関における職業判定等による課題の明確化、就労移行支援事業所の利用等、再就職に向けての段階的な支援が必要であり、直ちにハローワークにつなぐことには無理がある。よって、適切でない。

■事例⑬

【問題1】　正解 4

1　バッドニュース直後の心因反応ではあるが、Jさんを適応障害と診断するだけの十分な情報はない。よって、適切でない。
2　正確な情報がないことに対する不安ではなく、Jさんが受けているのはがん診断後のショックである。このような状況で必要以上に医学情報を伝えることは混乱につながることもある。また、一方的に励ますことは適切な支援ではない。よって、適切でない。
3　悪い情報であっても、意思決定をするのは患者自身である。患者の心理状況に配慮しながら、負担が少ない形で情報提供をして、意思決定を支援する必要がある。よって、適切でない。
4　Jさんの反応は、がん告知後にみられる一般的な反応であり、このような心的反応は、通常、数日から2週間程度で軽減し、現実的問題に適応できるといわれている。そのため、不安などの精神状態が長期化しないか継続して確認していく必要がある。よって、適切である。また、患者が治療方針について、自分自身で意思決定できるよう支援することが重要である。
5　3と同様で、治療方針を決定するのは患者自身である。医療ソーシャルワーカーは患者に寄り添い、

患者が自身で意思決定できるよう、支援していく必要がある。よって、適切でない。

【問題2】　正解　4

1　高額療養費制度の自己負担限度額は、年齢や所得によって本人の支払う医療費の上限が決められており、加入する保険者が異なっていても同じである。ただし、保険者によっては、独自に付加給付制度などを設けているところもある。よって、適切でない。
2　高額療養費制度の自己負担限度額適用認定証の申請窓口は、加入している保険者である。Jさんは会社員であり、国民健康保険に加入していないので市区町村ではない。よって、適切でない。
3　高額療養費制度で世帯合算ができる場合は、医療機関ごと、外来・入院別でそれぞれが2万1000円を超えており、かつその合算額が自己負担限度額を超えている場合である。よって、適切でない。
4　設問文の通り。傷病手当金は、同一の傷病に対して1日につき標準報酬月額の3分の2に相当する額が支給される。年金や会社から報酬を受けている場合には、傷病手当金が調整される。よって、適切である。
5　傷病手当金について、国民健康保険は任意となっており、ほとんどの場合に設けられていない。また、任意継続による医療保険加入者の場合は、新たに傷病手当金の申請をすることはできない。よって、適切でない。

【問題3】　正解　3

1　治療を受けるかどうかの最終的な判断は、主治医など医療者から治療の利益や不利益についての説明を受けたうえで患者本人が意思決定していくものであり、医療ソーシャルワーカーが判断することではない。よって、適切でない。
2　ピアサポートの活用は、孤独感の解消や体験的知識の獲得など有効なこともあるが、医療費のことなどについて悩んでいるJさんのこの段階において最も有効な方法とはいえない。よって、適切でない。
3　困難な状況にあるがゆえに、設問文のようにJさんの気持ちに寄り添い共感的なかかわりを通した自己決定支援が必要となる。よって、適切である。
4　単なる情報提供ではなく、心理社会面についてのアセスメントをしたうえで、情緒的サポートや必要な情報サポートが行われることが必要である。よって、適切でない。
5　Jさんは現在、医療費のこと、また、自分が高額な治療を受けることにどれだけの価値があるのかについて悩んでいる。治療方針については納得しており悩んでいるわけではないので、セカンドオピニオンを受けることの意味はない。セカンドオピニオンは、主治医以外の医師から治療方針について第三者の意見を得ることが目的である。よって、適切でない。

〈参考文献〉
小川朝生・内富庸介編『精神腫瘍学クイックリファレンス』財団法人新樹会創造出版, pp.48-50, 2009.

■事例⑭

【問題1】　正解　5

1　Lさんが相談したり支援を求めたくてもできなかった事情を理解することがここでは大切である。よって、適切でない。
2　身体や精神の状況を把握しておくことは大切だが、Lさんとはコミュニケーションがとれており、現段階での緊急性は特に認められないので、すぐに病院受診を勧める必要はない。よって、適切でない。
3　家族でよく話し合うことは重要であるが、Lさんには、DVや児童虐待、さらには国による生活様式や文化の違い等の問題も含まれている可能性があり、専門家の支援は欠かせない。よって、適切でない。
4　Lさんの夫に対する注意や指導のあり方によっては、逆に夫の暴力を強めたり、家族関係を完全に崩壊させてしまうこともあり得るので、慎重に対応する必要がある。よって、適切でない。
5　当事者とその家族は自分の問題を発見しても、問題解決の糸口を見つけ出せないことも多い。Lさんに寄り添いながら本人の希望を整理していくことが重要となる。よって、適切である。

【問題2】　正解 2

1　救護施設は、身体、精神に著しい障害があり、経済的にも問題があり日常生活を送るのが困難な人たちが生活する施設である。よって、適切でない。
2　母子生活支援施設は、18歳未満の子どもたちを育てている配偶者のない女子やこれに準ずる事情のある女子、およびその者の監護すべき児童を入所させて保護し、自立の促進を図り生活を支援する施設である。よって、適切である。
3　児童養護施設は、保護者のない児童、虐待されている児童その他環境上養護を要する児童を入所させて、養護し、退所後も相談、援助する施設である。よって、適切でない。
4　自立援助ホームは、なんらかの理由によって家庭にいられなくなり、働かねばならなくなった、おおむね15歳から20歳までの青少年が生活する施設である。よって、適切でない。
5　宿所提供施設は、生活保護法に規定された、住居のない要保護者の世帯に対して、住宅扶助を行うことを目的とする施設である。Lさんはパート勤めの経験があるなど、働く能力もあることから生活保護がすぐに必要となるとはいえず、宿所提供施設を利用することが適当とは言い難い。よって、適切でない。

【問題3】　正解 5

1　暴力を受けたから即離婚と考えることは、あまりにも短絡的である。ここではLさんの気持ちを十分確かめたうえで次の対応策を慎重に考える必要がある。よって、適切でない。
2　多くの母子自立支援員がかかわることは問題を共有する点では有効であるが、Lさんへの支援が定まらなかったり深まらなかったりする場合もある。ここでは、N母子自立支援員が中心となり対応することが望ましい。よって、適切でない。
3　日常生活への支援と相談は表裏一体の関係にあるので、役割を分担することは好ましくない。LさんのDVシェルターでの生活支援を担当するN母子自立支援員が中心となって、相談援助についても対応していくことが望ましい。よって、適切でない。
4　警察への相談は欠かせないが、Lさんが同意し納得のうえでの相談であることが大事である。よって、適切でない。
5　近年、国際結婚や、就労目的で日本に来て生活している外国人は増加している。各専門機関との連携のうえで、Lさんの今後の生活を最大限に支援することが必要となる。よって、適切である。

■事例⑮

【問題1】　正解 5

1　Rさんの医療の必要性を踏まえて、医療扶助は適用される。よって、適切でない。
2　生活保護は最低生活の保障のための支給であり、Rさんの借金返済にあてることはできない。保護申請の前に債務整理が求められる。よって、適切でない。
3　補足性の原理により、貯蓄性の生命保険については解約する必要がある。よって、適切でない。
4　Rさん自身の申請が原則であるが、保護を必要とする者の扶養義務者またはその他の同居の親族の申請に基づいても開始される。また急迫した状況にあるときは、保護の申請がなくても、必要な保護を行うことができる。よって、適切でない。
5　Rさんの意思と状態に応じて、保護施設における救護施設、更生施設、宿所提供施設、医療保護施設等の利用を検討することができる。よって、適切である。

【問題2】　正解 5

1　精神科の入院は、本人の意思に基づく「任意入院」を原則としており、インフォームドコンセントのプロセスを踏まえることがまず対応の前提となる。市長同意による医療保護入院の手続きについては、通院治療の可否など、さまざまなことを検討したうえで、なされるべきである。よって、適切でない。
2　自傷他害のおそれについて、事例からは該当性が低く、適切でない。
3　任意入院は制度上、身体面での不調から行われるものではなく、精神疾患の治療に基づくものとして規定されている。よって、適切でない。

4 未治療状態にあるRさんの生活状況を踏まえると、かかわりを中断せず、機会をとらえながら治療を促していくことが重要である。よって、適切でない。
5 Rさんの意向を尊重しつつ、まずは通院治療の可能性をともに考えていくかかわりが重要である。よって、適切である。

【問題3】 正解 2、4

　マーシャル（Marshall, T. H.）は、シチズンシップについて、「ある社会の完全な成員に与えられた地位であり、その地位にある人々は付与された権利と義務において平等である」と定義し、市民の平等性と市民がもつ諸権利を、市民的権利、政治的権利、社会的権利と類型化した*。マーシャルのシチズンシップ論は、第二次世界大戦後の福祉国家を理論的に支える役割を担う一方で、近年では社会統合、公民教育などさまざまな分野にシチズンシップ論が受け継がれてきている。こうしたシチズンシップ論の派生に、デランティ（Delanty, G.）は「近代的シチズンシップは、権利、義務、参加、アイデンティティの4つの構成要素より成る」と述べている。
1 「自立」は、シチズンシップとは無関係である。よって、適切でない。
2 上記のとおり、「権利」はシチズンシップの構成要素の一つである。よって、適切である。
3 「市場」は、シチズンシップとは無関係である。よって、適切でない。
4 上記のとおり、「参加」はシチズンシップの構成要素の一つである。よって、適切である。
5 「健康」は、シチズンシップとは無関係である。よって、適切でない。

＊ 村上純一「T. H. マーシャルにおける，シティズンシップ，帰属意識と社会的包摂──「忠誠心」と「社会遺産」の概念を軸にした『シティズンシップと社会階級』の再解釈の試み」『国士舘大学文学部人文学会紀要』第40号，pp.124-139, 2008.

■事例⑯

【問題1】 正解 1

1 がんの終末期にある患者は、孤立感や虚無感などを抱き、生きる意味や存在価値などを自問自答する。ライフレビューは、人生の意味付けや自尊心を再認識し、存在意義を見出すことができる。よって、適切である。
2 Tさんの喪失に対する悲嘆に対し、励ましていくのではなく、感情表出を促すよう傾聴していく必要がある。よって、適切でない。
3 必ずしも宗教家の介入で解決されるとは限らない。チーム医療のなかで、医療ソーシャルワーカーも心理社会的苦痛やスピリチュアルな苦痛にアプローチをしていく役割をもつ。よって、適切でない。
4 患者にとっては死について語り合うこと自体に意味があるといわれており、Tさんが語りたいときには、恐れることなく積極的に語り合うことが必要である。よって、適切でない。
5 どのような状況であっても、患者の希望を支えつつ、最善の治療が継続されることを伝えていく必要がある。また、患者が望めば人生の回想についてもかかわっていく。よって、適切でない。

【問題2】 正解 4

1 末期の悪性腫瘍（末期がん）の患者は、介護保険の要支援者・要介護者であっても医療保険による訪問看護が適用になる。よって、適切でない。
2 末期がん等で心身の状態が急速に悪化することが確実に見込まれる者については、主治医意見書とサービス担当者会議などによって、貸与の必要性について市町村が判断することができる。よって、適切でない。
3 医療保険制度による訪問看護は、週に4日以上の利用が可能である。よって、適切でない。
4 「緩和ケア病棟」は主に、Tさんのようながん患者や、後天性免疫不全症候群で苦痛の緩和を必要とする患者に対して緩和ケアや在宅への移行支援を行う施設である。よって、適切である。
5 中心静脈栄養の点滴管理の支援は医療行為にあたるため、ホームヘルパーには行うことができない。よって、適切でない。

【問題3】　正解 **2**

1　「患者」としてTさんをとらえるのではなく、1人の生活者としての視点を忘れずに支援していくことが望まれる。よって、適切でない。
2　「人」としての尊厳を大切にしてクライエントの言葉を傾聴し、患者や家族の人生観や価値観について医療チームに還元することで共感的理解のもとソーシャルサポートが機能するよう支援する必要がある。よって、適切である。
3　入院中の外出や外泊などで対応するなど選択肢はさまざまである。緩和ケア病棟も療養先として選択肢の一つになりうるが、在宅療養を行う場合のソーシャルサポートの情報提供や検討がされたうえで、自己決定支援される必要がある。よって、適切でない。
4　家族の不安な気持ちを受け止めつつ、在宅介護が具体的にイメージできるように支援することが大切である。医療処置や急変時の対応について、医師や看護師などからも家族に指導や説明をするなどのかかわりも必要である。よって、適切でない。
5　妻という役割に加えて、介護者としての新たな役割を担っている妻の負担を受け止めつつも、Tさんの価値観や希望を大切にし、家族全体を包括的にアセスメントして介入することが重要である。よって、適切でない。

〈参考文献〉
小川朝生・内富庸介編『精神腫瘍学クイックリファレンス』財団法人新樹会創造出版, pp.55-58, 2009.

■事例⑰

【問題1】　正解 **3**

1　災害ボランティアセンターは、災害発生時に、支援ボランティアの活動を効率よく運営させるための組織で、主に被災地の社協や行政などが設置し運営する。東日本大震災時には3月〜11月までの間で東北三県の災害ボランティアセンターの運営支援のために、全国から延べ約3万5000人の社協職員が派遣され支援活動に従事した。よって、適切である。
2　東日本大震災後、被災者や避難者の当面の生活費のニーズに対応するために、都道府県社協を実施主体とする生活福祉資金貸付事業において、所得制限を設けない無利子貸付として特例貸付を全都道府県で実施した。震災後1年間での貸付件数は全国統計で約7万1000件、貸付総額は99億円にのぼっている。よって、適切である。
3　運営適正化委員会は、福祉サービス利用者の苦情などを適切に解決し利用者の権利を擁護する目的で、各都道府県社協に設置されている組織であるが、災害支援とは直接関係していない。よって、適切でない。
4　震災などにより職場を失った福祉職員等の就職支援のために、都道府県社協の福祉人材センター・バンクでは、被災者用の求人情報を提供する体制を実施している。よって、適切である。
5　被災地の市町村社協では、生活支援相談員を配置し、仮設住宅等を訪問しながら被災者に寄り添い、見守りや相談活動、福祉サービス利用への橋渡しなど、生活の復興や地域再生に向けた取組みを行っている。よって、適切である。

【問題2】　正解 **4**

1　いつ解消されるかもわからない放射能などのリスクの除去を待っていては、被災地支援の時期を逃してしまう。職員派遣にあたっては、リスクの回避や二次災害を防ぐ手立ては最大限考慮されなければならないが、その不確かさが派遣できない理由になってはならない。現に生じている被災地の混乱や被災者の安否を優先的に考えることが重要となる。よって、適切でない。
2　1と同様、職員派遣にあたっては、安全面を配慮しつつも、被災地支援の緊急性を見失ってはならない。被災現場には社会福祉協議会の運営支援や被災者に対する生活福祉資金等の貸付業務や福祉施設などへの相談業務など、専門の人手を要する緊急のニーズが山積している。リスクを回避しつつも優先度の高い支援活動を選択していくことが現場の采配には求められる。よって、適切でない。
3　被災直後のV県社協の混乱ぶりを想定すれば、被災地の細かい情報や放射能の安全性が派遣元の社協に届くまでにはかなりの時間を要すると考えられる。まずは現地の状況を把握するためにも、職員を直接現場に派遣することのほうが望ましい。よって、適切でない。

4　現場のリスクの度合いや優先度の高い支援活動を把握しているのは現地の災害ボランティアセンターや社協職員である。このため、支援内容については現地の指示に委ねる姿勢が必要となる。よって、適切である。
5　派遣職員やその家族の不安を解消するための安全面への配慮は必要だが、それは万一の事態に対する事後の補償よりも事前の予防的対応が優先される必要がある。事例の場合、今後の職員派遣を円滑にすすめるためにも、派遣先である現地社協との連絡体制をY職員に担ってもらう役割などが期待される。よって、適切でない。

【問題3】　正解 5

1　"困った時はお互い様"という意識のもと、日頃から誰もが安心して暮らせるまちづくり（地域福祉）の推進を行っている社協職員にとって、被災地支援は日常業務の延長と考える必要がある。このためY職員には、「支援の経験がないから迷惑になる」のではなく、「支援の方法を学ぶ機会」として積極的に受けとめる姿勢が求められる。よって、適切でない。
2　被災直後の現地の社協や災害ボランティアセンターの混乱ぶりを想定すれば、派遣される地域名などの詳細な情報が派遣元の都道府県社協に届くまでにはかなりの時間を要するものと考えられる。その間の住民の生命や財産、生活が危機に瀕している非常事態を放置して動こうとしないことは地域福祉の推進をミッションとする社協の方針に反する。よって、適切でない。
3　被災地支援を「迷惑」ととらえず、社会正義を実現する社協職員の当然の責務と受けとめる姿勢が求められる。また、都道府県、市町村社協は、普段からこのような考え方を組織的に徹底しておくことが望まれる。さらに、派遣職員が個人的に悩まないでよいように安全面への配慮についても組織的に対応していくことが必要となる。よって、適切でない。
4　3の理由と同じである。よって、適切でない。
5　放射能の問題に限らず、災害支援の場面におけるリスクは大小さまざま存在する。このため派遣職員の安全面については最大限配慮される必要があるが、普段から地域住民に対して"困った時はお互い様"という意識で地域福祉の推進を呼びかけている社協職員でもあることから、たとえ被災地支援が遠くのまちでのリスクを伴うものであっても、実際の行動面で互いを思いやり、支え合う姿を国民に体現していくことは重要となる。よって、適切である。

■事例⑱

【問題1】　正解 5

1　アルコール依存があり認知症も進んでいるZさんに、何の援助もせずに支出を減額するようアドバイスだけしても、支出を減らすことは困難と考えられる。よって、適切でない。
2　介護保険法等により地域包括支援センターの権限が規定されているが、その権限に、「金銭を預かること」は含まれていない。地域包括支援センターは金銭を預かることはできない。よって、適切でない。地域包括支援センターでは、むしろ「関係機関との連絡調整」が職務となっている。
3　地域包括支援センターの職員が破産申立書を作成するよりも、専門家に任せたほうが効率がよい。また、報酬を得る目的で業務として行うと、弁護士法等に違反することになる。よって、適切でない。
4　消費生活相談員は、一般に「個人再生の申立書」の作成は行っていない。よって、適切でない。
5　他の職種と連携してZさんを支援することが必要である。そのためにも、普段から他の職種と顔の見える関係をつくることに留意する。借金の問題は、専門である弁護士や司法書士と連携するのがよい。よって、適切である。

【問題2】　正解 2

1　個人再生は借金を減らすための手続きのことである。再生手続きをしても借金はいくらか残ってしまう。したがって返済の余裕がまったくないZさんには適さない。よって、適切でない。
2　破産すればZさんの借金はなくなる。よって、適切である。
3　任意整理は消費者金融など利率が高い借金の整理に適する手続きである。Zさんの主たる借金は住宅ローンであり、利率は高くないため、任意整理には適していない。よって、適切でない。
4　クーリングオフは訪問販売を受けた場合などに契約を解除する手続きである。借金を減らす手段では

ない。よって、適切でない。
5 不法行為は故意過失により他人に損害を与える行為である。金銭を貸すことは不法行為ではない。よって、適切でない。

【問題3】 正解 4

1 道徳をふりかざして面倒を見るよう説得しても、問題は解決しない。よって、適切でない。
2 法律をふりかざして面倒を見るよう説明しても、問題は解決しない。よって、適切でない。
3 アルコール依存で認知症のZさんに医療的なケアなども行わず自立して生活するよう促しても、効果はうすく、病気がよくなるとも考えにくい。よって、適切でない。
4 Zさんの抱える生活課題の原因がアルコール依存や認知症であることから、まずは医療機関でアルコール依存症を治療することが必要となる。その後、本人や次男夫婦の意向を確かめながら、福祉施設への入所や在宅サービスの利用などをすすめていく。よって、適切である。
5 時間が限定されたデイサービスやホームヘルプサービスの利用だけでは、Zさんの生活課題の原因となっているアルコール依存や認知症が治療できるわけではないので、次男夫婦による日常的な介護負担の軽減にはそれほど役立たない。よって、適切でない。

■事例⑲

【問題1】 正解 3

1 地位利用の禁止とは、「精神保健福祉士は業務の遂行にあたりクライエントの利益を最優先し、自己の個人的・宗教的・政治的利益のために自己の地位を利用してはならない。また、専門職の立場を利用し、不正、搾取、ごまかしに参画してはならない」ことである〔日本精神保健福祉士協会倫理綱領 倫理基準2-(3)〕。よって、この場面では適切でない。
2 機関に対する責務とは、「精神保健福祉士は、所属機関等が、クライエントの人権を尊重し、業務の改善や向上が必要な際には、機関に対して適切・妥当な方法・手段によって、提言できるよう努め、改善を図る」ことである〔日本精神保健福祉士協会倫理綱領 倫理基準3〕。よって、この場面では適切でない。
3 自己決定の尊重とは、「a．クライエントの知る権利を尊重し、クライエントが必要とする支援、信頼のおける情報を適切な方法で説明し、クライエントが決定できるよう援助する。b．業務遂行に関して、サービスを利用する権利および利益、不利益について説明し、疑問に十分応えた後、援助を行う。援助の開始にあたっては、所属する機関や精神保健福祉士の業務について契約関係を明確にする。c．クライエントが決定することが困難な場合、クライエントの利益を守るため最大限の努力をする」ことである〔日本精神保健福祉士協会倫理綱領 倫理基準1-(2)〕。この場面では、Cさんの受診援助が考えられ、医療保護入院や措置入院などの非自発的入院も考えられる。その際も精神保健福祉士は、安易な非自発的入院を活用せず、精神障害者本人が自分で受診を選択・決定できるように援助しなければならない。よって、この場面では適切である。
4 社会に対する責務とは、「精神保健福祉士は、専門職としての価値・理論・実践をもって、地域および社会の活動に参画し、社会の変革と精神保健福祉の向上に貢献する」ことである〔日本精神保健福祉士協会倫理綱領 倫理基準4〕。よって、この場面では適切でない。
5 クライエントの批判に対する責務とは、「精神保健福祉士は、自己の業務におけるクライエントからの批判・評価を受けとめ、改善に努める」ことである〔日本精神保健福祉士協会倫理綱領 倫理基準1-(4)〕。よって、この場面では適切でない。

【問題2】 正解 1

1 Cさんは未受診であり、妄想の症状があるために統合失調症が疑われる状態である。妄想によって怒鳴り声を出したり、糞尿を庭に撒くなどの行動があり、声や異臭が近隣の苦情となって出ている。民生委員が妄想を否定しても頑として譲らない状況である。また、髪やひげなども手入れしておらず、入浴もしていないようである。しかし、自分一人で暮らす生活技能は何とか保たれており、訪問に対してもおとなしく応じるなど、この状態が3年間続いていたのであれば自傷他害など緊急を要する事態とはいえないであろう。そこで、B精神保健福祉士には、Cさんが受診に対して自己決定できるように、Cさ

んとの信頼関係を築き、Cさんがわかり得る方法で利益、不利益について説明し、納得して自ら受診できるように援助することが求められる。「つらいと感じていることの解決方法を一緒に考えましょう」と言うことは、信頼関係を築くための第一歩である。よって、適切である。
2 「お婆さんは亡くなっているから覗くはずはありませんよ」と言うことは、妄想の否定であるが、Cさんにすれば、現実に起きていると思っていることである。それを信頼関係が築かれる前に言っても、Cさんにとっては当然受け入れられないし自己否定されたと理解してしまうであろう。そのことでCさんが興奮すると、非自発的入院につながってしまうこともある。精神保健福祉士が非自発的入院を誘発するような援助をするべきではない。よって、適切でない。
3 「大きな声を出すと警察に来てもらいます」と言うことは、Cさんへの脅しといえる。自己決定への支援につながる信頼関係の構築とは相容れない援助である。よって、適切でない。
4 「今から一緒に精神科を受診しましょう」と言うことは、本人が自己決定できる援助ではない。このように言うことで、B精神保健福祉士とCさんとの関係は切れてしまうことが予想される。よって、適切でない。
5 「今から精神保健指定医の診察を受けてもらいます」と言うことは、自己決定の援助を念頭に置かずに、いきなり非自発的入院へとつなげる援助である。Cさんへの人権意識も欠いているといわざるを得ない。よって、適切でない。

【問題3】　正解 4

1 Cさんは、受診援助によって受診し、その後入院となったが、3か月後には退院して帰宅している。しかし、その後のB精神保健福祉士の不在の間に症状が再発してしまったようである。この場合、同様の援助を再度行いながら、関係機関とも連携して、Cさんの地域生活を多機関で支えるチームづくりが必要といえる。成年後見制度は判断能力が不十分な障害者や高齢者の人権をまもる制度であるが、この場面で行うことではない。病状が落ち着き、Cさんの生活状況を見ながら検討すべきことである。よって、適切でない。
2 Cさんに医療中断の理由を聞くことは必要な援助といえる。しかし、理由を聞きながら医療機関に搬送することは、Cさんが納得しているわけでもなく、非自発的入院の手続きに沿った対応でもない。このため、人権侵害にあたる行為となる。よって、適切でない。
3 精神保健指定医に連絡し診察を依頼することは、非自発的入院の手続きに沿った援助である。しかし、前回の受診・入院もCさんの意思で行ったものであり、非自発的入院ではない。しかも、自傷他害の危険がある状況ともいえない。この場面では、Cさんが医療中断した理由を聞き、自発的に受診できるように自己決定を尊重した援助を行う必要がある。よって、適切でない。
4 この場面では自傷他害の危険などの緊急事態ではないと考えられ、非自発的入院に向けた対応は不要である。症状も含めてCさんの困っていることの相談に乗り、再度、信頼関係を築き、医療中断の理由を理解したうえで解決方法を一緒に考えるという援助が必要とされている。よって、適切である。
5 Cさん宅に入り、残薬量を確認することは、服薬の有無を知るには確実な方法である。しかし、Cさんの意思も顧みずに残薬量を確認することは人権上許されることではない。本来は、Cさんとの信頼関係を築き、Cさんが医療中断した理由を自ら語ったうえで再度受診する意向を示した後に確認することが適正な手順である。よって、適切でない。

■事例⑳

【問題1】　正解 4

1 Dさんが訪れた地域障害者職業センターは、精神保健福祉法（精神保健及び精神障害者福祉に関する法律）には規定されていない。よって、誤りである。
2 Dさんが訪れた地域障害者職業センターは、職業安定法には規定されていない。よって、誤りである。
3 Dさんが訪れた地域障害者職業センターは、障害者基本法には規定されていない。よって、誤りである。
4 障害者雇用促進法（障害者の雇用の促進等に関する法律）の第22条に、Dさんが訪れた地域障害者職業センターが規定されている。よって、正しい。

5　Dさんが訪れた地域障害者職業センターは、社会福祉法には規定されていない。よって、誤りである。

【問題2】　正解 3
1　執拗な働きかけは、本人の負担を強めることになるので好ましくない。よって、適切でない。
2　うつ病になった原因を探しても、現状の回復には直接結びつかない。よって、適切でない。
3　Dさんの早く職場復帰したいという、焦る気持ちを十分に理解して対応することが大事である。よって、適切である。
4　家族からの激励は、本人の焦る気持ちを強める場合があるのでよくない。よって、適切でない。
5　この段階では、まだDさんと上司であるE課長は復職に対する不安を残しており、就労能力についても確かめられていないので、ジョブコーチの派遣は早すぎる。同じ理由で、同僚にセンターに来てもらう必要性もない。よって、適切でない。

【問題3】　正解 4
1　復職を急がせることは、本人に焦りを生じさせる場合がありよくない。よって、適切でない。
2　E課長に毎日センターに来てもらうことは、Dさん本人にとっても、E課長にとっても負担になるので好ましくない。よって、適切でない。
3　安易に入院を勧めることは、復職支援プログラムの開始を遅らせることになる場合もあるので好ましくない。よって、適切でない。
4　復職支援（リワーク支援）を受ける者は、一般に、早く職場復帰をしたいという焦りの気持ちをもっている場合が多い。その気持ちを理解しながら、焦らずに復職支援プログラムに参加してもらえるよう働きかけることが大事である。よって、適切である。
5　まずは復職に向けての本人の心構えが大切であり、会社訪問は急がせないほうがよい。よって、適切でない。

■事例㉑

【問題1】　正解 4
1　アルコール依存症は、意志が弱いから断酒できないという、「意志」が問題となるのではない。アルコール依存症はアルコールの摂取をコントロールできない病気である。家族面接では家族に正しい病気の知識を伝えることが重要である。よって、適切でない。
2　Gさんはすでに受診するという意思を持って精神科病院に夫と一緒に来ている。そのことから、受診する意思が重要であるという話は不要である。よって、適切でない。
3　アルコール依存症者への支援は人権尊重が重要である。近年、断酒だけにこだわった底つき体験による直面化は効果が疑問視されるようになってきた。それに代わり、動機づけ面接、認知行動療法、セルフヘルプグループの活用などが中心となっている。この場面で底つき体験の話をすることは家族に対する脅しともなる。よって、適切でない。
4　アルコール依存症関連の問題は、家族にもさまざまな影響をもたらす。家族はさまざまな問題に振り回され、疲弊して困り果てている。Gさん家族の場合も同様である。初回の家族面接では、夫の苦労をねぎらい、金銭、仕事、妻の仕事、子どものことなど、起こっている問題を一緒に整理することから始めたい。その際は、患者および家族に敬意を表し、精神保健福祉士との間でパートナーシップとしての援助関係を結ぶことが重要である。よって、適切である。
5　アルコール依存症は患者本人の治療意思が重要であり、基本的には任意入院である。Gさんは治療に同意して受診しており、この場面で医療保護入院の説明は不要である。よって、適切でない。

【問題2】　正解 5
1　アルコール依存症関連の問題は、家族にもさまざまな影響をもたらす。このため、援助者は患者本人のみに焦点を当てるのではなく、家族全体のシステムの問題としてとらえながら支援する必要がある。よって、適切でない。

2 アルコール依存症に効果的とされるアルコール・リハビリテーションプログラムでは、飲酒によって失ってしまったもの（金、仕事、人間関係、親子・夫婦関係など）を整理するようなミーティングなどを通して、失ったものについて患者本人が自ら気づくことの効果を重視した支援が行われる。よって、適切でない。
3 アルコール依存症は飲酒コントロール不全の病気であり、回復には断酒が絶対に必要とされる。よって、適切でない。
4 アルコール依存症は、一般的に自分の好みで飲酒したのだから本人が悪いという見方になりやすい。しかし支援策については、自業自得という見方で自分自身の心の状態を省みることよりも、2の解説に記したアルコール・リハビリテーションプログラムによる支援が重要とされている。よって、適切でない。
5 問題1の3の解説にあるように、アルコール依存症者への支援については、動機づけ面接の効果が期待されている。よって、適切である。

【問題3】　正解 2

1 アルコール依存症者のセルフヘルプグループには、断酒会とAA（アルコホーリクス・アノニマス）の2つがある。双方とも「酒害体験を聴く、そして話す」ことで、分かち合い、認め合い、一体感と依存症であるという自覚が生まれてくる。それが飲酒コントロール（断酒継続）の大きな力となる。断酒会には家族も参加できる。しかしH精神保健福祉士は依存症当事者でもなく家族でもない。自分の経験や感情を分かち合うことはそもそもできない。よって、適切でない。
2 セルフヘルプグループに精神保健福祉士などの専門家が参加する意味は、当事者の回復に向かう取組みを見て、体験談に耳を傾け、アルコール依存症についての学びを深める場とすることである。よって、適切である。
3 1および2の解説にあるように、このかかわり方は適切でない。
4 司会や板書、受付などを専門職が担当することは、統合失調症などの精神疾患患者のセルフヘルプグループにおける、設立初期の頃の側面的なかかわりとしては適切である。しかし、設立間もない不安定なセルフヘルプグループではなく、ましてアルコール依存症者のセルフヘルプグループの場合は、このような補助的なかかわりはするべきではない。よって、適切でない。
5 3の解説にあるように、アルコール依存症者のセルフヘルプグループにおいて、そこに参加している専門職が発言し、しかも専門的なリハビリテーションプログラムを紹介することは、適切でない。

■事例㉒

【問題1】　正解 1

1 任意入院は、本人の意思に基づく入院である。この事例では、Iさんは自身の同意による入院をしている。よって、適切である。
2 措置入院は、都道府県知事および政令指定都市の市長が行政権限をもって、精神障害のためにただちに自傷他害のおそれのある者を、2名の精神保健指定医の診察一致によって、指定病院に入院させる形態である。本事例には該当しない。よって、適切でない。
3 医療保護入院は、自傷他害のおそれはないが、患者本人の入院の同意が得られない場合に、精神保健指定医（または特定医師）の診察の結果、医療および保護のための入院が必要と認められる患者について、保護者の同意により行われる入院形態である。保護者の同意の必要性については見直しが進められている（2012年12月現在）。Iさんの場合、本人の意思に基づく入院であることから、適切でない。
4 応急入院は、精神保健指定医（または特定医師）の診察の結果、入院を必要とする精神障害者で、任意入院を行う状態ではなく、急速を要し、保護者の同意が得られない者が72時間以内（特定医師の場合は12時間以内）に限って行われる入院形態である。Iさんの場合、本人の意思に基づく入院であることから、適切でない。
5 仮入院は、精神保健指定医の診察により、精神障害の疑いがあって、その診断に相当の時間や日数を必要とする場合、本人の同意が得られなくても保護者の同意のもとに1週間に限り行われるものであるが、1999年の精神保健福祉法の改正により、廃止されている。よって、適切でない。

【問題2】　正解　2、4

1　Iさんに対するK精神保健福祉士の対応としては、個人的な支援ではなく、職種および機関としての専門的援助関係の構築が求められる。よって、適切でない。
2　職場内のケースカンファレンスを通して、Iさんへの援助目標や認識を共有し、支援内容と役割を明確にすることは、ケースの抱え込みを防止するうえで重要である。よって、適切である。
3　医療的な援助を行う場合には、Iさんの主治医の指導を受けてのかかわりが特に必要であり、専門機関としての組織的判断が重要である。よって、適切でない。
4　援助者と被援助者間のバウンダリー（援助境界）を意識するなかで、自己を客観視し、自己理解を活用することは、Iさんへの援助を的確に行ううえで重要といえる。よって、適切である。
5　Iさんの感情に巻き込まれないように注意することは必要だが、かかわりを一方的に避けることは、援助の進展の妨げとなる。よって、適切でない。

【問題3】　正解　4

1　個人スーパービジョンは、業務経験豊かな指導者（スーパーバイザー）が現任職員（スーパーバイジー）に1対1で業務に関連した指導・教育を行うことを指す。本事例では、L精神保健福祉士がK精神保健福祉士の上司ではなく同僚という関係であることから、適切でない。
2　ライブスーパービジョンは、実践場面でスーパーバイザーがスーパーバイジーのかかわり方を指導したり、実際に実演することによって、これからのよりよき援助関係の構築を目指すことである。K精神保健福祉士の場合、特に実践場面での指導を求めてきたわけではない。よって、適切でない。
3　グループスーパービジョンは、個人スーパービジョンの目的のもとで、スーパーバイジーが複数であるスーパービジョンの形態を指す。本事例では、K精神保健福祉士とL精神保健福祉士の二者関係による展開を指している。よって、適切でない。
4　ピアスーパービジョンは、上下関係の生じない仲間や同僚間で行われるスーパービジョンのことである。本事例では同僚および二者関係による展開であることから、適切である。
5　コミュニティスーパービジョンは、地域で福祉活動を行うスタッフの育成やサポートのみならず、地域内での調停や仲裁の機能までを指す。本事例では、地域福祉の推進を主眼においた展開ではないため、適切でない。

■事例㉓

【問題1】　正解　4

1　地域包括支援センターの権利擁護業務が目指すものは、誰もが住み慣れた地域で尊厳ある生活と人生を維持したいという当たり前の願いを実現していくことである。したがってMさんへの援助は、「保護」することではなく、Mさんをこれからの生活や人生を自分で歩んでいける主体者としてとらえ、働きかけていくことでなければならない。よって、適切でない。
2　認知症高齢者への権利擁護は、当事者である高齢者の最善の利益を図るために支援をするものであり、たとえ、高齢者自身が自分の意思を十分に表出することができない状況であっても、制度等の趣旨を高齢者や家族に説明し、高齢者本人にとってのあるべき姿につなげていく働きかけが重要となる。本人の意向を確認する前に、家族や親族の意向を優先して支援することは、適切でない。
3　認知症の医療は、診断・治療で完結するものではなく、対象者の生活をいかに支えるかが目標であることを考えれば、ケアと切り離して考えることはできない。そこで認知症の治療では、薬物療法を開始する前に、適切なケアやリハビリテーションの介入を試行する。この意味で、Mさんへの援助は、治療優先よりは、まず本人の気持ちを安心させることが大事であり、本人の思いに応えるよう医療機能と介護機能を組み合わせていく必要がある。よって、適切でない。
4　権利擁護としての適切な対応では、生命や財産を守り、権利が侵害された状態から救うというだけでなく、本人の生き方や意向を尊重した「本人らしい生活」の保障と「本人らしい変化」に向けた支援を含めてとらえていくことが求められる。したがって、Mさんへの援助では、Mさんの不満や不安を傾聴し、Mさんの思いを受けとめながら、Mさんが「どのような生活を望んでいるか」という問いかけを行い、将来にわたって、残りの人生をMさんがどう生きたいかを一緒に考えていく必要がある。そうすることで、Mさんが望む生活に向けた支援の目標が見えてくると考えられる。よって、適切であ

る。
 5　認知症への対応は、認知症かどうかを早期に見極めて適切な治療を行うとともに、対象者の生活を支える適切なケアとリハビリテーションが必要とされる。Mさんへの援助は、認知症を受け止めるまでの心理状態に十分配慮しながら、Mさんの意向、適切な治療と支援が何かを把握することが必要である。よって、適切でない。

【問題 2】　正解 3

 1　たとえ認知症があっても、本人に残されている能力を活用しながら支援することが求められるので、P社会福祉士がすべてを代行して手続きを行うことが必ずしも適切とはいえない。また、Mさんの場合、本人からの申立ての意思は未確認できていないので、今後は本人とのかかわりのなかから、制度の活用に向けて本人の意思を確認していくような支援が望まれる。よって、適切でない。
 2　弁護士に依頼した場合には、申立てに必要な費用とは別の費用が発生するので、経済的な面から考えて、必ずしも弁護士を紹介することが、望ましい申立てのあり方とはいえない。よって、適切でない。
 3　成年後見制度について、民法では、本人またはその親族に対して成年後見制度や手続き方法等について説明し、本人または親族による申立てが行われるよう支援すること、と規定されている。選択肢のように、Mさん自身に申立ての手続きを行う意向があれば、それを支援することは制度の趣旨でもある。よって、適切である。
 4　民法では、申立てを行える親族として四親等内までの親族が定められている。Nさんは三親等なので申立てを行える親族ではあるが、NさんはMさんとのかかわりを強く拒んでいる様子なので、この場合は、無理にNさんを説得するよりは、他に四親等内の親族がいないかどうかをMさんやNさんに尋ねてみることが必要となる。よって、適切でない。
 5　老人福祉法では、親族があっても申立ての意思がない場合は、市町村長による申立ての手続きを行うことができると規定しているが、Nさんが「かかわりを拒む」ことが直ちに「申立ての意思がない」とは断定できない。また、Mさん本人の申立て能力や他の親族の有無が確認されていない段階での市長への申立てには無理がある。よって、適切でない。

【問題 3】　正解 3

 1　Mさんは、もともと施設入所を希望しているわけではない。よって、適切でない。
 2　個人情報の共有は、あくまでも支援するうえで必要最小限の範囲にとどめるべきである。しかし、地域での生活支援において、関係者間の連携や適切なサービス提供のためには、対象者に関する正確な情報の共有が必要となる。よって、適切でない。対象者の最善の利益を前提に、必要な個人情報の第三者への提供においては、原則として本人の同意を得ることによって可能となる。あらかじめ、必要な部門に個人情報を提供する場合があることを説明し同意を得ておくというプロセスは、対象者自らが情報の提供を選択し決めていくことを支援していることであり、本人の意思を確認しながら本人への支援サービスを実施していくことを意味している。
 3　常に対象者自身の意思を確認することが、本人の納得したサービス利用につながり、対象者主体のサービス提供を実体化させていくことに繋がる。よって、適切である。
 4　将来の予測や本人に起こりえる可能性について、本人に理解できる方法で説明し支援をすることは重要ではあるが、その選択肢がグループホームのみであることは不十分である。Mさん本人が、現在の生活に不安を感じているにしても、自宅での生活の継続を強く希望している以上、グループホームでの生活の前に、まず自宅での暮らしが維持できるよう支援していくことが優先的に検討されなければならない。よって、適切でない。
 5　Mさんに対するNさんのこれまでのかかわりを考えると、身内だからという理由だけで、これ以上、Nさん一人の支援に期待をかけることには無理がある。介護放棄等による事故などの可能性も十分想定されるので、当面は介護保険の在宅福祉サービスを中心にすえ、これを地域の社会資源等で補いながら、Mさんの在宅生活が維持できるよう支援していく方向性が望まれる。よって、適切でない。

事例㉔

【問題1】 正解 1

1 医師は、診察の結果、受診者が麻薬中毒者であると診断したとき、その者の氏名等を都道府県知事に届けなければならない。麻薬及び向精神薬取締法の第58条の2により規定されている。よって、適切である。
2 麻薬中毒者に対する警察への通報義務は、麻薬及び向精神薬取締法では規定されていない。よって、適切でない。
3 麻薬依存症治療のための麻薬使用は、麻薬及び向精神薬取締法第27条第4項により、原則、禁止されている。よって、適切でない。
4 麻薬及び向精神薬取締法では、入院のため、精神保健指定医2名による診察の一致が必要とは規定されていない。よって、適切でない。
5 覚せい剤使用についての都道府県知事への届け出義務は、覚せい剤取締法には規定されていない。よって、適切でない。

【問題2】 正解 3、5

1 話題をそらしてRさんの主訴を受け止めないという対応では、課題の整理につながらず、問題解決を見通せない。よって、適切でない。
2 母親の要望の前に、Rさんの苦悩や思いを中心に据えたかかわりが求められる。よって、適切でない。
3 Rさんの悩みや思いに寄り添ったかかわりのなかから、問題解決に向けた関係づくりが始まる。よって、適切である。
4 Rさんの主訴を踏まえず、刑罰に基づいた抑止的なかかわりは、援助関係の形成を阻害する。よって、適切でない。
5 Rさんの行動変容につながるかかわりを考えるうえにおいて、Rさんの思いやニーズのもとになっている背景や原因、生活習慣や態度を理解する必要がある。よって、適切である。

【問題3】 正解 3

1 パターナリズム（父権主義）は、専門家がクライエントの利益のために、クライエントの意思にかかわりなく、クライエントに代わって意思決定をすることである。Rさんの潜在力に焦点を当てたアプローチではない。よって、適切でない。
2 ノーマライゼーションは、障害者と健常者が普通に共存できる社会の実現を目指す理念、施策、活動の総体である。本事例では、Rさんを取り巻く環境改善が設問の主題とはなっていない。よって、適切でない。
3 ケイパビリティとは、実際に活用できる能力、機能、才能、可能性などの意味を指す。Q精神保健福祉士がRさんに講演を依頼するのは、Rさんの内省や表現力に着目したかかわりである。よって、適切である。
4 リーガルモデルは、他者を害する危険性を踏まえて、クライエントの権利や自由を強制的に制約するにあたり、法による適正な手続きを求める考え方を指す。Rさんの場合、行動制限や法手続きが設問の主題とはなっていない。よって、適切でない。
5 インフォームドコンセントは、サービス提供にあたり、サービス提供者が利用者に十分な説明を伝えたうえで、利用者自身の同意と納得を求めるプロセスを指し、利用者による選択と自己決定を支える実体概念である。本事例では、Rさんの自己決定の過程やQ精神保健福祉士との関係性が設問の主題とはなっていない。よって、適切でない。

STEP II

技法編

24事例

◆STEP Ⅱ（技法編）の使い方・学習方法

STEP Ⅱでは、事例を通して、ソーシャルワーカーとしての支援のために必要な援助技法について理解してもらうことを狙いとしています。

> 各事例で活用してほしい援助技法・援助アプローチを示しています。235頁以降の解説も参考にしながら学習課題に取り組んでみてください。

事例　ケアマネジメントを活用する

特別養護老人ホームの生活に適応できない高齢者への支援

> 事例を通して学んでほしい内容を3項目にまとめました。事例を読んだ後にもこの内容が理解できているかチェックしてみましょう。

◆事例の学習目標

1　高齢者の行動特性の原因や背景にある心情を理解する。
2　高齢者と高齢者施設との関係構築に必要な支援のあり方を学ぶ。
3　高齢者施設に適応できない高齢者に対するケアマネジメントを活用した支援計画の方法を学ぶ。

> 具体的な事例が展開されています。クライエントの状況、支援者との出会い方、ソーシャルワーカーの支援などを読み取っていきましょう。「自分ならどうするか」を考えながら、読み進めてください。

◆事例の概要

　Cさん（79歳、男性）は、60代後半より高血圧があったが5年前に左半身のしびれが突然現われ、数時間後には意識を消失し約10日間意識不明の状態になった（意識障害と左片麻痺が出現し、脳出血の診断を受けた）。Cさんは、左完全片麻痺で寝たきり状態になったが、2年間のリハビリテーション後、歩行可能な状態にまで回復し、一部を除き、生活は自立できるようになった。
　その後、約1年前に自宅近くのD特別養護老人ホームに入所した。妻とは20年前に死別しており、現在は配偶者もなく身寄りもいない。日常生活はほぼ自立の状態だが、他の利用者とのかかわりをもたず居室に閉じこもっていることが多かった。最近、施設周辺にいる野良犬の世話をするようになり、ますます他の利用者とのかかわりがなくなってきていた。Cさんは一月のうち、2〜3日は、気分転換として友人宅へ外出・外泊しているが、2か月ほど前、外泊中に転倒し骨折、入院治療が必要な状況になってしまった。現在、Cさんは退院しており、以前と変わらず日常生活はほぼ自立の状態であるが、以前にも増して犬の世話をするようになり、職員の話しかけにもほとんど耳を傾けなくなってしまった。
　また、Cさんは入院治療中に、ある宗教に入会し信仰をもつようになり、現在も「教会」へ毎週熱心に通っている。そして、教会からD特別養護老人ホームに戻ってきた際には、いつもアルコールの臭いがするようになった。また外出時に食料品を多量に買うようになり、その中にアルコール類が含まれているようであった。夜間に居室内でこっそり飲酒しているのを施設の職員が発見したが、Cさんは飲酒をやめようとはしない状態である。Cさんには身寄りがなく、施設での介護がないと生活が不可能であるが、Cさんはあまり施設での生活には満足していない様子で、本人の口からもそのような話をするようになっていた。
　また最近、Cさんに左半身の筋力低下が顕著に見られるようになってきた。居室のベッドで寝ている時間も多くなってきているが、外出や外泊は以前と同じように月に2〜3回は続けている。外出、外泊先の友人たちが、そのようなCさんを心配し、施設のEケアマネジャー（社会福祉士）のところに相談に来た。友人たちの話によると、Cさんは「身寄りもないので、本当はこの老人ホームでずっと暮らしたいと思っている」と語ったとのことであった。

> 援助技法への理解を深めるSTEP Ⅱでは、事例に基づくアプローチやアセスメント、支援計画のあり方等を、3つの学習課題として問いかけています。それらの学習成果を、以下に例示するように余白に書き込んだり、巻末のワークシートを活用してまとめてみましょう。

☞学習課題 1

● Cさんの行動や心情の特性を書き出し、それぞれに考えられる原因や背景を整理してみましょう。

Cさんの行動や心情の特性	原因や背景
左半身の筋力低下、自足歩行可能	5年前の脳出血の後遺症
施設での介護がないと生活が不可能	20年前に配偶者と死別、身寄りがない
利用者とのかかわりをもたず居室に閉じこもる	人見知り、利用者に心を許せる人がいない、施設に居場所がない、施設生活に不満がある
職員の話しかけに耳を傾けない	職員との信頼関係が構築されていない
居室内で飲酒(アルコール依存の傾向)	現実逃避したい、寂しさをまぎらわせる
友人宅に毎月2～3日外泊する	施設生活に不満がある、居場所がない、楽しみがない、孤独感、気分転換、心を許せる人がいる
毎週、教会へ通う	信仰心がある、仲間探し、何かにすがりたい気持ちがある
施設周辺の野良犬の世話	動物が好き、寂しさをまぎらわせる
外出時に食料品を多量に買い込む	ストレス発散、施設生活に楽しみがない

☞学習課題 2

● Cさんが、今後、D特別養護老人ホームでの生活に適応していくためには、どのような支援が必要になってくるのでしょうか。生活モデルの視点から箇条書きで書き出してみましょう。

- 施設内での生きがいづくりと居場所づくり(→レクリエーションやペットの活用)
- 職員や他利用者とのコミュニケーションづくり(→Cさんの心情に寄り添う、レクリエーションの活用)
- 運動機能の低下の予防(→理学療法士によるリハビリテーションのほか、レクリエーション、ペットとの散歩活用)
- 友人宅や教会等への外出支援(→職員同行で交友関係の把握、転倒防止、酒類購入の管理)
- 適度な飲酒の習慣づけ(→施設内飲酒の規定、飲酒コーナーの設置、酒類購入の管理)
- アニマルセラピーの可能性の検討(→野良犬を施設のペットとして飼う、利用者で世話)
- 友人による施設訪問・面会・他の利用者との交流奨励(→施設内での関係調整後に)

☞学習課題 3

● D特別養護老人ホームのEケアマネジャーの立場から、ケアマネジメントの技法を用いてCさんの個別支援計画を作成してみましょう。

ニーズ・課題	望ましい目標	支援内容	支援者	頻度	時間/回
○生きがいづくり ○居場所づくり ○関係づくり	施設職員や他利用者とのコミュニケーションを構築する	○本人の意向を傾聴	ケアマネジャー	随時	30分
		○レクリエーションの誘い	職員、利用者、友人、ボランティア	月2回	1～2時間
		○ペットを飼う		毎日	
○運動機能の低下予防(ADLの維持・向上)	リハビリテーション等で運動機能を維持し充実感や達成感を得る	○犬の散歩	犬、本人	毎日	30分
		○維持期リハビリテーション	理学療法士、職員	随時	1時間
		○関節可動域訓練	理学療法士、医師	週2回	1時間
○友人宅や教会への外出支援	外出時の転倒防止 交友関係の把握 酒類購入の管理	○外出支援 ○友人たちとの面談	職員	週3回	2～3時間
		○買い物支援	職員、友人	週2回	2時間
○適度な飲酒の習慣づけ	飲酒量を確認する飲酒規定や飲酒コーナーの設置	○飲酒量の確認 ○飲酒量の管理指導	医師、看護師、職員	月2回	30分
		○飲酒コーナー設置	職員	毎日	1時間

事例 25 ケアマネジメントを活用する
友人関係に悩む不登校の生徒への支援

事例の学習目標

1 不登校に至る背景や不登校によって生じる問題（副次的課題）について理解する。
2 学校システムに対するスクールソーシャルワーカーの働きかけについて理解を深める。
3 不登校支援におけるケアマネジメント技法の活用について学ぶ。

事例の概要

　Uさんは、公立中学校に通う中学2年生（14歳）の女子生徒である。Uさんは現在、母親（40歳、食品加工会社勤務）と弟（11歳、小学5年生）との3人で暮らしている。父親はUさんが幼い頃に事故で他界している。母親はとても教育熱心であった。

　Uさんは中学校に入学して間もなく、腹痛や頭痛を訴えるようになり、次第に遅刻や早退が目立つようになった。その後、体調不良を理由に学校を欠席することが増え、中学1年の2学期には完全に不登校となった。この頃、Uさんは不登校の理由について自ら語ろうとしなかった。後に、不登校のきっかけは「友人との口げんか」ということが判明した。

　Uさんが中学2年生になったとき、中学校内ではスクールソーシャルワーカー（以下、SSWとする）のコーディネートによって、Uさんのケース会議が開催された。ケース会議には、管理職（校長・教頭）、担任教諭、養護教諭、生徒指導教諭、そしてSSWが参加し、それぞれの立場からの情報交換が行われた。ケース会議では、担任教諭から、Uさんは学級では控えめな性格であるが、我慢の限界に達すると激しく号泣すること、さらに養護教諭からは、Uさんは小学校時にも友人関係のトラブルで体調不良を訴えることがあったなどの情報が寄せられ、これらを踏まえた個別支援計画が作成された。

　その後、この計画に基づくかたちで、Uさん宅への家庭訪問が担任教諭とSSWによって実施された。家庭訪問を重ねるうちに、Uさんは徐々に友人関係で悩んでいたことや学校でのつらかった経験などを打ち明けるようになった。またUさんから、「早く学校に行って勉強したい」「再び友達とトラブルにならないか不安」などの具体的な意見が聞かれるようになった。

　家庭訪問を受けて再度開催されたケース会議においては、このようなUさんのニーズ（希望）を踏まえながら、再び支援内容の検討と個別支援計画の作成が行われた。その計画内容は、①学校内に教室復帰を目指すための別室を開設すること、②別室では教員が交代で学習支援を行うこと、③引き続きUさんの母親との連携を図っていくことであった。

　その後、Uさんは別室に通うようになり、次第に別室での生活にも慣れ、積極的に学習に取り組むようになった。また、休み時間になると別室にUさんの友人も訪れるようになり、級友との交流も増えていった。最近では、学級復帰に向けて、Uさんは週に数時間は学級内で過ごすようになっている。

学習課題 1

● Uさんの不登校に至るまでの経過、ならびに不登校によって生じた問題（副次的課題）について考察してみましょう。

学習課題 2

● 学校システムに対してスクールソーシャルワーカーはどのような働きかけが可能であるのか、その内容を具体的に書き出してみましょう。

学習課題 3

● スクールソーシャルワーカーの立場から、ケアマネジメントの技法を用いてUさんの個別支援計画を作成してみましょう。

事例 ㉖

アウトリーチを活用する
自ら相談援助を求めない精神障害者に対する早期介入・早期支援

✚ 事例の学習目標

1. 精神障害者に対する早期介入・早期支援の重要性について理解を深める。
2. 自ら相談援助を求めない精神障害者へのアウトリーチの方法について学ぶ。
3. アウトリーチにおけるソーシャルワーカー(精神保健福祉士)の役割について学ぶ。

✚ 事例の概要

　中学3年生のV君(15歳、男子)は、大型連休明けから学校を休みがちとなり、5月下旬から1か月間、自宅にひきこもる生活が続いている。
　学校を休み始めた頃、登校を渋る理由を母親が問うと、「3年生になってから授業中に同級生から悪口を言われ続けて勉強に集中できない。登下校中もこっそりつきまとわれ、監視されているようで怖い。担任の先生に相談したけれど、同級生は先生に悪口を言ったりつきまとうなどの嫌がらせはしていないと否定するし、先生からも気のせいではないかと言われた」と言う。母親も担任教諭に相談したが、同級生が授業中に悪口を言っている様子はないという。両親はV君にイライラ感や不眠の訴えもあるので、少し休ませて様子をみることにした。
　しかし、休んでもV君がよくなる様子はなかった。突然大声で怒鳴り散らすV君に訳を聞くと、「同級生が家にまで押しかけてきて悪口を言っている」と訴えた。家族がそんな声は聞こえないと否定すると、「僕にしか聞こえない特殊なスピーカーが設置されているに違いない」と、V君はテレビやオーディオ機器等を壊してしまった。そして、「それでも聞こえる」と押し入れや天井裏まで隈なく家探しするV君の姿に両親は精神疾患を疑い、まずは母親が地域のW保健所に相談に訪れることにした。
　W保健所のX精神保健福祉士は、母親になぜ今日保健所に相談にきたのか、また、V君の現状と経緯を尋ねるとともに、それを両親はどうとらえて、何を望んでいるのかを聞いた。
　母親は、これまでの経緯を語るとともに、V君を気分転換のドライブに誘っても外出を恐れて応じない状態であり、安心させようと悪口やつきまとい等は気のせいではないかと言っても、「自分はおかしくない。同級生の嫌がらせだ。自分のことをわかってくれない」と興奮して怒鳴ったり、物に当たり散らす状態なので、V君には内緒で来談したという。しかし母親は、「このまま放置するわけにはいかず、精神科に連れて行ったほうがよいと思うが、神経を逆なでしてもっと状態が悪くなるのではないかとためらっている」と語った。
　X精神保健福祉士は、現状ではV君が来所して相談するのは難しく、V君の状態と家族の関係性を鑑みても緊急を要すると判断した。母親に家庭訪問することの可否とともに、保健所に相談に行ったこと、保健所の精神保健福祉士が家庭訪問をすることをV君に親から伝えることができるかも確認した。そのうえで、X精神保健福祉士が家庭訪問をし、V君の気持ちを聞くと同時に、精神科への受診の道筋をつけることにした。

学習課題 1

● W保健所のX精神保健福祉士は、なぜ緊急に介入を要すると判断したのでしょうか。V君、家族、そして両者の関係性のなかでどのような問題・課題があるのかを整理してみましょう。

学習課題 2

● X精神保健福祉士は、早期介入するためにはアウトリーチという技法が有効だと考えました。この技法を用いる際に、V君および家族に対してどのような配慮が必要なのか、箇条書きで書き出してみましょう。

学習課題 3

● X精神保健福祉士の立場から、アウトリーチの技法を活用したV君への早期介入の支援計画を作成してみましょう。その際、他職種・他機関等とどのような連携・調整をとる必要があるのかの見通しも立ててみましょう。

事例 27

ネットワーキングを活用する
さい銭盗を繰り返す障害者への支援

✚ 事例の学習目標

1　知的障害者が福祉の支援を受けられずに犯罪に陥る実情を理解する。
2　犯罪を犯した障害者に対する支援について理解する。
3　知的障害者の更生に向けての社会資源や援助技術の活用法を学ぶ。

✚ 事例の概要

　Yさん（30歳、男性）は、無職の母親（58歳）、弟（27歳）、中学生の妹の4人で暮らしている。就学時知能指数検査によると、YさんはIQ60で軽度の知的障害がみられたが、療育手帳は持っていなかった。

　Yさんは、小中学校では特別支援学級に在籍していた。公立の中学校を卒業したYさんは、自宅近くのパン工場に勤めた。Yさんの月給約11万円は、母親が管理しており、母親はYさんに毎月1万円だけ小遣いを渡していた。残りのお金は、家族4人の生活費と、母親の借金の返済に充てられていた。

　Yさんは、子どもの頃万引きをしたことがあった。そのため、母親はYさんに対して、しばしば「お金を盗んではいけない」と話していた。母親がしつこく「盗むな」と言うのが、Yさんにとっては苦痛だった。Yさんの弟も知的障害者だった。地元のZ市社会福祉協議会のA社会福祉士は、Yさんの弟を作業所に紹介するなどの支援を行っていた。また、A社会福祉士は、Yさんのことも心配していた。

　Yさんは、職場の同僚に連れられて、一度だけスナック（飲食店）に行ったことがあった。Yさんは、若い女性と酒を飲みながら話をした。Yさんはこれまで、そのような楽しい時間を過ごしたことがなく、「またスナックに行きたい」と思った。しかし、Yさんにはお金がなかった。

　そこで、Yさんは、近くの無人の神社でさい銭を盗むようになった。しかし、無人の神社ではさい銭の額も少ない。そのため人の住んでいる寺に夜間侵入して、さい銭を盗むようになった。そのような寺は、Yさんの住んでいる近所にはなく、車を盗んで運転して人の住んでいる寺に行くようになった。

　ある日の深夜、Yさんは、鍵がついたままの車を探して歩いた。2時間ほど探して、やっとある民家の庭で、鍵がついた軽トラックを見つけた。その車を無免許で運転し、以前にも数回、多額のさい銭を盗んだB寺に行った。

　B寺は、しばしばさい銭が盗まれていたため、警察署と連携して警戒していた。Yさんは、無免許運転、自動車窃盗、さい銭盗の疑いで現行犯逮捕された。

　Yさんの国選弁護人は、Yさんと留置場で面会し、知的障害があることに気づいた。そこで、弁護人は、地域生活定着支援センターのC社会福祉士に相談した。

👆学習課題 1

● Yさんがさい銭盗を繰り返した原因を書き出してみましょう。

👆学習課題 2

● C社会福祉士は、Yさんを刑務所に入れることなく更生させるためには、ネットワーキングという技法を用いることが有効だと考えました。この技法を使ってYさんを支援する際に必要な関係機関にはどのような機関があるか、箇条書きで書き出してみましょう。

👆学習課題 3

● C社会福祉士の立場から、ネットワーキングの技法を活用したYさんの更生のための支援計画を作成してみましょう。

事例 28

社会資源の利用・開発・調整を活用する
一人暮らし高齢者の孤独死を防ぐための支援

✚ 事例の学習目標

1　高齢者の生活の現状とその課題について理解を深める。
2　社会福祉協議会の役割と機能を知る。
3　高齢者の地域生活支援に向けて社会資源の利用・開発・調整について考える。

✚ 事例の概要

　Dさん（75歳、女性）は、30歳代で一度結婚したが、その後離婚し、長年一人暮らしをしていた。子どもはいない。唯一、妹（71歳）が他県で一人暮らしをしており交流があった。

　ここ数日、妹からの電話にDさんが出ない状態が続いたため、妹は心配になり、アパートの大家に連絡した。大家がDさん宅を訪ねると、部屋の明かりはついているが呼び出しには応答がなく、ポストには新聞がたまっている状態であった。そこで大家は、地区担当の民生委員に連絡をとり、Dさん宅に入ることとした。すると、2人は台所で倒れているDさんを発見した。警察の話によれば、亡くなってからすでに4～5日が経過していたとのことであった。

　Dさんは、手先が器用で、離婚後も裁縫教室の講師として15年ほど前まで働き、生計を立てていた。社交的な性格であったため地域の自治会活動などにも積極的に参加していた。

　しかし、転倒による入院を契機に以前のように身体が動かなくなったことから、Dさんの退院後の生活は一変した。きれい好きでいつも身なりがきちんとしていたDさんが、汚れた衣類を身に着け、長い間入浴していない様子もあった。部屋は掃除した形跡がなく、生ごみが腐敗し賞味期限切れの食品やカップ麺などのゴミが散乱していた。Dさんは一時、介護保険サービスを利用していたが、「他人から世話をされるのが嫌だ」「他人の力を借りなければ生活できない自分が惨めだ」「こんな自分を見られたくない」と、介護保険サービスの利用を拒否するようになった。

　Dさんには、徐々に状態が悪化する自分を他人にさらすことに強い抵抗感があり、他人だけでなく身近な友人、親戚すらかかわることを拒んでいった。Dさんは時々外出するも、病院や介護保険サービスは利用せず、近所の人の声かけに応じることもなくなり、こうして周囲との関係も次第に疎遠になっていった。

　近所の人や妹からたびたび、民生委員や社会福祉協議会の社会福祉士にDさんの生活を心配する相談があり、対応を検討している最中の出来事であった。

学習課題 1

● Dさんのおかれていた生活（心理面・身体面・社会経済面・雇用面など）の現状と課題について考えてみましょう。

学習課題 2

● 社会福祉協議会がDさんに介入するとすれば、どの段階でどのようなかかわりができたでしょうか。また、活用できる社会資源や新たに開発の必要がある社会資源にはどのようなものがあると考えますか。具体的に書き出してみましょう。

学習課題 3

● 社会福祉協議会の社会福祉士の立場から、Dさんのケースを想定した支援計画（Dさんの孤独死を防止するための支援計画）を作成してみましょう。

事例 29

SSTと心理的支援を活用する
対人関係に悩む女性統合失調症者への心理的支援

✚ 事例の学習目標

1　デイケアにおけるスーパービジョンのあり方を学ぶ。
2　SSTによる対人関係力の支援プランを作成する。
3　統合失調症者への理解と女性の心理を踏まえた危機介入の方法を学ぶ。

✚ 事例の概要

　統合失調症のリハビリテーションに励むEさん（36歳、女性）が通っている精神科クリニックに併設されているデイケアでは、「自己管理、自己責任をきちんとしよう」を理念にかかげ、本人の主体性を尊重し寄り添いながら、自立支援に向けて複数の専門職がかかわっている。またF精神保健福祉士によるSST（社会生活技能訓練）学習会を設け、対人関係を調整するエンパワメントや、ロールプレイなどにも力をいれている。

　Eさんはデイケアの新しい利用者やスタッフにすぐに話しかけ、最初はとても好かれる人物である。しかし一方的な面があり、自分が決めたルールを強要するので、専門職も距離をとることができずに翻弄され、そのうち新しい利用者も無視することになり、Eさんは孤立することが多くあった。このため、EさんにはSSTでの技能がなかなか身につかない状態であった。

　これまでEさんは、ほぼ毎日デイケアに通ってきていたが、年末に同窓会や旅行があるといって、12月以降はデイケアに来なくなった。正月休みが明けると来所したが、Eさんは顔色も悪く頑なで、給湯室やトイレの水道の蛇口を目一杯に開けて「苦しい、苦しい」とうずくまってしまった。F精神保健福祉士が蛇口を閉めると、すぐに立ちあがってまた勢いよく水を流し、「水を出せ、出せ」という幻聴にとらわれ、「苦しい」ともだえる姿がみられた。F精神保健福祉士がEさんに確認すると、薬を飲むのをやめていたことがわかり、すぐに服薬が再開された。

　春になってEさんは、新しくデイケアに通所してきたGさん（38歳、男性）に関心をもった。異性への対応が不慣れなGさんは、尋ねられるままにEさんに電話番号を教えた。スタッフには話せないことも、同じ利用者同士なら自由に話し合えて楽しい気分になれることから、Eさんは毎晩のようにGさんに電話をかけた。Gさんも一人暮らしだったこともあり、Eさんからの電話を最初はとても喜んだが、やがてEさんの一方的で時間もかまわない電話に困り果て、電話を無視するようになった。それでも自分を探し廻るEさんに閉口したGさんは、デイケアの利用をやめ、Eさんから逃げるように就労支援の事業所を転々とした。F精神保健福祉士は、EさんにSSTを行い、Gさんと距離をとって落ち着くように説得したが、Eさんは自宅で柱に頭突きをするという自傷行為をとった。Eさんの傷は浅く回復したが、現在、めっきり元気がなくなっている状態である。

👆学習課題 1

- Eさんの、デイケアでの行き過ぎた自立心と、崩れやすい自己管理の問題点を整理し、危機介入のあり方をまとめてみましょう。

👆学習課題 2

- Eさんには、SSTを工夫して、対人関係における距離のとり方を学んでもらうのが適切とF精神保健福祉士は考えました。そこで、新人スタッフや新しい利用者の役割を自分で演じて気づいてもらう、互いが自立できる友人間のルールづくりなどを支援プランの中に盛り込んでみましょう。また、F精神保健福祉士の立場に立って、Eさんに翻弄される支援スタッフからスーパービジョンの依頼を受けた際、どのようなスーパービジョンを行うべきか、考えてみましょう。

👆学習課題 3

- Eさんの恋心や愛情の欲求などについて、Gさんへの特別な思い入れに共感しながら、統合失調症者のもつ頑なさや反復性、関係妄想性や自傷行為などを考慮した心理的な支援計画を作成してみましょう。その際、魅力的な女性になるための自己コントロールや心配りを目標にした支援となるよう工夫してみましょう。

事例 30

チームアプローチを活用する
無断外泊などから売春行為に至る少女への支援

✚ 事例の学習目標

1 少女売春の背景について理解を深める。
2 婦人相談所や婦人相談員の役割について理解を深める。
3 売春行為を行う少女の自立支援に向けた社会資源や援助技術の活用方法を学ぶ。

✚ 事例の概要

　ある日、婦人相談所のH婦人相談員は、「娘（Iさん、17歳）が5日間ほど家に帰っていない。とても心配している」という母親（48歳）からの電話相談を受けた。H婦人相談員は、この娘が無断外泊から6日目に家に戻ってきたときに、再度、母親からの連絡を受け、Iさんとの面接を設定することとなった。母親に家族関係について事前に聞いたところ、Iさんは一人娘で、父親は海外に単身赴任しているとのことであった。

　Iさんとの面接で、5日間の無断外泊の間、繁華街で声をかけてきた男性と一緒に過ごしていたことがわかった。Iさんによると、言われるがままに男性についていき、無断外泊することはこれまでにも何度かあり、Iさんはこうした行為について、「いけないこと」とはあまり考えていないとのことであった。「男の人たちが大切に扱ってくれるから、うれしい」と語った。男性たちとの金銭のやり取りについては、「何万円ももらうこともあれば、ごはんをご馳走してもらうだけのこともある」という。

　また、面接のなかでIさんは、高校に入学するも勉強についていけず1年で中退したこと、その後は飲食店や服飾店など、複数のアルバイトを経験したが、どれも長くは続かなかったこと、そして、そのことについて母親から責められ、「むかついて」いることなどを語った。そして、自身の今後については、「どのアルバイトも一生懸命やっているつもりで、長く続けられるアルバイト先があれば、今後もがんばって働きたい」と語った。

　Iさんとの初回面接を経て数日後、今度は母親がH婦人相談員のもとを訪ねてきた。母親によると、Iさんは大変飽きっぽいうえに突然癇癪（かんしゃく）を起こすため、どのように接したらよいのかわからないとのことであった。また、動作や作業等も遅いため、なぜ人並みのことができないのか腹立たしく、Iさんと衝突することも多いという。

　H婦人相談員は、この相談を受け、Iさんに何らかの病気や障害と思われるものがあることを考慮して、さまざまな立場の人に集まってもらい、チームで対応することを考えた。

学習課題 1

● I さんが売春行為に至った要因・背景などを書き出してみましょう。また、I さんの今後の希望について読みとれる箇所に、下線を引いてみましょう。

学習課題 2

● H 婦人相談員は、I さんの支援を開始するにあたって、チームアプローチという技法を活用することが有効だと考えました。どのようなチームを結成すると効果的か、H 婦人相談員の立場から考えてみましょう。

学習課題 3

● H 婦人相談員の立場から、チームアプローチの技法を活用した I さんの支援計画を作成してみましょう。

事例 31

システム論的アプローチを活用する
リストラにあった中高年とその家族への支援

事例の学習目標

1 システム論による問題理解の視点を学ぶ。
2 中高年の再就職の状況と活用できる社会資源の現状を理解する。
3 生活保護受給者等の就労支援の方法を理解する。

事例の概要

　ある日、J市福祉事務所のK生活保護担当者が窓口対応をしていると、疲れた表情の男性が来所してきた。「あの……仕事が欲しいんですけど……」。その男性は思いつめた様子で、こう切り出した。

　K生活保護担当者が詳しく話を聞くと、この男性は市内に住むLさん（52歳）で、数か月前に長年勤めた会社をリストラされ、3人の同居家族を養うため、毎日仕事探しをしているとのことだった。Lさんは、妻（48歳）、長男（16歳）、母親（78歳）と同居しており、隣県に長女（20歳）がいるとのことだった。Lさんは若い頃から営業マンとして働き、最近は管理職として会社に貢献してきた。しかし、会社が経営統合したのと同時に転籍を強く求められ、結果としてリストラされたとのことだった。その後は、毎日多量の酒を飲むようになり、仕事も知り合いを頼って営業の仕事を中心に探してはみたものの、どこの会社も門前払いされたという。貯金は底をつき、3人を養うことができなくなり、福祉事務所を訪ねたのだった。すっかり自信を失くした様子のLさんは、K生活保護担当者との面接後、訪問調査など一連の手続きを踏み、生活保護を受給することとなった。

　数日後、K生活保護担当者はLさんの自宅を訪問することにした。Lさん夫婦が出迎えてくれたのだが、妻は険しい表情で疲れ切った様子だった。Lさんに他の家族のことを尋ねてみると、長男はLさんのリストラ後しばらくして、夜中まで外出するようになり、ほとんど顔を合わせることがなくなったという。母親は去年脳梗塞を発症し、今は妻が自宅で介護をしており、寝たきり状態、また、長女は半年程前から就職のため一人暮らしを始めたばかりとのことだった。よく見ると、台所には酒の空瓶がたくさんあり、部屋は雑然としていた。K生活保護担当者が妻に、「お義母さんの介護は大変そうですね。大丈夫ですか」と尋ねると、妻の返事を待たず「ええ、心配いりません」とLさんが答えた。

　訪問を終えたK生活保護担当者は、Lさん家族はリストラをきっかけに状況が大きく変化したことで、家族関係の問題が顕在化したのではないかと感じた。今後は、Lさんの就労支援だけでなく、家族全体への支援も必要だと判断し、支援計画を考えることにした。

学習課題 1

● Lさんとその家族の状況から、Lさんの就労に関する課題と、Lさん家族の抱える課題をそれぞれ書き出してみましょう。

学習課題 2

● 生活保護受給者に対する就労支援について、ハローワークなどとの連携がどのように行われているか、調べてみましょう。

学習課題 3

● K生活保護担当者は、Lさんに自信を取り戻してもらい、就労に対してより意欲をもってもらうためには、家族への支援も必要だと考えました。Lさんと家族が安定した生活を送るためには、どのような支援計画を立てればよいでしょうか。システム論的アプローチを念頭に置いた支援計画を、K生活保護担当者の立場から作成してみましょう。

事例 32

治療モデルアプローチを活用する
継続的な治療が必要な気分障害のクライエントへの支援

✚ 事例の学習目標

1　精神保健福祉領域のソーシャルワークの業務について理解を深める。
2　医療スタッフとの連携の仕方について学ぶ。
3　治療モデルアプローチに着目し、急性期にあるクライエントへの支援のあり方を考える。

✚ 事例の概要

　Mさん（38歳、男性）は、中堅企業の営業職として勤務している。今から3年ほど前に課長に昇進し、しばらくは順調に過ごしていたが、部下が起こした失敗の事後処理が続いたり、部署全体の営業成績の伸び悩みで上司から叱責されるなどのストレスから、気分の落ち込みと不眠がみられるようになった。近所の心療内科クリニックを受診し、主治医からは「うつ状態」という診断があり薬も処方されたが、数週間服用しただけで「もうよくなった」と自己判断して、通院・服薬をやめてしまった。

　その後、Mさんは落ち着いた生活を送っていたが、受診から9か月を過ぎた頃から軽躁状態となり、夜も眠らず落ち着きもなく動き回ったり、会社内では多弁で他人を見下すような発言のためにトラブルになったり、クレジットカードで高価な買い物を繰り返すようになった。

　ある日Mさんは、コンビニエンスストアで買い物をしているときに、レジの列に割り込まれたことから他の客と激しい口論となり、110番通報されるとともに、Mさんが精神疾患をもつ可能性があるとのことで、精神保健福祉法第24条に基づく通報により、保健所のN精神保健福祉士のもとにも連絡が入った。面接の結果、診察、あるいは場合によっては入院の必要性を感じたN精神保健福祉士は、その地域にあるO精神科病院へ連絡した。Mさんは受診時には気分も幾分落ち着き、診察医から治療の必要性を説明されると納得したため、同病院の急性期病棟に入院することとなった。

　O精神科病院のP精神保健福祉士は、入院直後からMさんと丁寧な面接を繰り返し行った。そして、Mさんは3か月の入院加療を経て、退院の運びとなった。Mさんの退院に際してP精神保健福祉士は、N精神保健福祉士と連携し、Mさんには再発防止のために定期的に通院すること、決められた通りに服薬することを求め、家族には心理教育プログラムを受けてもらう必要性があることなどを話し合った。そして、主治医や保健師、薬剤師などとも協力しながら、まずはMさんが安定した生活を送り、病状を上手に自己管理しながら、将来的には復職を目指すことで、Mさん、家族、支援者の認識が一致した。

学習課題 1

●急性期にある精神障害者の入院支援をする際、注意すべき点についてまとめてみましょう（特に「精神障害者の人権」に着目しながら考えてください）。

学習課題 2

●医療の領域で、治療モデルアプローチを実践するにあたり、「多職種連携」の大切さと、その効果についてまとめてみましょう。

学習課題 3

●Mさんがきちんと病識をもち、自分自身で症状の悪化や再発を防げるようになるには何が必要かを考えたうえで、病院のP精神保健福祉士の立場に立って、今後のケアプランを作成してみましょう。

事例 33 生活モデルアプローチを活用する
電車の運転士だった中途障害者への復職支援

✚ 事例の学習目標

1. 中途障害者が職場復帰するための課題や阻害要件について理解を深める。
2. 中途障害者への医療ソーシャルワーカーの役割について理解を深める。
3. 中途障害者の職場復帰に向けての社会資源や援助技術の活用法を学ぶ。

✚ 事例の概要

　Qさん（40歳、男性）は、商業科の高等学校を卒業後、地元の鉄道会社に就職した。努力家であるQさんはさまざまな経験を積んだ後、晴れて電車の運転士となった。そして、27歳のときに、親戚から紹介された公立病院に勤める看護師のRさんと結婚し、結婚1年目にして長男となるS君を授かった。

　Qさんは、会社の勤務時間が不規則ななかにあっても、育児への協力を惜しまないイクメン（子育てを積極的に楽しむ男性）となった。趣味は将棋と盆栽と民謡という多彩なところもあった。

　ところが、S君が小学校に入学して間もない頃に、Qさんは仕事帰りの夜遅い時間に交通事故に遭ってしまった。地域の救急病院に搬送され、一命は取り留めたが、利き腕となる右腕を切断しなければならない重傷を負い手術を受けた。

　Qさんは手術施行後、リハビリテーション病院に転院した。Qさんには下肢の麻痺はさほど認められなかったが、軽度の失語があると診断された。「もう二度と電車の運転士として戻ることができない」と、利き腕を失ってしまったことによるショックも隠しきれない様子であった。

　リハビリテーション病院のT医師は、Qさんの退院後の日常生活や職場復帰に何らかの支援が必要であると考え、院内のU医療ソーシャルワーカー（以下、Uワーカーという）にQさんへの援助を要請した。

　Qさんは右腕を失ったことによる衝撃に耐えきれず、周囲に当たり散らすことが多くなった。面接を行ったUワーカーに対してQさんは、気が動転しRさんに当たり散らしたこと、長男のS君にも癇癪を起こしてしまったこと、そして本当はそのようなことをするつもりはなかったことなどを語った。そして、時間の経過とともにUワーカーを厚く信頼するようになったQさんは、思い切って事務職としての復職の希望を訴えた。

　リハビリテーション病院を退院後も、Qさんは病院の外来でリハビリテーションを精力的に継続した。院内の作業療法士による機能訓練、言語聴覚士による言語訓練等によって、失語も段々と改善していった。そして、利き腕でない左手で、珠算2級、パソコン検定3級に見事に合格するという快挙を成し遂げた。この間、UワーカーはQさんが勤める会社に職場訪問をしており、事務職としての復帰に、会社側の理解と協力が得られる感触を得ることができた。

学習課題 ①

● Q さんの主訴や職場復帰に不安を生じさせる要因・背景などを一覧にしてみましょう。

学習課題 ②

● リハビリテーション病院の U 医療ソーシャルワーカーは、今後 Q さんが復職するためには生活モデルアプローチという技法を用いることが有効だと考えました。この技法を使って Q さんを支援する際に必要となってくる配慮や考え方としてどのようなものがあるか、箇条書きで書き出してみましょう。また、その際に必要とされる社会資源は何か書き出してみましょう。

学習課題 ③

● U 医療ソーシャルワーカーの立場から、生活モデルアプローチの技法を活用した Q さんの復職支援プランを作成してみましょう。

事例 34 ストレングスアプローチを活用する
一般就労が困難な知的障害者への就労支援

✚ 事例の学習目標

1　知的障害者の就業上の課題や阻害要因について理解を深める。
2　就労継続支援事業 A 型の生活支援員の役割等について理解を深める。
3　本人の希望や思い、強み（ストレングス）を活かした個別支援計画について学ぶ。

✚ 事例の概要

　軽度の知的障害があるVさん（18歳、男性）は、今年3月に特別支援学校高等部を卒業したが就職先が決まらず、地元の公共職業安定所（ハローワーク）に就労相談に訪れていた。このハローワークでVさんは、職業相談員から「一般企業への就労を考える前に、『就労継続支援事業』という制度を利用してみてはいかがでしょうか」と助言を受け、施設や病院の清掃を主な業務とするW社（就労継続支援事業A型）を紹介された。Vさんは、この話を持ち帰って家族や高等部の元担任教諭に相談し、紹介されたW社へ一度話を聞きに行ってみることにした。
　4月に入ってから、Vさんは母親のXさんの付き添いのもとW社を訪れ、Y生活支援員（社会福祉士）と初回面接を行った。面接のなかでVさんは、「僕は初めて会った人と話をするのが苦手です。話しかけられても、緊張して上手く返答ができない。でも何度か会っているうちに挨拶くらいはできるようになります」と自分について話をした。また、XさんはVさんについて、「この子は繰り返し教えてもらえば何とかできるようになるのですが、一度で指示を覚えることができなくて……。職場のみなさんに大変な迷惑をかけるのではないかと心配しています」と不安な胸の内を話した。これを聞いたY生活支援員は、定期的に決まった施設で清掃作業を行うW社の業務は、対人関係等に不安をもつVさんにも比較的負担が少ないのではないかと考え、その旨をVさんとXさんに伝えた。そしてVさんはいろいろ考えた後、思い切ってW社で働いて（就労継続支援事業を利用して）みることにした。
　利用開始にあたり、Y生活支援員から申し送りを受けたZサービス管理責任者は、「個別支援計画」作成のためのアセスメントに取りかかった。まずはじめに、Zサービス管理責任者は、実際の仕事の様子をVさんに見てもらうため、W社が週2回清掃業務に入っている介護老人福祉施設に、Vさん、Y生活支援員と3人で出かけた。Y生活支援員は見学のなかで、一つひとつの作業内容についてVさんに詳しく説明した。見学から帰ってきたVさんは、「廊下に掃除機をかけることなら今の自分でもできそうな気がする」「難しそうだけど、機械を使って床のワックスがけができるようになりたい」などと、Zサービス管理責任者に自分の思いを話した。

👆学習課題①

● Ｖさんは特別支援学校高等部を卒業時、まだ就職が決まっていませんでした。Ｖさんの就労を阻む要因・背景として考えられることを書き出してみましょう。

👆学習課題②

● Ｙ生活支援員は、今後Ｖさんが仕事を安定的に継続していくためにはストレングスアプローチという技法を用いることが有効と考えました。この技法を使ってＶさんを支援する際に必要な「視点」をいくつかあげてみましょう。

👆学習課題③

● Ｗ社（就労継続支援事業Ａ型）のＺサービス管理責任者の立場から、ストレングスアプローチを活用したＶさんの個別支援計画を作成してみましょう。

事例 35

心理社会的アプローチを活用する
夫のギャンブルで多重債務状態に陥った夫婦への支援

✝ 事例の学習目標

1　初回面接における問題状況の把握、情報収集について学ぶ。
2　収集した情報を分類し、分析することで、課題を抽出する方法を学ぶ。
3　クライエント自身が課題状況に気づくための支援、面接の技法について学ぶ。

✝ 事例の概要

　Aさん（68歳、女性）は、調理師の夫Bさん（70歳）と2人で、C市の駅前商店街で飲食店を営んでいる。店の経営状態は年々悪化しており、腰痛や高血圧などの持病を抱えるAさんは店を閉めることを考えていた。しかし、Bさんは店を続けたいといって頑として聞き入れず、時には夫婦喧嘩をしながらも営業を続けていた。

　Bさんは、若い頃からパチンコを趣味としていて、毎日のようにパチンコ店に通っていた。以前から店の売り上げを持ち出すことがあり、夫婦はたびたび喧嘩になっていたが、近年はその金額が多くなってきていた。ある日、Aさんが店の運転資金にあてるため定期預金を解約しようと銀行に行くと、複数の定期預金すべてがBさんによって解約されていることを告げられた。本人を問い詰めると「パチンコに使った。借金もある」と言うので驚いたAさんは、近所の市議会議員に相談した。すると、生活福祉資金貸付制度を紹介されたため、C市社会福祉協議会に相談にやってきた。

　1人で来所したAさんは、預金がなくなっていることにショックを受けており、夫に対する怒りで混乱していた。そして窓口で対応したC市社会福祉協議会のD相談員に、結婚以来Bさんが、調理以外の店のことはすべて自分にまかせて遊び歩いていたこと、Bさんの両親を介護し、看取ったときにも協力しなかっただけでなく感謝の言葉もなかったことなど、Bさんに対する不満を吐露した。

　D相談員は一通りAさんの話を聞いた後、今一番困っていることについて尋ねた。Aさんの答えは「夫と話そうと思っても、怒鳴ったり、出かけてしまったりして話にならない。誰にいくらの借金があるのかまったくわからない」というものであった。そして、自分に代わって夫と話をし、借金について聞き出してほしいと懇願した。

　D相談員は、Aさんの代わりに話をすることはできないので、日を改めて夫婦一緒に相談に来てもらえないかと尋ねた。するとAさんは、「せっかく来たのに何の解決にもならなかった。今日来たのは無駄だった。あなたは役立たずな人だ」とD相談員に対し怒りをぶつけ始めた。

👆学習課題 １

● Aさん夫婦の生活状況、抱えている問題をあげてみましょう（心理社会的アプローチを用いた面接初期場面における情報収集）。

👆学習課題 ２

● Aさん夫婦の抱えている問題について、Aさんの問題、Bさんの問題、2人に共通の問題に切り分けて整理をしてみましょう（問題を分類し、計画化へ向けた分析をする）。

👆学習課題 ３

● Aさんの怒りの原因を事例の中から抽出し、最後の場面でD相談員が話しかける言葉について考えてみましょう（面接の技法を学ぶ）。

事例 36

機能的アプローチを活用する
身体障害者の安定的な在宅生活と復職に向けた支援

事例の学習目標

1 身体障害者の在宅復帰や就労上の課題、阻害要因について理解を深める。
2 身体障害者が利用できる医療分野と福祉分野における社会資源の理解を深める。
3 福祉事務所における身体障害者の安定的な在宅支援に向けての実際を学ぶ。

事例の概要

　Eさん（36歳、男性）は大学卒業後、F県内のコンピューター会社に就職した。数年間の勤務後に、大学時代の友人から紹介された女性と結婚した。その後、Eさんの実家があるF県G市内で、64歳の母親と35歳の妻、小学校4年生、2年生の子どもと5人で暮らしていた。

　Eさんの勤務先はIT事業部を比較的早くから創設し、地元でも発注率が高いことから、Eさんは仕事に対してもやりがいを感じていた。

　ある日、Eさんが道端に倒れているのを通行人が発見し救急搬送された。周辺の目撃情報もなく、原因は不明であった。搬送先の病院での診察の結果、脳挫傷と硬膜下血腫等の診断であった。このことから、Eさんには左上下肢に機能障害が残り、身体障害者手帳1種2級を取得することになった。

　その後、Eさんはリハビリテーション目的で入院を継続したが、高次脳機能障害のために、遂行機能障害、記憶障害が頻繁に現れ、失語症も併発したことから、自らの考えとは違う言葉を発するなど、複雑なことを周囲に伝えられない状況となった。

　またEさんは、元気な頃は休日に子どもたちと行うキャッチボールを楽しみにしていた。しかし、今の生活ではそれも叶わず、感情が不安定となり急に怒り出したりするため、母親や妻も見舞いの際などは特に配慮していた。

　その後の継続的なリハビリテーションの効果から、Eさんの身体機能面の移乗・移動（杖歩行、車いす自走）については自立できるまでに回復し、現在では復職を目標としている。Eさんは元々温厚な性格で人柄もよく、会社側も倒れるまでの仕事ぶりなどの高評価から、Eさんが就労可能な部署への配置転換やトイレの改修などの職場における環境整備も検討している。

　病院の支援者たちは、現段階では、Eさんが1年6か月以上の入院生活を送っているため、在宅での生活に慣れることが優先と考えている。そこで、退院に向けては、居住地のG市福祉事務所に対して障害福祉サービス（生活介護、短期入所）の申請をしたり、自宅については住宅改修を行い、在宅生活と復職に向けての援助が継続されている。Eさん自身と家族はともに、一日も早い在宅生活と復職の実現を望んでいる。

学習課題 1

● Eさんの主訴と、安定的な在宅生活および復職を阻む要因・背景などを一覧表にしてみましょう。

学習課題 2

● 今後、Eさんが安定的な在宅生活を送り、復職へと自立支援を進めていく際に必要となってくる関係機関や団体にはどのようなものが考えられるでしょうか。機能的アプローチの視点から箇条書きで列挙してみましょう。また、その際に必要とされるフォーマルサービスとインフォーマルサービスの留意点についても書き出してみましょう。

学習課題 3

● G市福祉事務所に勤務するソーシャルワーカー（社会福祉士）の立場から、上記の社会資源を活用したEさんの支援計画を作成してみましょう。

事例 37

問題解決アプローチを活用する
障害のある子どもへの就学支援

✚ 事例の学習目標

1 障害児やその家族がおかれている精神的、社会的状況を理解する。
2 障害児やその家族を支援するための社会資源の活用と援助方法を理解する。
3 障害児施設等における社会福祉士の役割について理解を深める。

✚ 事例の概要

　H君（5歳、男児）は、33週目に1800gの低出生体重児として出生し、NICU（新生児特定集中治療室）での入院を経て退院した。その後、乳児健康診査で発達の遅れを指摘され、I療育センターでの診察等の結果、「脳性麻痺（痙直型）」との診断を受け、外来受診のかたわら、I療育センターに併設されている障害児通所支援事業所（旧肢体不自由児通園施設）に通所し、リハビリテーションと生活指導を受けている。

　5歳となった現在も、H君は元気に通所を続けている。性格は人懐っこく、話好きな子どもである。日常生活動作については、短い距離は両腕によるロフストランドクラッチ（前腕型杖）を使用しての歩行が可能となったが、長い距離の移動には身体に負担をかけないよう車いすを使用している。排泄、食事については多少時間はかかるものの、自分で行うことができる。衣服の着脱、整容については、一部介助を必要としている。言語コミュニケーションにはほとんど不自由がない。IQ（知能指数）はおおむね70程度と軽度の知的障害を有しているため、今後の生活環境については配慮を要する状態にある。

　来年度から小学校へ入学するにあたり、I療育センターのJ社会福祉士は、H君の母親から就学にあたっての相談を受けた。J社会福祉士とH君親子の関係は、H君がI療育センターに初めて訪れて以来の関係であり、その後も継続的にかかわりを続けている。

　H君の両親は、H君の障害を告げられたときは大変なショックを受け、子どもの障害を理由に夫婦関係が壊れそうな時期もあったが、I療育センターで同じ障害のある子どもを育てる親たちに出会い、療育スタッフ等の支えもあり、関係が壊れることはなく徐々にH君の療育に理解を示すようになっていった。J社会福祉士はこの間H君家族を支えてきたため、H君の両親からは他の療育スタッフと同様に、子育ての大事な支援者として信頼される関係にある。

　H君の両親は、来年度からH君を近所の小学校へ通学させたらよいのか、それとも特別支援学校を選択するべきなのかを悩んでいる。H君の進学については、両親の間で話し合いをしているが、どちらの学校を選択することがH君の人生にとってより望ましいことなのかの結論が出せずにいた。そこでJ社会福祉士は、就学までのおよそ1年間をかけてこの問題が解決できるよう支援することを提案した。

学習課題 1

● H君自身やその家族に対する社会の偏見や生活のしづらさについて、人権およびノーマライゼーションの視点を踏まえて一覧表にしてみましょう。

学習課題 2

● I療育センターのJ社会福祉士は、H君の就学を目標に、就学までのおよそ1年間をかけてH君親子が持つ力や強さを高めていくことでこの問題を解決していくことが有効だと考えました。この問題解決アプローチを使ってH君親子を支援する際に必要となる動機づけ等を確認し、関係する機関・団体などの社会資源にはどのようなものがあるのか書き出してみましょう。

学習課題 3

● J社会福祉士の立場から、問題解決アプローチの技法を活用したH君親子のケアプランを作成してみましょう。

事例 38

課題中心アプローチを活用する
学校と地域をつなぐ福祉体験プログラムの企画・運営に関する支援

事例の学習目標

1. 福祉教育や啓発のための社会福祉協議会の役割と機能を理解する。
2. 課題中心アプローチによる支援方法について理解を深める。
3. 社会福祉協議会における学校や地域との協力・信頼関係の構築について学ぶ。

事例の概要

　K小学校ではこれまで、「総合的な学習の時間」*の授業運営を学校教員のみで行ってきた。しかし、学校では十分な準備時間の確保が難しく、満足のいく内容の授業を行うことができていないのが現状であった。そこで、この時間が生徒にとって単に体験のみで終わることなく、効果的かつ有意義な時間となってほしいとの思いから、K小学校では、地域のL町社会福祉協議会（以下、L町社協）に対して、「総合的な学習の時間」での福祉体験プログラムの企画・運営への協力を依頼することにした。

　依頼を受けたL町社協のM福祉活動専門員（社会福祉士）は、K小学校のN教諭に、当該時間のねらいや教育目的について確認を行い、地域の関係機関・ボランティア等と協働で福祉体験プログラムを企画することにした。福祉体験プログラムの内容として、車いす・手話・点字体験があがったため、N教諭をはじめ、地域の当事者団体、ボランティアグループの役員にも集まってもらい、社協・学校それぞれの考えを説明したうえで、今後の協力をお願いした。出席していた聴覚障害者団体、点訳グループ、ボランティアグループには、福祉体験プログラムへの協力を快諾してもらった。その後、各団体・学校との打ち合わせを重ねたことで、福祉体験プログラムを予定通り実施することができた。

　学校側からは、生徒たちが大変喜び、その後ボランティア活動に積極的に取り組む生徒も出てきたとの報告を受けた。また、当事者団体からも、子どもたちと触れ合う機会ができてよかったとの声を聞くことができた。

　L町社協では、このような福祉体験プログラムの企画・運営に関する実績が少なかったこともあり、今後、このような依頼に対して積極的に対応していく体制づくりを考えていくことになった。

＊「総合的な学習の時間」では、自ら学び自ら考える力などの「生きる力」の育成を目的に、国際理解、情報、環境、福祉・健康などの内容領域で体験的な学習や、問題解決的な学習を行う。小・中学校では2002年度から本格的に実施されている。

学習課題 １

●このような福祉体験プログラムを企画するうえで必要となってくる関係機関や団体にはどのようなものがあるか、L町社協のM福祉活動専門員の立場に立って、箇条書きで書き出してみましょう。また、その際に必要とされる留意点についても書き出してみましょう。

学習課題 ２

●K小学校のN教諭は、これまで自分たちで実施してきた計画の失敗経験や、どのようなプログラムにしていきたいのかといった思いをM福祉活動専門員に伝えました。そこでM福祉活動専門員は課題中心アプローチという技法を用いた支援を行うことにしました。本事例について、この課題中心アプローチを視点とした支援展開の方法をまとめてみましょう。

学習課題 ３

●今回のような福祉体験プログラムを今後も継続して行うためには、当事者団体、ボランティア等との信頼・協力関係が必須になります。あなたがM福祉活動専門員だとしたら、具体的にどのような方法で、福祉体験プログラムを実施するための体制づくりを行っていきますか。また、オリジナルの福祉体験プログラムについても作成してみましょう。その際、企画段階から評価段階までのプロセスも書いてみましょう。

事例 39 危機介入アプローチを活用する
緊急性の高いひきこもり児童とその家族への支援

◆ 事例の学習目標

1. ひきこもり児童とその家族が抱える諸問題の要因について理解する。
2. ひきこもり地域支援センターや精神保健福祉センターなどのひきこもりに関する相談機関の役割について理解する。
3. ひきこもり児童とその家庭への援助技術の活用方法を学ぶ。

◆ 事例の概要

　O君（15歳、男子）は、現在55歳になる母親と60歳になる父親との間に生まれた一人息子である。両親は高齢でO君を授かり、待望のわが子ということもあり、溺愛した。

　やがてO君は、市内の小学校に通うようになったが、高学年になった頃に些細な喧嘩がきっかけとなり、学校でいじめを受けるようになった。そして、小学校5年生のときに、泣きながら帰宅したO君を母親が問い詰め、いじめが発覚した。それを聞いた父親は学校に対し抗議した。しかし、このことが原因でいじめは日に日にエスカレートし、O君は学校を休みがちとなり、小学校6年生の頃には不登校となった。小学校の担任教諭は定期的にO君宅を訪問していたが、次第に、O君と直接会うことができない状況になっていった。

　両親は、O君の中学校入学を機に、環境を変えるため市外に引っ越し、O君は小学校の級友がいない中学校に通うこととなった。しかしそれでも、O君は学校に行くことを嫌がり、部屋にひきこもることが多くなった。やがてO君の生活は昼夜逆転の状況となり、家族が寝静まった頃に食事をとり、家族と顔を合わすこともほとんどないという状況となった。さらに、両親はO君のことでよく口論となり、父親が母親に大声で怒鳴るようになった。この頃からO君の家庭での生活状況はさらに悪化する。突然部屋から飛び出し、母親に罵声を浴びせ暴力を振るい、止めに入った父親にも暴力を振るう、またリストカットなどの自傷行為もみられるようになっていった。中学校の担任教諭が訪問しても、O君本人と会うことはできず、むしろ担任教諭が帰った後に部屋から出てきて、母親に「お前が連れてきたのか、ほっとけ」「お前らのせいだ」と言っては暴力を振るうようにもなった。母親は、心身ともに限界を迎えていたが、たまたま見かけた県民だよりにあった、県ひきこもり地域支援センターの「ひきこもり電話相談」の記事を目にし、すがる思いで電話をかけた。

　電話相談を受けた、P県ひきこもり地域支援センターのQ社会福祉士は、相談内容から専門性・緊急性が高いと判断し、精神保健福祉センターのR精神保健福祉士へとつなぎ、同時に母親には市内にある心療内科をもつ大学病院への受診を勧めた。

学習課題 1

● O君がひきこもりに至った背景・要因や、ひきこもりによって生じている O君と家族が抱える諸問題を書き出してみましょう。

学習課題 2

● ひきこもり地域支援センターのQ社会福祉士と精神保健福祉センターのR精神保健福祉士は、現在のO君の状況について緊急性が高いと判断し、危機介入アプローチという技法で介入することが必要だと考えました。この技法を使って支援する際に、O君および家族の安全を確保するために留意する点を書き出してみましょう。

学習課題 3

● R精神保健福祉士の立場に立って、今後のO君とその家族の支援計画を作成してみましょう。

事例 40

行動変容アプローチを活用する
学校現場における発達障害のある子どもへの学習支援

✚ 事例の学習目標

1　発達障害のある子どもの障害特性ならびに学校生活を送るうえで陥りやすい二次障害について理解を深める。
2　発達障害のある子どもの個性・特性に応じた学校環境の調整ならびに支援体制づくりについて理解する。
3　発達障害のある子どもへの行動変容アプローチを用いた学習支援について学ぶ。

✚ 事例の概要

　小学校3年生のS君（9歳、男子）は、多動傾向にあり、些細なことでも興奮しやすく、自己の感情をコントロールすることが困難な児童である。S君は小学校入学時に近隣の小児科病院を受診し、ADHD（注意欠陥多動性障害）との診断を受けた。そのため、S君の両親は、感情のコントロールや対人関係づくり等の生活スキルの向上に関する学習支援を強く希望していた。
　この希望を受けて、小学校では、管理職（校長・教頭）や養護教諭、精神保健福祉士の資格を有するスクールソーシャルワーカー（以下、SSWとする）等の関係者による支援会議が開かれ、S君の個別支援計画が作成された。その結果、S君への支援策の1つとして、SSWによる生活スキル向上のための学習支援の実施が企画された。
　S君は以前から、怒りの感情を適切に表出したり抑制したりすることができず、教室内でしばしばトラブルを引き起こしていた。興奮すると、机を蹴ったり物を投げたりすることもあった。そのためSSWは、S君が適切な感情表現能力を習得できるように、アンガー（怒り）マネジメントに関する支援プログラムを立案した。
　このプログラムは、①準備期、②作業期、③終了期の3期に分けられるもので、3か月間の段階的なプログラムとなっており、各期において具体的な達成目標の設定がなされた。SSWはS君と両親の了解を得た後、放課後の時間を利用しながら、3か月間にわたるプログラムを開始した。プログラム開始当初、S君はとても意欲的に参加していた。しかし、プログラムの中盤を迎えたあたりから、落ち着かない様子がみられるようになった。そこでSSWは、再びS君の支援会議を開催して対応を検討した。その結果、S君の状況に応じてリラクゼーションや休息を取り入れ、ゆったりとした雰囲気で取り組めるように配慮した。その後S君は徐々に落ち着きを取り戻し、ロールプレイにも積極的に参加するようになった。特に感情表現については、言語的な表現に加え、表情やジェスチャー等の非言語的な表現方法の獲得にもチャレンジした。さらにプログラムの終盤には、これまでに学んだスキルを日常生活にも応用できるように具体的な場面を設定して反復練習を続けた。
　プログラムの終了期となった現在では、S君は徐々にではあるが生活スキルの向上もみられ、教室内で安定した生活が送れるようになってきている。

👆学習課題①

●発達障害のあるS君の障害特性、ならびに学校生活を送るうえで陥りやすい二次障害について整理してみましょう。

👆学習課題②

●発達障害のあるS君への3か月間の支援プログラムを実施する際に、スクールソーシャルワーカーはどのようなことに留意しながら支援体制づくりを行うべきでしょうか。具体的に書き出してみましょう。

👆学習課題③

●スクールソーシャルワーカーの立場から、発達障害のあるS君への行動変容アプローチを用いた学習支援について、具体的な支援プログラムを作成してみましょう。

事例 41

エンパワメントアプローチを活用する
ハローワークの職業相談員による外国人への就労支援

事例の学習目標

1　外国人が日本で生活していくうえで困難に感じていることや生活課題等を具体的に理解する。
2　求職中の外国人に必要とされる職業訓練について具体的な内容を学ぶ。
3　外国人の就業に関する総合的な支援計画について理解を深める。

事例の概要

　外国人のTさん（28歳、女性）は、今年で結婚6年目である。22歳のとき、友人の紹介で当時25歳の日本人男性と結婚。すぐに長女を出産し、2年後には長男を出産した。

　結婚当初、夫はさまざまなことに協力的であった。しかし、子どもができてからは仕事を理由に家を留守にするようになり、家に帰ってきても子どもの世話を一切しなくなった。また、夫の収入だけでは金銭的に余裕がない状況であった。さらにTさんは最近、ホームシックに加えて育児ストレスを抱え、孤独感を感じるようになっていた。

　このことを同国出身の友人に相談をすると、「家を少し離れて、仕事をしたほうがいい」と言われ、一般求人（インターネットサイト、雑誌）に多数申し込んだ。しかし、すべて不採用だった。そこでTさんは、公共職業安定所（ハローワーク）の紹介であれば信頼できると思い、ハローワークのU相談員に相談することにした。

　U相談員はTさんから就労の相談を受けて、現在有する技能、知識に加え、生活状況、資格、Tさんの希望している仕事の内容などについての状況把握を行った。

　Tさんはこれまで育児に追われていたため、あまり日本語の勉強ができず、日常会話はできるものの、読み書きはほとんどできない状況であった。また、夫には育児への協力を期待できないため、養育と就労を両立させるには、就労する時間などを制約する必要があった。このことは、就労形態や就労先を限定し、結果として不安定就労を招くものであった。そのためTさんは、U相談員から職業訓練受講給付金の受給や、就職するための無料の職業訓練を受講することを勧められた。さらに日本語能力向上のため、Tさんはボランティアの日本語教室を紹介され、また、日本語の勉強と職業訓練を受講する時間を設けるため、子どもを保育所に入所させることも勧められた。

　半年後、Tさんは職業訓練を終了し、会社の採用面接を数件受けたがすべて不採用となった。そこで再度、TさんはU相談員から応募書類の書き方や面接対応などについてのアドバイスを受けた。さらに面接にも同行してもらった。その甲斐あって、Tさんは1日4時間のパート職員として採用された。

👆学習課題 1

●Tさんが日本で生活するうえで感じている困難や生活課題を一覧表にしてみましょう。

👆学習課題 2

●ハローワークのU相談員の立場に立って、Tさんへの支援の際に配慮すべき点を具体的に書き出してみましょう。

👆学習課題 3

●もしあなたがハローワークの職業相談員であったら、Tさんの課題解決を図るためにどのような働きかけをしますか。エンパワメントアプローチを活用しながら支援プランを立ててみましょう。

事例
42

エコロジカルアプローチを活用する
若年性認知症の妻を在宅で介護する夫への支援

✚ 事例の学習目標

1　認知症の人を介護する家族のさまざまな介護負担について理解を深める。
2　家族支援に対する地域包括支援センターの役割について理解を深める。
3　家族支援の多面的なアプローチや援助技術の活用法を学ぶ。

✚ 事例の概要

　地域包括支援センターのV社会福祉士のもとに、W民生委員から、担当地域に居住するXさん（58歳、男性）とその妻Yさん（55歳）の件で連絡が入った。最近、Yさんの姿を見かけなくなり、Xさん宅を訪問してYさんの様子を聞いても、「今、寝ている」と会わせてもらえず、Xさんも自営の左官の仕事を休業している様子であるとのことであった。そこで、V社会福祉士はW民生委員とともに、Xさん宅を訪問することになった。
　Xさん夫婦は、住宅地のなかにある一戸建てに2人で住んでいる。地域は高齢化が進んでいるため、隣は一人暮らしの68歳の男性、もう一方は空き家である。近くに親族はおらず、一人娘は結婚して現在は他県で暮らしているため、あまり行き来はなかった。Xさんは高校卒業後、建設会社に勤め、25歳でYさんと結婚した。その後、独立して事業も軌道に乗ったため、一時は従業員も雇っていたが、このところの不景気で、5年ほど前からXさんとYさんの2人だけで左官の仕事を請け負っていた。
　V社会福祉士とW民生委員がXさん宅を訪問したところ、Xさんははじめは嫌がる素振りをみせたが、粘り強く対応すると少しずつ語り出した。Xさんの話によると、Xさん夫婦は以前、地域の公民館で行われている俳句の会に参加したり、近所の友人と旅行を楽しんだりして過ごしていたが、2年ほど前から、Yさんが何度も同じことを言ったり、鍋を火にかけていることを忘れてボヤを出したりしたので、病院を受診したとのことであった。その結果、Yさんは若年性認知症（アルツハイマー病）との診断を受けたという。しかし、Xさんは、認知症は高齢者だけの病気だと考えており、それ以来、妻を受診させなかったとのことであった。そして次第にYさんの症状が悪化し、暴言を吐いたり、夜中に何度も起きて外へ出ようとしたりするなど手に負えなくなったため、Xさんは2階の部屋に鍵をかけ、Yさんを閉じ込めてしまったという。食事は菓子パンやおにぎりを1日3回持っていき、排泄はその都度行っているとのことであったが、V社会福祉士とW民生委員が2階の部屋に入ると、部屋は尿臭が強く、入浴の世話はあまり行われている様子ではなかった。Yさんはほとんど横になっている状態で、元気だった頃を知っているW民生委員はその姿に驚いた。
　Xさんもこのような状況のなか、持病の腰痛が再発し、Yさんのことを考えると気分が落ち込み、何もする気になれず、左官の仕事も半年前から休業しているという。Xさん夫婦が、精神的にも経済的にも不安定な状態であることがうかがえた。

学習課題 1

● Xさん夫婦の在宅介護の状況を引き起こしている要因や背景などを一覧表にしてみましょう。

学習課題 2

● Xさん夫婦を多面的に支援するために、V社会福祉士は、エコロジカルアプローチという技法を用いることが有効だと考えました。エコロジカルアプローチを用いて支援を行うにあたり、Xさんの生活を支える資源にはどのようなものが考えられますか。また、その際に必要とされる留意点について書き出してみましょう。

学習課題 3

● V社会福祉士の立場から、エコロジカルアプローチを活用したXさんに対する支援計画とYさんのケアプランを作成してみましょう。

事例 43 ナラティブアプローチを活用する
「つらい」「悲しい」「悔しい」と言えないアルコール依存症者への支援

✝ 事例の学習目標

1　アルコール依存症者に対するソーシャルワークについて理解を深める。
2　ナラティブアプローチの概要について学ぶ。
3　アルコール依存症者に対するナラティブアプローチの活用法について学ぶ。

✝ 事例の概要

　Zさん（43歳、男性）は、大学で機械工学を学び、卒業後は地元の企業にエンジニアとして就職した。勤務態度は良好で、帰宅後の晩酌が唯一の楽しみであった。

　Zさんは30歳のときに結婚し、1女をもうけた。しばらくは仕事も順調だったが、職場の規模縮小に伴い企画や営業などの仕事も兼務するようになった。その頃から、元来人とかかわることが苦手なZさんは、仕事上のストレスを飲酒で紛らわすような生活となった。

　5年ほど前から、Zさんは深酒をして遅刻や無断欠勤が目立つようになった。妻が酒を控えるように強く説得したり、家中の酒類を隠したり捨てたりしたが、Zさんの飲酒はエスカレートし、家からこっそり預金通帳を持ち出しては酒を買って飲むなどの行為が頻繁にみられるようになった。さらに3年前には、酒気帯び運転をして検挙され、このことを契機にZさんは職場を解雇されてしまった。

　その後もZさんは、自宅で朝から飲酒するような生活を繰り返し、見かねた妻が本人を連れて市役所の障害福祉課にある精神保健福祉相談窓口を訪れた。面接を担当したA精神保健福祉士は今までの経過を確認し、Zさん自身の今の思いを傾聴しようと試みたが、Zさんに対する質問についても妻が代わって即答し、泥酔時に自分がどれだけ迷惑をかけられてきたか、周囲はどんなに困惑しているかを早口で話すような状況だった。一方Zさんは、ひたすら頷くか、「妻が話した通りです」と遠慮がちに答えるだけだった。ZさんはA精神保健福祉士の紹介で、アルコール専門病棟と院内自助グループをもつB精神科病院へ入院した。3か月後の退院時、病棟担当のC精神保健福祉士からは、「少しではあるが、グループ内で自分の体験や思っていることを話せるようになった」という報告がA精神保健福祉士のもとにあった。

　退院後、A精神保健福祉士は定期的にZさんと面接の機会をもつことにした。次第にZさんは、「厳格な両親のもとで育ち、子どもの頃から自分の存在を全否定されたようで悲しかった」「仕事で頑張っても誉めてもらえず悔しかった」「酒でしか紛らわせられないことが情けなかった」などという言葉が聞かれるようになり、Zさんの変わりつつある姿がみられた。A精神保健福祉士は、Zさんが語る言葉に解釈を加えず、物語を共有することで、今後酒を飲まない新しい人生が開ける糸口が見つかるのではないかと期待している。

👆学習課題 1

●アルコール依存症者を支援する際の留意点についてまとめてみましょう（特に統合失調症や気分障害など、他の精神疾患との違いに着目してください）。

👆学習課題 2

●さまざまな著書や文献から、ナラティブアプローチの特徴や活用の仕方についてまとめてみましょう。

👆学習課題 3

●市役所障害福祉課のA精神保健福祉士の立場から、ナラティブアプローチを用いた今後のZさんのケアプランを作成してみましょう。

事例 44

SSTを活用する
働きたい精神障害者の対人関係上のニーズに対する支援

事例の学習目標

1. 精神障害者の対人関係上のニーズについて理解する。
2. 対人関係上のニーズをアセスメントする視点について理解する。
3. SST（社会生活技能訓練）の進め方について理解する。

事例の概要

　Dさん（25歳、女性）は、大学生だった20歳のときに統合失調症の診断を受け、E精神科病院に約3か月間入院した。その後、復学と休学を繰り返しながらも、24歳で大学を卒業した。卒業後は父親のつてにより百貨店に就職し、寮生活をしながら、清掃の仕事や商品を並べたり、在庫の確認を行うなどの仕事をしていた。Dさんはもともと、人の依頼などを断ることが苦手で、職場の同僚や上司から無理な仕事を頼まれても、「わかりました」と自分の都合よりも相手の仕事を優先するような日々が続いた。

　Dさんは、病気を隠して就職した背景もあり、抗精神病薬を服薬していることを寮の人や会社の人に伝えることができなかった。最初は、人に見つからないように寮や職場のトイレで服薬していたが、それも次第にできなくなって服薬を中断するようになった。残業が続いたことなども影響し、入社して約2か月後に「同僚が死ね、死ねと言ってくる」という幻聴が現れたことで、E精神科病院に再入院となり、仕事はこのときに退職した。

　Dさんは約半年間の入院を経て退院することになり、E精神科病院のF精神保健福祉士に退院後についての相談をした。Dさんは、将来的には一般就職したい旨の希望をもっているが、今は、仕事に就くための訓練をしたい。仕事はウエイトレスなど、人と接する仕事をしたいという希望があった。F精神保健福祉士との相談の結果、Dさんは障害程度区分の認定を受け、退院後は、レストランの運営をしているG事業所において就労継続支援事業B型の利用が決まった。

　Dさんは現在、G事業所の利用を始めたばかりである。Dさん本人の希望もあり、ウエイトレスの仕事をすることが決まった。G事業所のH職業指導員が、Dさんに付き添いながら訓練をしているが、Dさんは、客の顔を見て注文を聞いたり、「いらっしゃいませ」「ありがとうございます」などの言葉がなかなか出てこない様子であった。またDさんは、メニューにない注文があった際に、そのメニューを出すことができない旨の説明をうまくすることができず、「わかりました」と注文を受けてくる様子も見られた。

　その後、H職業指導員とDさんは、仕事上のニーズを把握するための面接を行うこととなった。そして、Dさんの意思の確認のもと、ウエイトレスの仕事の後、SST（社会生活技能訓練）を実施することが決まった。

👆学習課題①

● Dさんが抱える仕事上のニーズについて、箇条書きに整理してみましょう。また、H職業指導員の立場から、Dさんの対人関係上のニーズ／課題を明らかにするための面接を行う場合、どのようなことを聞き出していけばよいか、箇条書きにしてみましょう。

👆学習課題②

● Dさんに対して、SST（社会生活技能訓練）の技法を用いて訓練を行う場合、Dさんの短期目標、長期目標を設定してみましょう。

👆学習課題③

● 上記の目標を達成するために、Dさんに対して具体的にSSTをどのように進めていけばよいでしょうか。SSTのリーダーとしての立場に立って、初回セッションのプログラムを計画してみましょう。

〈参考文献〉

佐藤幸江，熊谷直樹・天笠崇・加瀬昭彦・岩田和彦監『読んでわかるSSTステップ・バイ・ステップ方式』星和書店，2008.

事例 45　ケースワークを活用する

ホームレス状態で入院した患者に対する居宅への退院支援

✚ 事例の学習目標

1　ホームレス状態に陥る要因や生活上の課題を理解する。
2　居宅生活への移行に向けて必要な支援や社会資源について理解する。
3　医療ソーシャルワーカーの役割や支援内容について理解する。

✚ 事例の概要

　Ｉさん（68歳、男性）は、12月の深夜、Ｊ市の公園で倒れているところを発見され、救急車でＫ病院に搬送された。翌日、外来の看護師より、「ホームレスと思われる患者が入院した。医療費や治療後のことが心配なので相談にのってほしい」との連絡が医療相談室に入り、Ｌ医療ソーシャルワーカーが面接を行うことになった。

　Ｉさんは、面接で開口一番、「健康保険証を持っていない。医療費が支払えないので退院させてほしい」と不安げな表情で訴えた。Ｌ医療ソーシャルワーカーは、Ｉさんの話を傾聴したうえで、医療費の支払いについては心配しなくてもよいこと、今は安心して身体を休めてほしいことなどを伝えた。すると、Ｉさんの表情が少し和らいだ。Ｌ医療ソーシャルワーカーは、今後の援助のために、Ｉさんからさらに話を聞くことにした。

　Ｉさんは中学校卒業後、地元のＪ市内の建設会社に就職したが35歳のときに失業した。その後、さまざまな場所で仕事に就いたが、他人への不信感が強く、気弱な性格から職場での人間関係がうまくいかず転職を重ねた。10年ほど前にＪ市に帰郷し建設現場で雑役に従事していたが、疲労の蓄積から腰を痛め仕事を辞めた。住んでいたアパートも家賃の滞納により強制退去となり、公園でのホームレス生活は5年目になっていたという。現在のＩさんの所持金は500円で、収入は空き缶拾い、ダンボール集めなど、多いときでも月2万5000円程度である。得たお金は大好きな酒や煙草の購入に充てられ、ほとんど手元には残らない状態だという。両親はすでに他界し、Ｉさんには身内がいない。

　入院から数日後、Ｉさん、主治医、病棟看護師、Ｌ医療ソーシャルワーカー同席のもと、Ｉさんの病状説明が行われた。主治医からは、「極度の衰弱状態から回復しつつあるが、椎間板ヘルニアや糖尿病を発症しており、3週間程度の入院と退院後も継続的な治療が必要である。また、Ｉさんには、体験した行為の一部や食べたものを思い出せないなどの物忘れがみられる」との話であった。

　Ｌ医療ソーシャルワーカーは、Ｉさんと退院後の生活について話し合うことにした。Ｉさんは、Ｌ医療ソーシャルワーカーに、「もう路上生活には戻りたくない。屋根のある家で一人暮らしをしたい」と語った。Ｌ医療ソーシャルワーカーは、Ｉさんの思いを尊重したいと考え、主治医の許可を得たうえで、居宅への退院支援を行うことにした。

学習課題 1

● I さんのように、ホームレス状態に陥る要因を考えてみましょう。

学習課題 2

● I さんが抱えている生活上の課題を箇条書きであげてみましょう。そのうえで、L 医療ソーシャルワーカーが行う I さんに対するケースワークや、その際に必要となってくる社会資源にはどのようなものがあるか、書き出してみましょう。

学習課題 3

● I さんの退院後の生活を支援するための支援計画を、L 医療ソーシャルワーカーの立場に立って作成してみましょう。

事例 46　グループワークを活用する

難病患者の生活不安に対する支援

✚ 事例の学習目標

1　難病患者の生活上の問題について理解する。
2　グループワークのプロセスを学ぶ。
3　グループワークにおける医療ソーシャルワーカーの役割について理解する。

✚ 事例の概要

　Mさん（62歳、男性）は、地元の工場で長年勤め、60歳で定年退職を迎えた。Mさんは生来負けん気の強い性格で、人前で弱音を吐くようなことはなく、仕事ぶりも真面目であった。退職後は、趣味の釣りや旅行を楽しもうと考えていたが、原因不明のふらつきや歩行困難、喋るときに口や舌がもつれるなどの症状がみられたため、複数の病院を受診したところ、N病院にて脊髄小脳変性症との診断を受けた。主治医より、原因不明で完治の見込みがないこと、入院が必要であるとの説明を受け、Mさんと妻のOさん（60歳）はショックを隠せなかった。

　MさんがN病院に入院して間もなく、Oさんも持病の心臓病を悪化させ、N病院に入院した。そして、入院から2週間後、Oさんは亡くなった。

　Oさんの死亡後、Mさん夫婦の担当であったN病院のP医療ソーシャルワーカーは、Mさんを心配し病室を訪問したが、最愛の妻を失ったショックからMさんは抑うつ状態となり、人との接触も拒むようになっていた。その後、P医療ソーシャルワーカーらの支援もあり、Mさんは徐々に口を開くようになったが、Oさんを失ったショックや自らの病気がどのような経過を辿るのか、また、今後の生活はどうなるのか不安に苛まれていた。

　かねてより、P医療ソーシャルワーカーは、難病のある患者の不安や苦しみを幾度も耳にするなかで、難病や障害の違いこそあれ共通する課題があると考え、グループワーク導入の必要性を感じていた。そこで、P医療ソーシャルワーカーは、入院患者のニーズを把握するために、難病や障害のある患者とその家族から聴き取りを行った。その結果、「病気のことがよくわからない」「どのような症状が出てくるのか不安」「自分の将来を描くことができない」「自宅で生活を続けたいが在宅療養は不安」などということが語られた。

　これらの患者の声に応えるためにP医療ソーシャルワーカーは、院内でのグループワークの実施に向けて準備を開始した。Mさんは、「難病や障害の違いこそあっても、困難を抱えながら生活していくことに変わりない」と語り、グループワークへの参加に前向きであった。

　P医療ソーシャルワーカーの呼びかけにより、Mさんを含む5名の患者がグループワークへの参加を希望した。P医療ソーシャルワーカーは、あらためて5名の患者から情報収集を行った。

　後日、院内の会議室に初対面の5名が集まった。

👆学習課題 1

●難病によって患者にはどのような生活上の問題が生じるか考えてみましょう。

👆学習課題 2

●本事例は主にグループワークの準備期の段階ですが、この段階でP医療ソーシャルワーカーが行うべきことを書き出してみましょう。また、具体的にどのようなプログラムが計画できるか考えてみましょう。

👆学習課題 3

●今後のグループワークの展開についてイメージしてみましょう。また、そのプロセスにおけるP医療ソーシャルワーカーの役割について考えてみましょう。

事例 47

コミュニティワークを活用する
在宅の認知症高齢者に対する地域支援

✚ 事例の学習目標

1　認知症高齢者の地域生活上の課題について理解を深める。
2　在宅の認知症高齢者に対する民生委員の役割について理解を深める。
3　認知症高齢者が在宅生活を継続するうえで必要とされる支援体制構築の方法を学ぶ。

✚ 事例の概要

　Qさん（75歳、男性）は、認知症のある妻（70歳）とマンションで2人で暮らしており、子どもは県外で生活している。妻の症状はまだ軽く、Qさん自身も健在であるため、今のところ介護保険のサービスは利用していない。しかし、Qさんはちょっとした外出でも家を留守にするときは不安を感じており、身近なところで妻の見守りを頼める人や話し相手がいればと考えていた。そこでQさんは、面識があり、同じマンションに暮らすR民生委員（64歳、女性）に、このことを相談した。

　Qさんが居住するマンションは築後30年が経過し、近年、居住者の高齢化が一気に進んでいる。R民生委員は400世帯を担当し、1か月に1回、一人暮らし高齢者など気になる世帯（15～20世帯）を訪問し、10年前からは2か月に1回、集会所を利用して茶話会を実施している。茶話会には多いときで10人ほどの参加があり、Qさんの妻も参加していた。しかし、R民生委員は、担当地区の一人暮らし高齢者が50人を超え、民生委員の訪問を嫌がる高齢者も多いこと、居住者のなかには認知症高齢者の増加を不安視する人も多いことなどから、民生委員だけで地区の福祉を支えていくには限界があると感じていた。

　R民生委員は、入居当初から町内会の設立を居住者に働きかけてきた。しかし当時、居住者は40～50歳代が中心で近隣関係を煩わしく思う人も多く、現在でも町内会や老人クラブは設立されていない。そのため、マンションにおいて民生委員が高齢者とふれあう機会はあるものの、高齢者同士がふれあう機会は少なかった。また、高齢者の要介護度や転入してきた高齢者についての情報は、個人情報保護法の影響により、民生委員が各戸を訪問して手に入れるほかはなく、すべては把握しきれていない状況であった。

　しかし1年前、市の働きかけもあり、マンションのある地区に地区社会福祉協議会が立ち上げられた。現在まで地区社会福祉協議会としての活動があるわけではないが、これまでマンションの福祉資源は民生委員が中心であったことから、R民生委員は地区社会福祉協議会の働きに期待を寄せている。また、居住者のなかには自分も高齢者の仲間入りをしたことから、町内会を設立しようと考える人も多くなってきている。

　Qさんから相談を受けたR民生委員は、Qさんの妻への支援について、地区社会福祉協議会のS社会福祉士に相談した。S社会福祉士は、Qさんの妻への支援を検討するとともに、このことをきっかけに、地区社会福祉協議会として、マンションの居住者にどのような働きかけができるかを考えた。

学習課題 1

● Q さんと Q さんの妻が抱える生活上の課題を整理してみましょう。

学習課題 2

● R 民生委員は Q さんの妻のような認知症高齢者の地域生活継続のために、居住者が近隣住民のちょっとした変化に気づき、問題を共有・解決したり、専門的対応が必要な場合、公的サービスにつなげる関係を形成していく必要があると考えました。このような関係を築くために、どのようなことが必要になってくるでしょうか。

学習課題 3

● 地区社会福祉協議会の S 社会福祉士の立場から、Q さんの妻へのケアプランと、コミュニティワークの技法を活用したマンションの居住者への支援の計画を考えてみましょう。

事例 48 コンサルテーションを活用する
ストーカー犯罪の被害者に対する支援

✚ 事例の学習目標

1. 専門外の問題に取り組むうえでの課題について理解を深める。
2. コンサルテーションの特徴と意義について理解する。
3. 他専門職（コンサルタント）との連携のあり方について理解を深める。

✚ 事例の概要

　地域で積極的に活動している、独立型社会福祉士事務所のT社会福祉士のもとに、「娘の様子がおかしいので相談したい」と、母親のUさん（53歳）が訪ねてきた。話を聞くと、娘のVさん（25歳、IT会社勤務）の現在の状態は、元気がなく落ち込んでいたり、気持ちが落ち着かない様子で、夜も眠ることができていないのではないか、とのことであった。

　Uさんは「原因には心当たりがある」と言い、了解を得て詳しく話を聞くと、Vさんが大学生の頃、ストーカー犯罪の被害に遭い、身体的な被害はなかったが被害が長期間に渡ったこと、被害についての相談先や関係機関が事務的な対応であったことなどが語られた。また、事情を知らない友人から、「自意識過剰なだけだ」などと言われて心情的な配慮のない対応を受けたため、Vさんが精神的に傷ついてしまい、それ以来、笑顔が減ってしまったこと、時々、気持ちが動揺したり、混乱してしまったりする様子がみられることもあるなどの情報も得られた。Uさんは、「今回はその状態が長引いていて、今までとは違う様子なので心配になってしまった」と話した。T社会福祉士にとってストーカー犯罪被害者の支援は専門外であったが、Vさんへの支援が必要だと考えた。

　そこでT社会福祉士は、「直接会って、話を聞かせてもらいたい」とUさんを通してVさんに伝えたが、以前に相談先等で嫌な思いを経験したこともあってか、VさんはT社会福祉士と会うことについて躊躇っているようであった。しかし、心配している家族からの熱心な説得と、T社会福祉士自ら、「自宅に伺ってもよいのであれば、ぜひ訪問させていただき、話を聞かせてもらいたい」などと、電話で積極的かつ配慮のある働きかけをしたことにより、数日後、Vさん自ら、T社会福祉士の事務所を訪れてくれた。

　T社会福祉士は、Vさんが来てくれたことに感謝し、次いで、今回の相談内容について本人から詳しく聞くと、ストーカー犯罪の被害の後、時々、精神的に不安定な状態が続くことがあり、最近はそれが頻繁に起こっていること、また、仕事での細かいミスが増えて、仕事に支障が出て来たことなどを話してくれた。さらに、「最近、会社の業績悪化のため、給料の未払いが続いている。家族には心配するので伝えていない。しかし、蓄えも底をついてきている」と話した。

　精神的な面についてVさんは、「不安定にはなるが、信頼できる友人に話すと、ある程度の安定を取り戻すことができる」とも話してくれた。T社会福祉士は、今回の面談を通して、Vさんとのラポールも形成できたと感じ、和やかな雰囲気のもと面談を終了した。

👉学習課題 1

● Vさんの抱えている問題の原因と背景を抽出し、解決すべき課題をあげてみましょう。また、Vさんの心情的な配慮が必要である理由を考察してみましょう。

👉学習課題 2

● T社会福祉士は、専門外の知識が必要なため、コンサルテーションという技法が必要であると考えました。この技法を使って、どの専門職（コンサルタント）から、どのような知識を得ることができるのかを箇条書きにしてみましょう。また、Vさんの支援に活用できそうな社会資源をあげてみましょう。

👉学習課題 3

● 福祉専門職として、コンサルテーションの技法から得た情報・知識等を活用しながら、Vさんのケアプランを作成してみましょう。また、インターベンションが必要であると仮定してモニタリングを実施してみましょう。

STEP III

応用編

22 事例

◆STEP Ⅲ（応用編）の使い方・学習方法

　STEP Ⅲでは、さまざまなワークシートなどを利用して、援助技法や社会資源の活用法等を理解してもらうことを目的としています。

事例　中途障害者の職場復帰に向けたリハビリテーションと生活支援

> STEP Ⅰ、Ⅱと同様にまとめています。よく読んでクライエントの支援をどのように行えばよいか、考えてください。

✚ 事例の学習目標

1　各種社会保険制度や社会資源の活用方法について学ぶ。
2　障害者総合支援法の支援サービスを利用する際の手続きや流れについて理解を深める。
3　中途障害者の障害受容、職場復帰に向けたリハビリテーションや生活支援について学ぶ。

✚ 事例の概要

　Ｉさん（47歳、男性）は、高校卒業後、大手の造船会社で事務職として就労している。現在、妻と２人暮らしで子どもはいない。半年前に会社の定期健診で高血圧を指摘されていたが、仕事を理由に受診していなかった。その後、Ｉさんは仕事中に突然激しい頭痛を起こし、意識消失、Ｊ病院に救急車で運ばれた。診断の結果、Ｉさんは脳出血であるとして、術後に左半身に麻痺が残った。５か月間にわたって医学的リハビリテーションを受けながら、Ｊ病院のＫ社会福祉士とＩさん夫婦は医療費や今後の生活について相談し、やがて退院後の社会復帰に向けてケースカンファレンスが行われた。

　Ｉさんの障害の程度は左上肢廃用手レベル、下肢はSLB装具装着およびＴ字杖で屋外歩行可能である。知的低下は認められないが、意欲の低下、体力や耐久性の低下がある。軽い構音障害があるが意思伝達は可能であり、計算、筆記は片手動作で可能である。排泄は洋式トイレならば自立している。症状としては左肩周囲の疼痛、関節可動域の制限が認められる。こうした状況から、退院後、すぐにＩさん本人が希望する復職は困難であるため、自立訓練事業を活用して、１年程度通所し、訓練後に復職することが望ましいのではないかと、Ｋ社会福祉士、主治医、理学療法士、作業療法士、看護師、Ｉさん夫婦によって、ケースカンファレンスで結論が出された。

　Ｉさんが退院後、自立訓練事業の利用のための手続きや障害程度区分の認定調査が行われた。調査員による認定調査後、一次判定が行われた。その後Ｊ病院の主治医の意見書が付され、市町村審査会において二次判定がなされ、その結果がＩさん本人に通知された。

　障害程度区分の認定後、Ｉさんの自立訓練事業の利用が始まった。Ｉさんの通所に際しては、施設までの階段、坂道、電車の乗り降り等は妻が付き添いながら協力をしている。自立訓練事業では復職のためのプログラムが組まれ、機能訓練や職能訓練が実施されている。しかし訓練が進むにつれ、Ｉさんは「順調に取り組んできた仕事がこれまでどおりできないのではないか」、また会社との復職に向けた調整のなかで、「自分は会社にとって重荷になるのではないか」と徐々に自信を喪失し、ふさぎこむようになってしまった。しかし同じ障害の仲間たちとの話し合いや訓練をともにするときだけは、にこやかな表情をみせている。

　さて、そのようなＩさんとその妻に対して、Ｋ社会福祉士は、今後、どのような支援を展開していけばよいだろうか。

事例から読み取れる状況を整理して、実際の支援プランまでを作成してみましょう。利用できるワークシートを、247頁以降に掲載していますので、以下の例示を参考に、各事例に取り組んでみてください。

心身の状況、社会活動や介護者等の状況表

聞き取り項目	
生活歴・現病歴	Ｉさん（47歳、男性）は、大手の造船会社で事務職として就労していた。現在妻と２人暮らしであり、子どもはいない。 半年前に会社の定期健診で高血圧を指摘されたが、医療機関へは受診せず、その後、仕事中に突然激しい頭痛、意識の消失で倒れ、脳出血と診断される。術後、左半身に麻痺が残った。５か月間にわたり医学的リハビリテーションを受ける。 障害の程度は左上肢廃用手レベル、下肢にSLB装具を装着し、Ｔ字杖を使用することで屋外での歩行も可能である。左肩の疼痛、関節可動域の制限あり。知的低下は認められないが、体力や耐久性、気力の低下がみられる。軽い構音障害があるが、意思の伝達は可能。計算や筆記は片手動作で可能。 排泄は洋式トイレを使用し自立している。 病院退院後、自立訓練事業を１年程受け、職場復帰を目指している。
介護者関連	妻がＩさんの自立訓練事業の利用に際し、施設までの階段、坂道、電車の乗り降りなどに付き添い、見守り、一部介助をしている。 子どもはいない。 その他に、Ｊ病院のＫ社会福祉士、主治医、理学療法士、作業療法士、看護師が専門的な支援を行っている。
就労関連	高校卒業後から、大手の造船会社で事務職として就労していた。 しかし、仕事中に脳出血で倒れてから、仕事は休職中である。 会社では定期健診が行われている。 退院後、復職を希望し、現在は復職に向けて自立訓練事業に通っている。訓練が進むにつれ、復職への不安が生まれている。 計算、筆記は片手動作で可能。
日中活動関連	病院を退院後、本人はすぐに復職を希望するも叶わず、復職を目指しての自立訓練事業を利用している。復職のためのプログラムが組まれ、機能訓練、職能訓練を実施している。 訓練が進むにつれて、徐々に自信を喪失し、ふさぎこむようになっている。 同じ障害のある仲間たちと話し合い、訓練をともにするときは、にこやかな表情をみせている。
居住関連	妻と２人暮らしであり、子どもはいない。 居宅内ならびに近隣の生活環境は不明である。 自宅から自立訓練事業の施設までは、階段や坂道、電車の乗り降りがあり、妻の付き添いが必要。
サービス利用	障害者総合支援法の障害程度区分認定を受けている。 自立訓練事業を利用し、機能訓練、職能訓練を受けている。復職のためのプログラムが組まれている。 医療機関では、５か月間にわたって医学的リハビリテーションが実施され、訓練を受けていた。
希望やニーズ	障害を受け入れ、生きがいのある新たな生活を妻とともに築いていきたい。 ・復職の不安　精神面　─　障害の受容ができていない。 　　　　　　　　　　　　　仕事がうまくいくか、会社や職場仲間の重荷になるのではないか。 　　　　　　　生活面　─　身の回りのことについて自立していく。 　　　　　　　　　　　　　職場までの通勤と就業不安の払しょく 　　　　　　　経済面　─　安定収入の確保（手当・年金の申請手続き） 　　　　　　　　　　　　　生活費、医療費、妻の就労など ・付き添い　─　妻の介護負担と介護不安の軽減

エコマップ

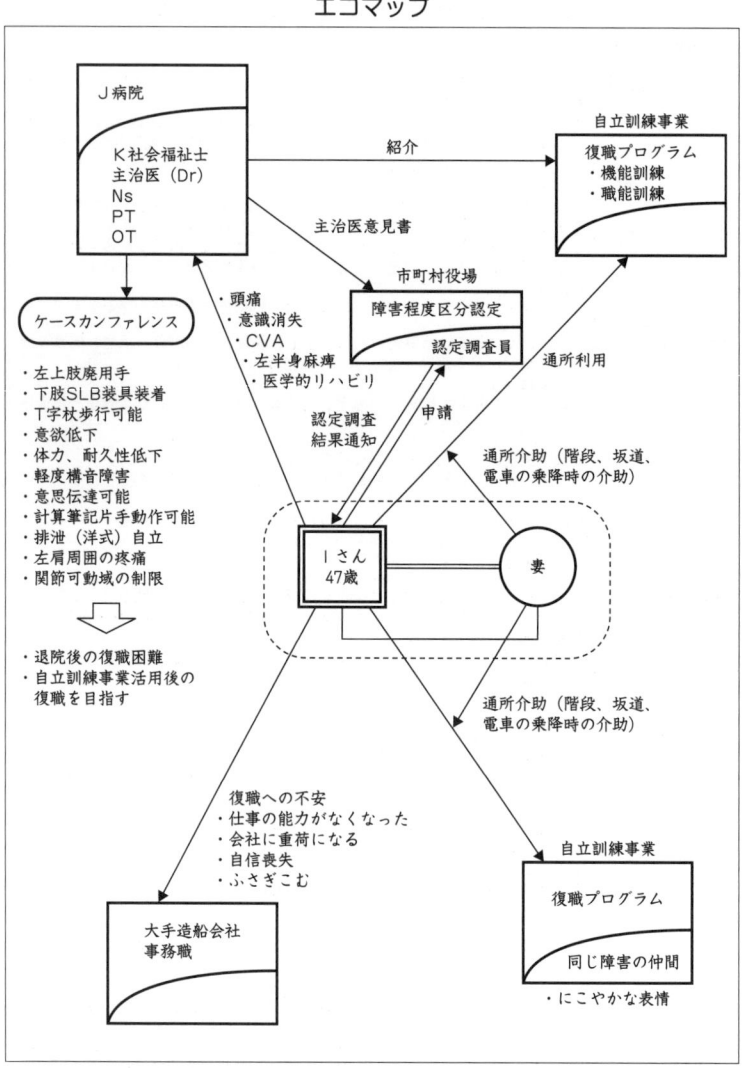

- J病院
  - K社会福祉士
  - 主治医（Dr）
  - Ns
  - PT
  - OT

J病院 →紹介→ 自立訓練事業（復職プログラム・機能訓練・職能訓練）

J病院 →主治医意見書→ 市町村役場 障害程度区分認定 認定調査員

ケースカンファレンス

- 左上肢廃用手
- 下肢SLB装具装着
- T字杖歩行可能
- 意欲低下
- 体力、耐久性低下
- 軽度構音障害
- 意思伝達可能
- 計算筆記片手動作可能
- 排泄（洋式）自立
- 左肩周囲の疼痛
- 関節可動域の制限

⇩

- 退院後の復職困難
- 自立訓練事業活用後の復職を目指す

・頭痛
・意識消失
・CVA
・左半身麻痺
・医学的リハビリ

認定調査結果通知　申請

通所利用

通所介助（階段、坂道、電車の乗降時の介助）

Iさん 47歳 ─ 妻

通所介助（階段、坂道、電車の乗降時の介助）

復職への不安
・仕事の能力がなくなった
・会社に重荷になる
・自信喪失
・ふさぎこむ

大手造船会社 事務職

自立訓練事業 復職プログラム 同じ障害の仲間
・にこやかな表情

ニーズ・アセスメント票

ニーズ・課題	望ましい目標・結果	順位
・障害を受け入れ、社会復帰への不安をなくしたい。	自分の中途障害を受け入れて、社会復帰に向けて前向きに取り組むことができる。復職に関する不安を取り除くことができる。 精神面における不安の払しょく……障害の受け入れ 　　　　　　　　　　　職場の人間関係良好	2
・安定した収入により、生活費、医療費などの確保を図りたい。	社会保障制度を活用し、安定した収入を得ることができる。 経済面における不安の払しょく……安定した収入の確保 　　　　　　　　　　　費用面の見直し	1
・施設への付き添いなど、妻の介護負担を軽減したい。	居宅介護サービスを利用することで、家族介護の負担を軽減することができる。 車（障害者用）を運転するなど、移動手段を確保する。 自立に向けての取り組み……介護者の不安と負担減 　　　　　　　　　　　家族介護の負担を減らす	3
・疾病（高血圧症）の理解を図り、生活改善によって再発を防止する。	運動面など生活状況と食生活の見直しを行い、生活環境の改善に努める。 再発防止・予防（一次・二次・三次）への取り組み 　　　　　　　　　　　……健康診断、早期発見、早期治療	5
・新たな人間関係を構築することで、生きがいにつながる社会的役割を見つけたい。	当事者の会、家族会への参加により、新たな役割を担うことができる。 趣味など生きがいを見つけ、人間関係の幅を広げることで、生活の質を高めることができる。	4

サービス利用計画

ニーズ・課題	望ましい目標・結果	サービス内容等（給付名）	ケア提供者	日／週	時間／日	費用	承認
安定した収入により、生活費、医療費などの確保を図りたい。	社会保障制度を活用し、安定した収入を得ることができる。	適切な社会保障制度の利用、生活費・医療費の確保	障害者相談支援事業所 J病院	適時	適時		
障害を受け入れ、社会復帰への不安をなくしたい。	自分の中途障害を受け入れて、社会復帰に向けて前向きに取り組むことができる。復職に関する不安を取り除くことができる。	障害受容、復職への取り組み	障害者職業センター 障害者就業・生活支援センター	適時	適時		
施設への付き添いなど、妻の介護負担を軽減したい。	居宅介護サービスを利用することで、家族介護の負担を軽減することができる。	レスパイトケア、介護技術の習得	居宅介護支援事業 移動支援事業 短期入所	3日／週 5日／週 適時	60分／日		
新たな人間関係を構築することで、生きがいにつながる社会的役割を見つけたい。	趣味など生きがいを見つけ、人間関係の幅を広げることで、生活の質を高めることができる。当事者の会、家族会への参加により、新たな役割を担うことができる。	社会的役割、人間関係の構築	身体障害者福祉センター セルフヘルプグループ 家族会	適時 1回／月	適時		
疾病（高血圧症）の理解を図り、生活改善によって再発を防止する。	運動面など生活状況と食生活の見直しを行い、生活環境の改善に努める。	再発防止・予防への取り組み、運動・食生活の見直し	J病院 居宅介護支援事業	受診時 3日／週	60分／日		

事例 49 高齢者の社会貢献による生きがいづくりへの支援

✝ 事例の学習目標

1. 高齢者の生きがいの分類と内容を知る。
2. 高齢者の社会貢献活動が地域社会と高齢者自身に何をもたらすかを学ぶ。
3. 高齢者の社会貢献活動に対する意欲を、誰がどう引き出し活用するかを学ぶ。

✝ 事例の概要

　W市のX地区は人口3000人弱の準農村地域である。地区全体には8つの老人クラブがあり、会員数は400名弱。老人クラブでは他の地域と同様にゲートボールが盛んで、ゲートボール以外はさほど目立った活動が行われていなかった。ここ10年は若い新規会員の加入者が激減し、活動は沈滞気味で、かつてあった3クラブは会長のなり手がなく消滅してしまった。

　ところが最近、地区の老人クラブ会長会議の場で、新しくX地区老人クラブ連合会の会長に選ばれたYさん（75歳、男性）が、「老人クラブの目的は、①会員相互の親睦融和、②学習と資質向上、③健康づくり、④社会貢献、と4つあるはず。これまで我々は、親睦と健康（ゲートボール）に偏りすぎだった。自分の楽しみだけに没頭し世の中の出来事に無関心ではいけない。高齢者は時代に遅れないよう進んで学習し、多少でも地域のために役立つことをしよう」と提案したところ、皆から賛同を得た。さらにYさんは「最近、各地で子どもたちが変質者によって性的被害にあったり、殺されたりする事件が頻発している。我々400人の老人クラブの力で地域の子どもたちを守れないだろうか」と提案し、これも早急に検討して取り組むことが決議された。

　X地区内には小学校と中学校が各1校ずつあり、高校はない。上記の計画をどこに相談したら実現できるのか考えたYさんは、以前から熱心に福祉教育や助け合いのネットワーク活動に取り組んでいるW市社会福祉協議会のZ社会福祉士のもとに、連合会副会長のAさんと一緒に相談に行った。Z社会福祉士はYさんからの提案を社会福祉協議会のB会長やC事務局長にも相談し、あらためてYさん、Aさん、B会長、C事務局長、Z社会福祉士の5人が集まり、①地域の子どもたちの命と安全を守る具体的な方法、②それに対する地域社会の反応、③この活動が高齢者の生きがいをどう高めるか、について徹底的に協議した。

　さて、この5人の話し合いの結果、X地区では、どのような活動が新たに生まれたと考えられるだろうか。そして活動に参加している高齢者自身の生きがいや地域社会の評価はどのように高まっただろうか。

📋 推奨する技法やワークシート

課題中心アプローチ、福祉組織化、エンパワメントアプローチ、コミュニティワーク

事例 50 息子から経済的虐待を受けていると思われる認知症高齢者への支援

✚ 事例の学習目標

1. 被虐待者を権利侵害から守るための関係機関や専門職との連携のあり方を学ぶ。
2. 成年後見制度における市町村長申立ての目的を理解する。
3. 被虐待者の生活の安定に向けた支援策を検討する。

✚ 事例の概要

　Dさん（81歳、女性、要介護3）は、会社員の長男Eさん（55歳）と二人暮らしである。Dさん家族は10年前に近隣の市から移り住み、F市の公団住宅に入居した。当時Dさんは、腎機能障害のある夫の世話をしながら生活をしていたが、夫は5年前に他界した。また、3年ほど前から、Dさんに徐々に認知症と思われる症状が出現しはじめた。

　Eさんは会社勤めをしながらDさんの面倒をみてきた。しかし、1年ほど前からDさんの認知症が進行したため、EさんはF市の地域包括支援センターに相談し、同センターの社会福祉士らの支援により、Dさんは居宅介護サービスを利用することになった。

　Dさん家族の生計は当初、Eさんの就労収入とDさんの年金収入で維持されていたが、ある日、Dさんが自宅で転倒して大腿骨を骨折し、病院での入院治療の後、G介護老人保健施設（以下、「G施設」とする）に入所することとなった。施設の費用はDさんの年金から支払われることになっていたが、その後、費用の支払いが滞ったため、G施設のH支援相談員がEさんに連絡をとろうとしたが、Eさんは会社を辞め、自宅も家賃を滞納したうえに退去しており居所不明になっていることが判明した。Dさんの年金は月額10万円以上支給されているが、管理はすべてEさんが行っていたため、年金証書や預金通帳もEさんの手元にあると思われた。このまま未納が続けば、Dさんは施設を退去せざるをえない状況である。

　H支援相談員より連絡を受けたF市地域包括支援センターは、至急、権利擁護地域連絡会議（メンバー：F市地域包括支援センター、G施設、F市高齢福祉課、F市成年後見センター）を開き、F市市長申立てによる成年後見人選任の手続きを行った。その結果、Dさんには家庭裁判所より後見類型の審判がなされ、I司法書士とJ社会福祉士が複数後見人として選任された。Dさんは以前の居宅介護サービス利用時には、職員の質問に笑顔で答えることもあったが、現在は入所しているG施設の職員や後見人であるI司法書士、J社会福祉士の話しかけにもほとんど反応を示さず、他の利用者とも交流がないまま日中はうつむいて過ごすことが多い。

　今後、Dさんに対してどのような支援が必要だろうか。それぞれの役割から考えてみよう。

📋 推奨する技法やワークシート

権利擁護、ネットワーキング、成年後見制度、後見人の職務、市町村長申立て、家族間調整

事例 51

要介護高齢者の自立生活を支える
ケアマネジメントと家族への支援

✤ 事例の学習目標

1　ケアマネジャーの初回面接（インテーク）時の役割や対応の方法を学ぶ。
2　要介護者の希望やその人らしい生活の継続を目指したケアマネジメントのあり方を学ぶ。
3　要介護者とその家族に対する地域資源の連携や支援体制の構築に向けた支援方法を学ぶ。

✤ 事例の概要

　Kさん（85歳、女性）は、3年前に夫と死別した後、自宅で一人暮らしをしていた。子どもは2人おり、長女夫婦が同じ市内に住み、長女は週に1回程度顔を出していた。長男夫婦は県外で暮らしており、正月や盆の時期に帰省する程度であった。Kさんは、社交的な性格で、老人クラブの会合にもよく出席し、またお菓子づくりが趣味で、近隣住民や友人に配るなどして活動的な毎日を過ごしていた。

　あるとき、Kさんは脳血管疾患で倒れ、総合病院に入院した。右半身の麻痺と言語障害（ブローカ失語）の後遺症が残る状態となったため、その後リハビリテーション専門病院へ転院し、約3か月間のリハビリテーションの後、退院することとなった。この頃には、不安定ながらも杖による歩行が可能となり、身の回りの生活動作もゆっくりとした動作ながらほぼ可能となった。また、発語は不明瞭であるが意思の疎通は可能な状態であった。しかし、身体の不自由さや言葉がうまく伝わらないことにいらいらして、他人に対して怒りっぽい精神状態となることもあった。

　リハビリテーション専門病院の医療ソーシャルワーカーの勧めもあり、Kさんは入院中に要介護認定を申請し、要介護2の認定を受けた。Kさんは自宅に戻っての一人暮らしを強く希望しているが、長女はKさんの自宅での生活には不安を感じており、自宅近辺での施設入所を希望していた。長男は、Kさんのことは長女に任せようとする態度であった。

　Kさんの退院時期がはっきりした頃、長女はL居宅介護支援事業所を訪ねた。相談を受けたL居宅介護支援事業所のケアマネジャーは、長女の話をゆっくりと聞いたうえで、Kさんと会って話す機会をつくることを申し出て、病院へ長女とともに訪問することを約束した。

　さて、今後、Kさんが自分らしい生活を営むことができるのと同時に、家族にとっても望ましい状況をつくり出していくために、ケアマネジャーは、どのような支援を展開していくことが求められるだろうか。

📋 推奨する技法やワークシート

面接技法、アセスメント技法、ケアマネジメント、社会資源の開発、ネットワーク、ケアマネジメント実践記録様式（日本社会福祉士会編集）

事例 52 ターミナル期（終末期）を療養病床で迎える高齢者への支援

✚ 事例の学習目標

1. ターミナル期にある患者・利用者に必要な支援について考える。
2. 療養型医療機関におけるターミナルケアにかかわる職種とその役割について理解する。
3. 療養型医療機関で働くソーシャルワーカーの役割や支援内容について理解を深める。

✚ 事例の概要

　Mさん（82歳、女性）は、2年前に下顎がんが見つかり、自宅近くの大学病院で入退院を繰り返しながら治療を続けてきた。高齢のため、外科的手術は行わず、抗がん剤を用いた治療が中心であった。しかし、Mさんは抗がん剤の副作用として、食思不振や吐き気、発熱などの症状が強く現れて日々つらくなり、主治医と相談した結果、積極的治療を中止することにした。その後もがんは徐々に進行し、Mさんは主治医より、余命半年との告知を受けた。

　その頃からMさんは体力が落ちて、身の回りのことがひとりでできなくなってきた。また、口腔内の腫瘍も徐々に大きくなり食事がおいしく食べられない状況であった。そこで、同居家族のないMさんは、主治医の「自宅でひとりでは気持ちが滅入るし、急変したときにも病院のほうが安心だから」との勧めを受け、療養病床のあるN病院に入院することにした。

　しかしMさんには、N病院へ入院するにあたり、心配なことがいくつかあった。一つは経済面で、自分の年金が月4万円余りしかないことから、入院にかかる費用が支払えるのだろうかという心配であった。もう一つの悩みは、遠方に住んでいる娘に自分の病気のことをこれまでまったく話していなかったことである。娘にも自分の生活があり、できるだけ心配をかけまいと考えていたためである。Mさんの胸の内には、自分の死に対する不安やおそれ、残された身内が感じるであろう戸惑いなど、さまざまな思いが交錯していた。

　N病院に入院した日、Mさんのもとを医療相談室のO医療ソーシャルワーカーが訪れた。O医療ソーシャルワーカーは、入院の諸手続きや病院内の設備等の説明を済ませた後で、「入院中のことやそれ以外のことでも、何かご心配なことがありましたらいつでも声をかけてくださいね」とMさんに言葉をかけた。これを聞いたMさんは、入院前に感じていた入院費の心配、食事が摂れないこと、残された家族のこと、また、やり場のない死へのおそれなどをO医療ソーシャルワーカーに相談してみようと考えるようになった。

　さて、ターミナル期のMさんが抱える課題の解決に、O医療ソーシャルワーカーはどのような役割を果たすことができるだろうか。心理面、経済面、医療面等の視点から考察してみよう。

📋 推奨する技法やワークシート

チームケア、心理・情緒的援助、グリーフケア、経済的負担（医療費負担）の軽減

事例 53 在宅生活に支障をきたしている認知症高齢者とその家族への生活支援

✚ 事例の学習目標

1. 高齢者と家族双方のニーズを満たすための社会資源等のあり方を検討する。
2. 地域福祉・在宅福祉サービスに関する支援制度を理解する。
3. ケアマネジャーの役割と支援方法について理解する。

✚ 事例の概要

　Ｐさん（74歳、女性、要介護４）は、小学校教員をしている次女Ｑさん（43歳）と２人で暮らしている。長女（46歳）は他県で生活しているために、Ｐさんとのかかわりはほとんどないが、他者からの支援を受けることには反対している。Ｐさんは長年、小学校教員として共働きをしていた。夫が57歳のときに、若年性アルツハイマー型認知症を発症したため、教員を続けながら夫を介護したが、夫は８年前に他界した。その後、ＰさんはＱさんと同居した。

　介護から解放されたＰさんは、地域の一人暮らし高齢者の生活支援を行うボランティア活動に積極的に参加し、地域住民から厚い信頼を受けていた。しかし、しばらくすると、支援の約束を忘れたり帰宅困難になったりすることがたびたび見られるようになった。そのため、Ｐさんはボランティア活動から身を退いたが、一人自宅で生活する時間が長くなると、認知機能の低下が著しくなった。ガスの消し忘れや温め途中の食材が電子レンジの中に残されたままになっていたり、泣きながらＱさんの勤務先に電話をかけてくるようになった。Ｑさんが電話を受けて帰宅すると、部屋が足の踏み場もないような状況になっていることもあった。

　その後、Ｑさんは、自宅から車で40分ほどの小学校へ転勤となったが、この頃より、Ｐさんの認知症状はかなり悪化し、毎日のように小学校へ電話があった。Ｑさんは、自宅と学校の往復や業務多忙により、かなりの疲労状態に陥った。転勤して３か月後、Ｑさんは現状に限界を感じ、地区社会福祉協議会のＲケアマネジャーに相談した。Ｑさんとしては「住みなれた地域の福祉サービスを利用したい。しかし、姉の手前、福祉サービスを積極的に使うことに躊躇している」とのことであった。相談を受けたＲケアマネジャーがＰさんの状況を把握するために自宅を訪問すると、家の中は足の踏み場もないほど散らかり、Ｐさんは大声で泣き叫んでいる状態であった。Ｐさんが落ち着いた頃を見計らって、Ｒケアマネジャーが、各種福祉サービスに関する話をすると、Ｐさんは「そんなものを利用するぐらいなら生きている価値はない。死んでしまいたい」と言い、一切話をしなくなってしまった。

　さて、Ｒケアマネジャーは、今後、ＰさんとＱさんにどのような支援をすればよいだろうか。

📋 推奨する技法やワークシート

エンパワメントアプローチ、社会資源の活用（エコマップ、ICFなど）

事例 54　夫のDVが原因で母子世帯となる女性への自立支援

✚ 事例の学習目標

1　ストレングス視点を中心とした支援について理解を深める。
2　母子世帯に対する就労支援の必要性を考える。
3　母子就労支援に関する社会資源の活用方法を検討する。

✚ 事例の概要

　S市内の医療機関に勤務するT医療ソーシャルワーカーは、病棟の医師から、昨夜入院してきたUさん（26歳、女性）のことで相談を受けた。担当医師によると、Uさんは夫に突き飛ばされて転倒し、腰と足を骨折したとのことだった。また、Uさんには2歳になる長女がおり、現在は夫と長女の2人で自宅にいるとのことだった。Uさんは長女のことを気にしており、今後のことも含めて相談にのってほしいとのことだった。

　さっそく、T医療ソーシャルワーカーはUさんの病室を訪ねた。T医療ソーシャルワーカーがUさんにあいさつすると、Uさんは険しい表情でT医療ソーシャルワーカーを見て、「あぁ。先生から聞いています。よろしくお願いします」と答えた。

　Uさんの話を聞くと、長女を妊娠した頃から、酒に酔った夫にたびたび暴力を受けるようになったとのことだった。さらに、最近では長女にまで酔って手を上げるようになったので、離婚も考えていたとのことだった。T医療ソーシャルワーカーはUさんへ継続して支援を行っていくことを約束し、面接を終えた。

　T医療ソーシャルワーカーはその後もUさんとの面接を行い、退院後の生活について話し合った。当初、Uさんは骨折の痛みと夫からこれまで受けてきた暴力の緊張から、険しい表情で過ごしていることが多かったが、リハビリテーションが進んで身体が回復してきたこと、そして両親や友人の支えもあったことで、日に日に元気を取り戻していった。

　数週間後、Uさんの退院許可が出た。その日、UさんはT医療ソーシャルワーカーに、「退院したら夫と離婚します。しばらくは娘を連れて実家にいるつもりですが、いずれは親子2人で暮らしていきたいです。身体は治ったので、今度は生活するために働きたいと思っています。ハローワークに行って仕事を探したいと思います」と、決意に満ちた表情で話した。T医療ソーシャルワーカーはUさん親子が自立できるよう退院まで支援を継続することとした。

　さて、T医療ソーシャルワーカーは、どのような視点をもってUさん親子を支援すればよいだろうか。また、必要な知識にはどのようなものがあるだろうか。

📋 推奨する技法やワークシート

エンパワメントアプローチ、母子世帯の自立支援に関する社会資源の活用

事例 55 施設から在宅への移行を目指す重症心身障害児とその家族への支援

✚ 事例の学習目標

1. 施設生活を続ける重症心身障害児と家族との関係性の再構築の方法について学ぶ。
2. 重症心身障害児が抱える身体および精神状況と、予測される変化について理解する。
3. 重症心身障害児の在宅生活のための各種支援制度等、社会資源の調査法・活用法を学ぶ。

✚ 事例の概要

V君（10歳、男子、身体障害者手帳1級、療育手帳A）には、分娩遅延を原因とする出生時低酸素脳症による脳性麻痺がある。父親（40歳）、母親（42歳）、弟（6歳）の4人家族であるが、6年前に弟が生まれたことにより、V君の在宅での生活が困難となって、医療型障害児入所施設に入所し現在に至っている。

V君は姿勢保持ができないため、ベッドに臥床した状態で生活しており、食事・排泄・清潔保持等日常生活のすべてに介助を要する。長期臥床により脊椎には軽度の側彎（わん）が見られる。今の時点で呼吸状況に大きな支障はないが、側彎の進行を予防するため、また呼吸筋力低下予防のためのリハビリテーションが行われている。

V君との言語的コミュニケーションは図りづらいが、V君に話しかけると視線が合い、機嫌のよいときは「アー、ウー」と声を発する。V君はアニメのDVDを見るのが好きで、お気に入りの作品を見ていると、音楽に反応して機嫌よく声を発することが多い。またV君は、通常は穏やかに過ごしているが、排便前の腹痛や発汗時の皮膚のかゆみなど身体的に不快な状況であったり、V君への言葉かけが少なくなったりすると、甲高い声で訴えて周囲を驚かせることがあった。

現在、V君は自宅から車で1時間ほどかかる施設に入所中だが、6歳の弟が小学校就学となるのを機に、家族で施設近隣に住む祖母宅に同居する予定である。同居後、V君の外出・外泊の機会を増やしていき、将来的には再び在宅で介護をすることが家族の意向である。

祖母は頻回に面会に来てV君に付き添い、タッチングや言葉かけを盛んに行ってコミュニケーションを図っているが、両親は共働きであるため忙しく、月に1回ほどの面会である。弟は「お兄ちゃん」と呼ぶ場面は見られるものの、V君の障害についての理解度や、兄弟という意識がどの程度のものかについては定かではない。

さて、V君が施設で心身ともに快適に過ごしながら、在宅に向けての準備をはじめ、家族との関係を再び築いていくために必要なサポートとはどのようなものであろうか。支援者の立場に立って考えてみよう。

📋 推奨する技法やワークシート

エコマップ、チームアプローチ（多職種協働）、ソーシャルサポートネットワーク

事例 56 発達が気になる子どもを抱える家族への支援

✚ 事例の学習目標

1. 家族を中心とした地域支援のあり方について検討する。
2. 児童相談所の役割や支援内容について理解を深める。
3. 社会資源や関係機関との連携について理解を深める。

✚ 事例の概要

　Wさん（32歳、女性、自営業）は3年前に離婚しており、5歳になる息子X君とWさんの母親Yさん（65歳、無職）の3人で生活をしている。普段の生活では、Wさんが働いている間はYさんがX君の面倒を見ており、X君は保育所等には通っていない。

　X君は3歳児健康診査時に、「多動で落ち着きがなく、発達状況として気になるところがある」と指摘され、個別に発達相談を勧められた。しかしWさんは、「うちの子に限ってそんなことはありえない」と現状を受け入れることができず、その日以来一人で悩む日々を過ごしていた。WさんはYさんにも健診時のことを話したが、「そのうち落ち着くだろうし、X君の性格的なもので個性があっていいではないか」と励まされた。しかしX君には、近所の公園で他の子どもたちと遊んでいても、じっとしていることができず突発的な行動をとることも頻繁にみられ、また、他の子どもたちから嫌がられる場面も度々目にすることがあった。そのため、Wさんは他の保護者と次第に距離を置くようになり、やがて誰とも連絡を取らないようになっていった。

　ある日、Wさんの近隣の人からZ児童委員のもとに「最近Wさん親子を見かけなくなった。引っ越したという話も聞かないし、連絡も取れないので心配だ」との連絡が入った。そのため、Wさんの了解を得てZ児童委員がWさん宅を訪問したところ、Wさんは疲れ切った様子で「周りの目が怖い。どうしたらよいのかもわからない」と心境を打ち明けた。そこでZ児童委員は、児童相談所のA児童福祉司に連絡し、Wさんの家庭状況を報告した。

　連絡を受けたA児童福祉司は、Wさん宅を訪問して直接話を聞くことにした。訪問した際、X君は落ち着きがなく、Wさんからは公園での出来事や他の保護者との状況についてなど、子育てに関する不安や悩みが訴えられた。Wさんの願いとしては、小学校入学のことも考えると、X君が良好な交友関係を築くことができるようになってもらいたいということと、子育ての不安を解消できるような子育て仲間が欲しいということであった。

　さて、今後、A児童福祉司は、Wさん家族に対し、どのような支援を図っていけばよいだろうか。

📋 推奨する技法やワークシート

エコロジカルアプローチ、社会資源の活用、ソーシャルサポートネットワーク

事例 57　普通中学校への進学を希望する肢体不自由児への就学支援

✚ 事例の学習目標

1. 本人と家族の希望と関係機関の意向を調整する支援のあり方を検討する。
2. 就学支援に関する関係機関とのネットワークおよび就学援助制度等を理解する。
3. スクールソーシャルワーカーの役割や支援内容について理解を深める。

✚ 事例の概要

　B君（12歳、男子、多発奇形）は、母親のCさん（36歳）と2人で生活をしている。B君は四肢に形成不全があり、専用の車いすを使用している。言葉によるコミュニケーションで意思疎通を図ることはでき、周りのサポートを受けながら順調にD市立小学校の特別支援学級で学校生活を送っている。

　1学期が終了し、来年の中学校への進学のこともあり、Cさんは、B君の今後の進路について相談したいと、小学校のE担任教諭に連絡した。Cさんは、「D市立中学校にB君の進学のことで問い合わせたところ、中学校には特別支援学級がなく、保護者が常時付き添って、移動やトイレ等を介助するという条件であれば受け入れられるとの返事をもらった。しかし、そのためには仕事を辞めなければならなくなる。仕事を辞めれば生活を維持できなくなるから、どうすればよいか悩んでいる」と、E担任教諭に話した。Cさんは、小学校でも周りのサポートを受けながらではあるが、B君は学校生活を送ることができており、中学校でも同じようにサポートがあれば学校生活を送ることができるので、ぜひ進学させたい、それはB君本人の成長や経験のためにもなると考えていた。相談を受けたE担任教諭は、小学校のFスクールソーシャルワーカーとも相談し、E担任教諭とFスクールソーシャルワーカー、B君、Cさんとで今後の進路についての面談を行うことにした。面談では、B君本人のことを考えると、D市内にある特別支援学校への進学よりも、D市立中学校への進学が好ましいのではないかとの意見で一致した。そこでFスクールソーシャルワーカーは、市立中学校でB君の受け入れが可能かどうかD市教育委員会に問い合わせた。

　数日後、D市教育委員会から決定事項ではないものの、D市立中学校での対応は難しく、特別支援学校での就学が妥当との回答が小学校に寄せられたことで、改めてE担任教諭とFスクールソーシャルワーカーはB君とCさんとの面談を設定し、今後の対応について検討することにした。

　さて、Fスクールソーシャルワーカーは今後のB君の就学支援に向けて、どのような対応を図ればよいだろうか。

📋 推奨する技法やワークシート

エコロジカルアプローチ、社会資源の活用

事例58 知的障害のある夫婦の安定した「生活」を支える支援

事例の学習目標

1. 知的障害者の障害の特性を理解する。
2. 社会資源の活用や社会生活力を高めるための支援のあり方を理解する。
3. 権利擁護のための必要な支援を理解する。

事例の概要

　Gさん（34歳、男性）は、妻Hさん（32歳）と2人の娘（10歳、7歳）の4人家族である。Gさん、Hさんともに軽度の知的障害者であり、療育手帳を取得している。小学生である2人の娘たちは普通学校に通っている。

　Gさんは養護学校高等部を卒業後、知的障害者通所授産施設を利用し、そこでHさんと出会った。Gさんの作業能力は申し分なく真面目に作業をこなしており、授産施設で働く他の利用者との関係も良好であったが、Hさんは人付き合いが苦手であった。1年の交際を経てGさんとHさんは結婚し賃貸のアパートで生活を始めた。結婚を機に、Gさんは知的障害者通所授産施設から一般就労へと社会的自立を目指し、自宅から自転車で15分の所にあるクリーニング店で働くことになった。一方、Hさんは専業主婦となり、収入は、クリーニング店での給料と2人の障害基礎年金であった。

　Gさん夫婦は子どもにも恵まれ、2人の女の子を授かった。育児は近所に住むGさんの両親が協力したが、料理が苦手なHさんには日常的な料理の指導も必要であった。相談支援事業所のI社会福祉士は障害福祉サービスの居宅介護（ホームヘルプ）の利用を提案し、週2回の利用でどうにか自立した生活を送っていた。

　そのようななか、長女が小学校4年生になったころから勉強の遅れが目立ち始めた。学校の勉強が理解できていない様子であり、長女の担任教諭は心配していた。しかし、Gさんは子どもの教育には無関心であり、Hさんは長女を心配しながらも近所付き合いがほとんどなく子どものことを相談する友人もいなかった。

　また、Hさんはインターネットの通販サイトで買い物の契約をしていた。支払いが高額であったので、夫婦の金銭管理の支援もしているI社会福祉士がそのことに気づき、Hさんと話し合い、契約を解約することになった。しかし、解約後何度も再契約の電話が業者から続いたため、Hさんは相手の言われるままに再契約してしまった。

　さて、Gさん家族が安定した生活を送るために、I社会福祉士はどのような配慮や支援を行う必要があるだろうか。

推奨する技法やワークシート

エンパワメントアプローチ、社会資源の活用（エコマップ、週間サービス計画書）

事例 59 地域移行に消極的な知的障害者とその家族への支援

事例の学習目標

1. 長期入所生活がもたらす知的障害者の二次的障害について具体的な理解を深める。
2. 施設入所者の地域移行の必要性について検討する。
3. 施設入所者の地域移行に向けた具体的な支援展開について検討する。

事例の概要

　J施設入所支援事業所（以下、J事業所）のスタッフであるK指導員は、J事業所を運営する法人が数か月後に開所するグループホームの世話人となる予定である。J事業所での業務のかたわら、グループホームの開所準備を行うことを法人の理事長より命じられていた。J事業所は、山々に囲まれたのどかな田園風景のなかにあり、利用者ものびのびとした生活を送っていた。利用者は5年以上の長期の利用が大半で、スタッフも含めた家庭的な雰囲気をK指導員も気に入っていた。その反面、スタッフの支援に慣れきっている利用者の姿勢に疑問を感じており、今回の市街地でのグループホームの開所は、法人として地域移行支援を考える絶好のチャンスであると考え、利用者や家族に対する広報活動を積極的に展開した。

　しかし、K指導員の期待に反して、グループホームの利用を希望する者は一向に現れなかった。そこで、利用者の中心的な存在であるLさんに話を聞くと、「グループホームへの入居を家族に止められている」との衝撃的な事実を耳にした。K指導員は、早速Lさんの家族へ確認の連絡を取った。Lさんの家族からは、「法人が地域移行に力を入れてくれることはありがたいことだが、息子はそちらでお世話になってようやく落ち着いた。今のまま平穏無事でいてほしい。J事業所でずっとお願いしたい」と告げられた。その後、J事業所利用者のいくつかの家族に連絡を取ったが、返答の内容は同じようなものであった。地域での生活を誰もが望んでいるものと信じていたK指導員は、この結果に強いショックを受けた。

　グループホームの開所に行き詰まりを感じたK指導員は、事業所内カンファレンスでこの問題を提起し、他のスタッフからアドバイスを受けることにした。カンファレンスでは「グループホームはJ事業所よりもスタッフの配置が少なく、支援が手薄になることがある。そこに家族の不安が残るのではないか」「利用者や家族が積極的に望まないのであれば、わざわざ地域へ出て今さら苦労させる必要もないのではないか」など、さまざまな意見が出された。

　さて、今後、K指導員はどのような点に配慮しながら、長期施設利用者の地域移行への取組みを進めるべきであろうか。障害者の地域移行の価値を明らかにしたうえで、具体的な取組みについて検討してみよう。

推奨する技法やワークシート

状況一覧表、ICF、ソーシャルサポートネットワーク、サービス利用計画、障害者ケアマネジメント

事例 60 　脳内出血を発症した患者の在宅への退院支援

✚ 事例の学習目標

1. 身体の不自由な患者が在宅へ退院する際の課題を理解する。
2. 在宅復帰に向けて必要な支援や社会資源を理解する。
3. 医療ソーシャルワーカーの役割や支援内容について理解する。

✚ 事例の概要

　Mさん（45歳、男性）は、N市内にある職場で脳内出血を発症して倒れ、同市内の急性期病院に搬送され入院した。発症から約1か月後、Mさんは集中的なリハビリテーションを希望し、回復期リハビリテーション病棟を有するO病院に転院した。

　O病院のP医療ソーシャルワーカーは、Mさんの転院直後から、Mさんとその家族とともに退院後の生活について話し合う機会を定期的にもつことにした。

　Mさんは、タクシー会社の社員としてタクシーの運転手をしながら一人暮らしをしていた。父親（70歳）と母親（66歳）は、隣市の実家で自営業を営んでいた。妹（40歳）は10年前に結婚し、今は夫と子どもと3人で暮らしている。父親は元気であるが、母親は10年前に心臓病を患い無理ができない状態である。妹は両親宅の近所に住み、週に1度は実家を訪れている。

　発症当初、Mさんには右片麻痺と言語障害が残っていたが、O病院に入院して2か月がたつと、徐々にではあるが、T字杖と短下肢装具の使用により歩行が可能となってきた。Mさんは発症当初、思うように動かない身体にショックを受け、「なぜ自分だけがこのような目に遭うのか」「自分の将来はどうなるのか」など、後悔や怒り、悲しみに苛まれていたが、家族や同僚、他の入院患者に見守られながらつらいリハビリテーションにも耐えていた。

　P医療ソーシャルワーカーの「今後の生活はどうお考えですか？」との問いかけに、Mさんは、「家族に迷惑をかけることは申し訳ないが、できることなら実家に帰りたい」「仕事には戻れないかもしれないが、今の身体の状態でできる仕事に就きたい」と語っていた。

　そして入院して3か月がたった頃、主治医から、「Mさんについては、今後も継続的な治療が必要だが、状態は安定しており、環境が整えば在宅復帰も可能である」との話があった。

　後日、P医療ソーシャルワーカーは両親と面接を行った。父親は同居に前向きだったが、母親からは、言語障害があり介助を要するMさんとの同居や、生活費への不安が語られた。

　さて、今後、P医療ソーシャルワーカーはどのようにかかわればよいだろうか。

📋 推奨する技法やワークシート

社会資源の活用・調整、ネットワーク

事例 61 人工透析患者と家族に対する心身両面の苦痛を軽減するための支援

✦ 事例の学習目標

1. 患者が抱えている不安と、家族が抱えている不安の両面に対する支援について理解する。
2. 病状把握のための観察ポイントなど、末期腎不全に関しての正しい知識をもつ。
3. 人工透析患者について、諸制度を含む社会資源の調査と活用を図る。

✦ 事例の概要

　糖尿病性腎障害のあるQさん（54歳、男性）は、妻と大学2年生の長女との3人家族。

　Qさんは大学卒業後、地元の企業で営業職として勤務していたが、管理職になってからは多忙を極め、40歳で糖尿病を発症した。しかし多忙を理由にきちんと治療をせずに経過して、3年前にはR病院で糖尿病性腎障害による末期腎不全と診断されてCAPD（腹膜透析）が開始された。CAPD開始後は、身体症状が軽減し、また、職場の配慮もあり事務職として職場復帰を果たした。しかし、その後も腎機能障害は徐々に進行して、今回血液透析の適応と判断され、近々、内シャント造設術を受ける予定である。

　R病院のS医療ソーシャルワーカーは、QさんのCAPD開始以降、Qさんとのかかわりを深め、悩みを聞くなどして、Qさんとその家族との関係を築いていた。そしてS医療ソーシャルワーカーは、血液透析が開始されるにあたってQさんから、腎機能障害の進行が予想以上に早かったことに対する戸惑いや、内シャント造設の手術を受けることへの不安があるという相談を受けた。さらにQさんからは、血液透析を週に数回受けなければならないことや、「不均衡症候群」により仕事に支障が出ないか心配しており、また、長女がまだ大学2年であることから学資が必要であるが、自分の治療のために、さらなる経済的負担を家族に与えるのではないかという不安が大きいとの訴えもあった。

　現時点ではQさんが腎不全の経過に対する不安などを直接訴えることは少ないものの、将来的には自身の予後に関して、身体的および精神的な苦痛が非常に大きくなることも十分にあり得るとS医療ソーシャルワーカーは考えた。S医療ソーシャルワーカーがQさんの家族に話を聞くと、妻も長女も、Qさんにはきちんと治療を受けてもらいたいと考えているが、Qさんの性格を考えると、家族を含む周囲への気兼ねや遠慮がうっ積することで、治療に専念できなくなるのではと心配していた。

　さて、Qさんの心身両面の苦痛をできるだけ最小限にとどめながら、安心して血液透析を受け入れ、家族とともに穏やかな暮らしを送るために、S医療ソーシャルワーカーはどのような支援を行う必要があるだろうか。

📋 推奨する技法やワークシート

ストレングスアプローチ、チームアプローチ（多職種協働）、エコマップ、社会資源の活用

事例 62 非正規雇用からホームレス状態となった若年男性の相談支援

✦ 事例の学習目標

1. ホームレス状態となってしまう人たちの背景について理解を深める。
2. 低所得者層、ひとり親、若年者への就労支援に関する制度について調べる。
3. ソーシャルサポートが少ない人たちへの中長期的な支援の必要性について理解する。

✦ 事例の概要

　ホームレス支援をしているNPO法人のT会は、公園で定期的に炊き出しを開催しホームレスの人たちに食事を提供している。ある日、T会のU相談員が炊き出しを手伝っていると、かなり若い男性が列に並んでいるのを発見した。U相談員はこの男性のことが気になり、声をかけた。声をかけられた男性（Vさん、23歳）は、めんどくさそうな様子をみせたが、U相談員が重ねて話しかけるとU相談員に身の上話をし始めた。

　Vさんは、1か月前よりホームレス状態となり、日中は都内の大型量販店で過ごし、夜間は駅舎で寝泊まりしているという。Vさんの話によると、Vさんは、父親の暴力が原因で早くに両親が離婚し、母親と2人で幼少時代を過ごした。中学までは成績も上々であったが、高校時代には友人とのバンド活動に熱中し、大学進学はしなかった。高校卒業後、Vさんは学校の紹介で大手メーカーの下請け工場に就職し、2年半働いたが、不景気のあおりで工場が廃業してしまい職を失った。その後Vさんは、インターネットの就職情報サイトで都内の寮付きパチンコ店の働き口を見つけ、反対する母親を押し切り、上京し就職した。しかしVさんは、職場での対人関係がうまくいかず2年半で退職することとなった。退職と同時に寮も追い出されたので、Vさんは次の仕事をじっくり選択する間もなく、知人から紹介された簡易宿泊所に寝泊まりしながら工事現場で働いて日銭を得る暮らしを始めざるを得なかった。

　そんなある日、Vさんは仕事中に足をすべらせて怪我をしてしまった。仕事も続けられなくなり、また、完治するまでの間に所持金が尽きてしまい、ホームレス状態になってしまったという。最近は気分が落ち込んでしまい、無為に過ごす日が増えているとのことであった。

　話を聞いたU相談員は、頼れる親族が母親しかいないという事情を聞き、「就職活動の前に母親のもとに一旦帰って、心身の立て直しを図ってみてはどうか」と提案した。しかしVさんは、「こんな自分を母には死んでも見せたくない」「そんな手助けであれば必要ない」と言った。

　さて、U相談員は、Vさんへの今後の支援をどのように展開すればよいだろうか。

📋 推奨する技法やワークシート

問題解決理論・アプローチ、社会資源の活用

事例 63 自宅が「ごみ屋敷」となり近隣からの苦情が絶えない高齢者への支援

✚ 事例の学習目標

1. 高齢者の自宅が「ごみ屋敷」になってしまった背景を検討し、支援策を考える。
2. 地域住民と当事者双方の安全な住環境を整備するための支援策を検討する。
3. 専門職連携やフォーマル・インフォーマルな社会資源の活用と開発について理解する。

✚ 事例の概要

　Wさん（78歳、男性、要介護・要支援認定は受けていない）は、2階建ての自宅で一人暮らしをしている。Wさんには43歳になる長男がいるが、子どもの頃からWさんと折り合いが悪く、20年前から音信不通であり、どこで暮らしているかもわからない状況である。

　Wさんは大手企業の優秀な営業マンとして定年まで働き、Wさんの妻はそんな夫を専業主婦として支えてきた。しかしその妻は5年前に亡くなった。掃除・洗濯・食事・ごみ出し等の日常生活のすべてを妻に頼っていたWさんは、妻を亡くした悲しさと同時に、新たな生活の再建にも迫られた。Wさんはもともと仕事一筋であり、親しくしている親戚、近所付き合いの経験もなく、地域住民からも孤立していた。

　妻が亡くなり3年が経過した頃から、Wさん宅の庭は大量のごみで溢れ、悪臭がし、ハエがたかり、「ごみ屋敷」と近所の人たちに噂されるようになった。このときは町内会長の説得により、Wさんはごみを撤去した。そのため、Wさんの問題は解決されたかのように思われた。

　しかし、2年後、Wさん宅は以前と同じような「ごみ屋敷」状態になってしまった。今回は、近所の人や町内会長の説得にもWさんは、「ここにあるのはゴミではない。自分にとって大切なものだ」と言い、前回のように片付けることには同意しなかった。さらに最近では、道端に捨てられている粗大ごみを「かわいそうに、まだ使えるのに捨てられて」と言いながら自宅に持ち帰るようにもなり、Wさん宅はより膨大なごみで溢れるようになっていった。

　このため、「迷惑だ、何とかしてほしい」「取り締まれ」「火災が発生したらどう責任をとる」などの苦情が、近所の人たちから役所や保健所に寄せられるようになった。

　苦情を受け、保健所のX精神保健福祉士がWさん宅を訪問することとなった。何とか許可を得てX精神保健福祉士がWさん宅に入ると、室内は弁当などの空き箱が散乱し足の踏み場もないほどで、異臭のため息もしづらいような状況だった。台所や風呂場も機能しているようにはみえなかった。

　さて、専門職連携や地域住民との連携も視野に入れ、Wさんが本来の生活環境を取り戻すためには、どのような支援体制を構築する必要があるだろうか。

📋 推奨する技法やワークシート

ソーシャルサポートネットワーク、社会資源の活用と開発（エコマップ）

事例 64 社会的入院を余儀なくされている精神障害者の退院・自立生活支援

✚ 事例の学習目標

1 精神障害者の退院を困難にする諸要因（本人と社会環境との関係）について理解する。
2 社会的入院をしている精神障害者の退院支援方法を検討する。
3 精神障害者のもつ力に着目し、自立生活を支援するための方法について検討する。

✚ 事例の概要

　Yさん（48歳、男性）は、25年前に統合失調症を発症し、入院を機に働いていた会社を退職した。発症から10年間は、半年〜1年間程度の入退院を繰り返しながら、両親と3人で暮らしてきた。他県に嫁いだ妹は、認知症の義父の介護をしている。

　Yさんは十数年前から服薬を自己管理しながら病院のデイケアを利用し、通所授産施設で福祉的就労ができるまでに回復した。しかし、5年前に母親（当時68歳）が脳梗塞で倒れ、要介護状態になったため、父親（当時73歳）が慣れない家事と介護を担うようになった。Yさんは、母親の治療に伴う急激な生活の変化等が負荷となり統合失調症が再発し、10年ぶりにZ精神科病院に入院した。

　現在、Yさんが再発しZ精神科病院に入院してから4年半が経過した。Yさんは入院当初から、再び自宅で両親と暮らすことを希望している。Yさんの病状は半年で安定したため、医学的には4年前から退院可能な状態であったが、なかなか退院できないまま年月が経過している。その背景には、父親が持病の心疾患に加え、介護疲れのためにYさんの退院に消極的であること、母親を担当しているケアマネジャーも、老老介護のうえに、Yさんの面倒までみることで、父親が倒れてしまうのではと懸念していること、妹も父親の負担増を心配し、Yさんの退院に抵抗を示していることなどがある。

　Z精神科病院としては、Yさん自身が退院を強く希望しているため、退院援助をすすめていく方針である。Z精神科病院のA精神保健福祉士が、Yさんに退院後の生活の希望を尋ねると、「両親と暮らしながら就労支援事業所などでお金を稼いで、両親の役に立ちたい」とのことであった。経済状況については、「両親の年金と預貯金、自分の障害厚生年金（2級）があり、自宅は持ち家だから不安はない」と答えた。一方で、「家事は、これまで母親に頼ってきたから自信がない。料理も、ご飯を炊いたり、カレーや味噌汁、目玉焼きを作れるぐらいで、掃除や洗濯はほとんどできない。一人暮らしの経験はなく、考えたこともない」と話した。

　さて、A精神保健福祉士は、Yさんの退院援助・自立支援をすすめるにあたって、何に着目し、どの機関の誰に、どのように働きかけていったらよいのだろうか。

📋 推奨する技法やワークシート

エコロジカルアプローチ、ストレングスアプローチ、自立支援

事例 65 気分障害のある人の日常生活・社会復帰支援

✚ 事例の学習目標

1. 気分障害の精神医学的特徴と自立支援について理解する。
2. 気分障害のある人への社会資源の活用・援用・調整を検討する。
3. 社会復帰までのさまざまな支援の試行錯誤について理解する。

✚ 事例の概要

　Bさん(28歳、男性)は大学を卒業後、コンピューター関係の会社でプログラマーとして働いていた。両親(60歳代)と妹(22歳)の4人暮らしである。人の目を気にするほうで、気疲れしやすい性格であった。

　Bさんは3年前に、風邪から体調不良となり、何か所かの内科病院を受診した。いずれも異常は指摘されなかったが、早朝覚醒、意欲の低下、食欲不振、頭重感が強くなるという症状が長引くため、その後、C精神科クリニックを受診した。診察時には、上記症状に加え、抑うつ感、集中力の低下、希死念慮などが認められた。またBさんから、過去に多弁多動エピソードがあることが語られた。身体所見に異常はなく、中毒性物質の服用も認められなかった。

　以上のことから、医師は、Bさんを双極性障害(うつ状態で精神症状を伴う)と診断した。医師はBさんに、治療でかならずよくなることを説明したうえで休職を勧めた。同時に、C精神科クリニックのD精神保健福祉士は、Bさんの自立支援医療の利用をはかった。

　Bさんは医師の勧めを受け入れ、会社を休職した。その後、Bさんの症状は急速に改善し、治療開始から6か月目に寛解状態となった。ところが、Bさんはこれまでの経過を振り返って、今の会社で働くのは無理ではないかとの思いを強くし、会社を辞職した。

　Bさんはその後2年間、自力で復職に向けて努力したが、うまくいかなかった。そこでD精神保健福祉士は、Bさんが生活をするにあたって必要となる障害年金の申請を行うと同時に、家族間の調整にもあたった。Bさんには、地域活動支援センターへの参加、公共職業安定所(ハローワーク)でのトライアル雇用制度などの社会資源を活用してもらうよう支援を行った。その結果、Bさんは、自動車の運転免許を取得し(自家用車も購入)、近くの商工会議所で「IT関係の起業」の相談を行うまでになり、現在は、アルバイトとして園芸関係の仕事に従事し、起業を目指している。

　さて、D精神保健福祉士はBさんに、今後さらにどのような生活支援・社会復帰支援を行えばよいだろうか。

📋 推奨する技法やワークシート

認知行動療法、ホームワークシート、リワーク支援

事例 66 高齢の家族が抱えるひきこもりの子どもへの生活支援

✚ 事例の学習目標

1　ひきこもり歴が長いクライエントおよびその家族に対する支援策を検討する。
2　地域における社会資源を理解し、クライエントに繋げる方法を検討する。
3　"生きる"とはどういうことか、そのための"支援"はどうあるべきかを熟考する。

✚ 事例の概要

　　Eさん（37歳、男性）は、20年近く家にひきこもっている。自宅には、唯一の家族の母親Fさん（66歳）が半年前まで一緒に住んでいたが、Fさんは階段から転倒し大腿骨頸部骨折により病院に入院、その後、在宅復帰を目標に介護老人保健施設に入所することとなった。このときに介護老人保健施設のG社会福祉士はFさんから相談を受け、Eさんについて初めて知ることとなった。

　　Fさんによると、Eさんのこれまでの経緯は次のようなものであった。Eさんは出生時は安産で生まれ、その後、知能などの遅れを指摘されたことはないが、小さい頃から会話が苦手で、相手の発言の意図を理解できないことなどから混乱しやすく、そのようなときは30分程度、混迷的な状態を呈することがあったという。それでも少数の友人との付き合いもあり、また近所とのかかわりもあった。しかし、中学生時代にいじめにあってからほとんど外出もしなくなり、少数の友人に対しても「お前らもグルだろう」と拒絶的になった。Eさんは中学校卒業後には自宅に完全にひきこもるようになり、口数も減り手首まで白くなるほど手を洗うことが増えたという。また、精神科病院に通院したこともあったが、なにもよくならないということで通院しなくなった。「自分は精神的におかしいのではなく、学校や家族がおかしい！」というのがEさんのいつもの口癖だったという。食事はFさんが用意したものを食べ、菓子やジュースなどのほしい物はFさんに買いに行かせた。20歳を過ぎた頃にはインターネットを使うようになり、昼夜逆転の生活に拍車がかかった。30歳を過ぎた頃、かつてのひきこもりの経験者をメンバーとするひきこもり支援を行うNPO団体が、Fさんの相談を受けてEさんにかかわろうとしたが、「自分に援助は必要ない」と断る一方だったという。

　　さて、介護老人保健施設のG社会福祉士は、Eさんとさんを援助するにあたって、どのような支援策を検討すればよいだろうか。

📋 推奨する技法やワークシート

地域の社会資源の活用、生活保護の利用、エンパワメントアプローチ

事例 67　困窮する生活のなかで万引きや無銭飲食を繰り返す青年への支援

✚ 事例の学習目標

1. 再犯を防ぐためのソーシャルワークについて検討する。
2. 犯罪に至る過程を振り返り、必要とされる支援について学ぶ。
3. 更生保護制度における福祉の役割について理解を深める。

✚ 事例の概要

　Hさん（30歳、男性）は、高校卒業後に就職した会社を2年で辞めた後、派遣社員として働いた。しかし、派遣社員として働くHさんを両親と兄がことあるごとに責めたため、Hさんは23歳のときに家を出た。それからHさんはアパートで一人暮らしをしながら、派遣社員として働いていたが、25歳のときに、業績悪化を理由に派遣先から解雇された。無職となったHさんは、求人雑誌や公共職業安定所（ハローワーク）で仕事を探したが、仕事に就くことができなかった。Hさんは持ち物を売るなどしてお金を工面したが、結局家賃が払えずアパートを出ることになった。その後、Hさんは日雇いのアルバイトでわずかな収入を得て、お金があるときはネットカフェに泊まり、お金がないときは公園で野宿生活をするようになった。

　しかし、日雇いのアルバイトも次第に少なくなり、Hさんの生活はますます困窮した。やがてHさんは、本やゲームソフトを万引きし、換金するようになった。そして、3年前のある日、Hさんは本を数冊万引きしたところを店員に見つかり、警察に逮捕された。

　裁判で執行猶予付き判決を受けたHさんは、行く当てもなく実家に戻った。しかし、家族との関係は修復不能であり、1週間で家を出た。Hさんは仕事を探したが見つからず、日雇いのアルバイトの収入で数日に一度食事をとりながら公園で野宿する生活となった。冬が近づき、寒さと空腹に耐えかねたHさんは、再び換金目的で本やゲームソフトを万引きするようになった。ある日、Hさんはネットカフェで支払いをせず、店員の隙を見て逃げ出した。一度成功したHさんは、それ以降もネットカフェで同じことを繰り返したが、2年前、無銭飲食をして逃げているところを追いかけてきた店員に捕まり、警察に逮捕された。Hさんは、裁判で実刑となり、2年間受刑することになった。

　その後、Hさんの仮釈放に対し、Hさんの両親と兄は身元引受人になることを拒んだ。そこでHさんは、身元引受人がいない人を支援する機関であるI更生保護施設に帰住することになった。I更生保護施設には、1人の社会福祉士が働いていた。

　さて、この社会福祉士は、Hさんの生活を再建するために、どのような支援を行えばよいだろうか。

📋 推奨する技法やワークシート

生活モデル、エコロジカルアプローチ、ジェネラルソーシャルワーク

事例 68 過重労働によって自殺した男性の遺族への支援

✚ 事例の学習目標

1 自殺に追いやられる要因について検討する。
2 急な出来事の後の心理社会的反応（悲嘆反応）を理解する。
3 残された遺族の相談の乗り方について検討する。

✚ 事例の概要

　Jさん（38歳、女性）は、半年前に夫が自ら命を絶って以来、ふさぎ込み、憔悴しきっている。Jさんは心療内科で診断書をもらい、現在仕事は休職中である。

　Jさんは、32歳のときに3歳年上の大手企業勤務の男性と社内結婚し、その後、2人の子ども（現在、3歳と5歳）に恵まれた。夫の夢がマイホームを持ち家族で和気あいあいと暮らすことであり、Jさんもそれを望んだ。そこで、Jさんは第1子の出産前に退職していたが、第2子が1歳になったときに別の会社に再就職し、共同名義でローンを組んでマイホームを建てることにした。

　マイホーム完成と同時期に、夫は都内の本社へ単身赴任となった。仕事が忙しいとのことで、週末も自宅に帰ってくることができない状態であった。毎日深夜まで仕事をせざるを得ない状況らしく、職場に泊まり込んで仕事をしている様子だった。仕事と育児の両立に忙しいJさんは、夫のことが気になりながらも、母子の生活に忙殺されていた。

　ある日、Jさんが仕事に出かけている間に、夫が事前の連絡なしに急に自宅にふらりと立ち寄ったようであった。帰宅し、食卓に「あとは宜しく頼む」と書かれた夫のメモを見つけたJさんは、夫にすぐに電話をした。しかし、何度電話をしても通じなかった。翌朝、警察から電話があり、昨夜、夫が電車に飛び込み死亡したとのことであった。遺書はなかったが、夫の上着から数年前に皆で撮った家族写真が出てきた。

　当初、Jさんは、夫の自死が信じられず呆然としていたが、その後の葬儀等の手続きは淡々とこなした。しかし、四十九日が終わった頃よりじわじわとさまざまな感情が取りとめもなく生まれてきた。Jさんは職場の上司に相談し、心療内科にかかることになった。ただ、日を追うごとに自分を責める気持ちと夫を失った悲しみが大きくなる一方であった。Jさんは心療内科の医師から教えてもらった自死遺族が集まるNPO団体に電話を入れた。

　さて、その電話をとったNPOの相談員は、その後のJさんへの対応についてどのようにしたらよいだろうか。

📋 推奨する技法やワークシート

危機介入理論・アプローチ

事例 69　孤立状態で病識もない認知症高齢者への支援

✚ 事例の学習目標

1. 一人暮らしの認知症高齢者に対する社会資源の活用とネットワークの構築を学ぶ。
2. 介護放棄の実態と、それに対応する地域包括支援センターの役割を学ぶ。
3. 社会福祉士として、家族病理に介入する際の役割を学ぶ。

✚ 事例の概要

　K市の地域包括支援センターに通報が入った。Lさん（84歳、女性）が近隣宅を度々訪れ、つじつまの合わない妄言を繰り返し述べ、様子がおかしいとの通報であった。Lさんは現在一人暮らしをしており、夫とは死別している。息子が3人いるが、皆、他県で暮らしていた。

　通報を受けた地域包括支援センターのM社会福祉士は、Lさんが暮らす地区の民生委員とともにLさん宅を訪れ面接を実施した。Lさん本人に自覚はないが、認知症の疑いがあった。また、身辺自立も危うく、居室は長年のごみが山積し、不衛生な状況であった。食事は、スーパーマーケットなどで弁当などを購入している様子で、調理は困難なようであった。金銭管理については、年金をなじみの郵便局で引き出すことしかできないとのことであった。

　面接後、M社会福祉士はLさんの長男Nさん（61歳）と連絡を取った。するとNさんは、「母のことで連絡をしないでほしい」と、かかわりをもちたくない様子であった。他の息子2人も同様の反応であった。そのため、M社会福祉士は改めてNさんに連絡を取り、Lさんの受診や介護保険サービスの利用を開始するにあたり、身元引受人が必要であることを説明した。また、Lさんが保有する多額の財産も管理できているとは言い難く、高齢者を狙った詐欺などの被害に遭う危険性があることも説明した。しかしNさんは、Lさんとも、弟2人とも、かかわりたくなく、できれば弁護士を成年後見人としたいとのことであった。Lさんの財産管理についても、後見人を通じて、将来兄弟で分与したいと語った。

　Lさん本人は認知症の自覚はないが、おそらく日常生活自立度判定基準Ⅱb程度に該当すると思われた。M社会福祉士は、Lさんに受診してもらい、要介護認定等の手続きを進めたいと考えているが、LさんはM社会福祉士や民生委員との面接を拒否し始めている。また、Lさんの息子たちは母親の介護を放棄しており、兄弟の間でも関係が断絶している。何らかの問題を抱えている家族であると思われるが、深い事情は誰も話さない状態であった。

　M社会福祉士は、このままではLさんが健康を害すると危惧した。財産についても、詐欺等の被害に遭う危険があった。また、近隣住民からは火の始末などに不安を訴える声があがっていた。

　さて、M社会福祉士はLさんについて、今後どのような支援を行っていくべきであろうか。

📋 推奨する技法やワークシート

生活モデルアプローチ、危機介入アプローチ、インテーク面接用紙、ネットワーク（関連援助技術）、家族病理

事例 70　初期状態の認知症高齢者に受診を促すための支援

✚ 事例の学習目標

1. 初期状態の認知症の特徴について理解を深める。
2. 認知症のある人に対する支援サービス（医療・介護）について理解を深める。
3. 認知症のある人とその介護者への支援について検討する。

✚ 事例の概要

　Oさん（75歳、女性）は、50代の息子夫婦、成人した孫2人（会社員）の5人で暮らしている。息子夫婦は朝早くから夜遅くまで農業を営んでいる。Oさんは夫を20年前に亡くし、60年以上農業に携わってきた。Oさんはこれまで、家庭内では家事全般をこなしてきた。Oさんの趣味は散歩、草取り、友人や家族とのおしゃべりで、日課は朝晩の読経である。地域の老人会へも積極的に参加し、地域の人たちとの交流も盛んで、性格は明るく社交的で世話好きである。しかし、1年ほど前から物忘れをするようになり、徐々に目立つようになってきていた。特に1か月ほど前からは、日に何度も同じことを繰り返し尋ねたり、調理方法を間違えたり、昼夜逆転してしまうなど、認知症と疑われる症状が出現していた。

　家族は、Oさんがなぜこのような行動を取るようになったのかわからず、悩んでいた。家族の具体的行動として、Oさんが繰り返しものを尋ねたりしたときは、「さっきも言ったよね。何度言ったらわかるの？」とOさんを責めるような強い口調であった。また、Oさんが調理方法を間違えたときは、「もうしなくていいよ」と役割を取り上げてしまうこともあった。Oさんは夜になると起き出して周囲を起こしてしまうことから、家族は不眠続きでもあった。

　家族は、Oさんのことをどのような機関に相談したらよいかわからず困っていたが、知人に相談しているうちに、地域包括支援センターの存在を知った。そこで家族は、地域包括支援センターに相談し、センターのPケアマネジャーが対応することとなった。

　PケアマネジャーがOさん家族に話を聞くと、家族のニーズとして、Oさんの行動の理由を知りたいということがあがり、そのためにはどのような医療機関を受診すればよいのかを知りたいとのことであった。また、Oさんの困った行動を減らして仕事に集中できるようにしたい、Oさんの性格に合ったサービスを利用して在宅生活を継続したいとの希望もあがった。

　さて、初期状態の認知症と考えられるOさんとその家族を支援するために、Pケアマネジャーは具体的にどのようなサービス・医療機関を紹介し、アドバイスをしていく必要があるだろうか。また、家族の介護負担を減らすために利用可能と考えられる、認知症のある人に対する種々のサービスについても検討してみよう。

📋 推奨する技法やワークシート

タイムラインシート、ニーズ・アセスメント票、サービス利用計画、ICF、社会資源の活用

STEP IV

展開編

18 事例

◆STEP Ⅳ（展開編）の使い方・学習方法

　STEP Ⅳでは、これまでに学習してきたさまざまなアプローチや援助技法を活用して、ソーシャルワーカーとしての総合的・包括的な実践力や展開力を養うことを目的としています。

事例　精神障害者の地域移行・地域定着への支援

> これまでのSTEP Ⅰ～Ⅲと同様にまとめています。よく読んで、各問題に対応してみてください。

✚ 事例の学習目標

1. ストレングスアプローチの基本を理解する。
2. コミュニティソーシャルワークの展開プロセスを理解する。
3. 2つの"そうぞう"（想像・創造）で事例を理解する。

✚ 事例の概要

　Mさん（49歳、男性）は、教育大学の学生時代に統合失調症を発病し、24歳のときに都下のN市にあるO精神科病院に初回入院（6か月）した。退院後、Mさんは大学に何とか通いながら、教師の資格（小動物が好きで生物学を専攻し、理科免許を取得）を得た。卒業後、Mさんは指導教授の斡旋で都内の私立中学校に就職したが、服薬中断が継続したこともあり再発。27歳のときにO精神科病院に再入院（1年）してから職場を退職した。退院後、Mさんは学習塾でアルバイト程度の仕事をしたが、内向的な性格でストレスを溜めやすく、数回の入退院を繰り返した。

　そしてMさんは、35歳になったある日から、家族と一緒に暮らす自宅（一軒家）で、幻聴を主とする病的体験を出現させるようになり、夜間に隣人宅に押しかけたり、近くの路上で通行人を殴りケガを負わせたりしたため、警察官通報により保護され、O精神科病院に5回目の再入院（措置入院）となった。Mさんは、入院後も被害妄想や幻聴がなかなか消失せず、加えて看護スタッフの働きかけ（院内作業、病棟レクリエーション）にも拒否的で、退院のめどが立たない状況が数年続いた。**（質問1）**

　その後、Mさんが40歳のときに、元教師であった父親ががんを発病し71歳で亡くなった。自宅には母親（67歳）がいたが、リウマチを患っており病院通いの毎日であった。2歳年上の兄（会社員）は数年前に結婚しているが子どもはおらず、母親の介護もあり一緒に実家で暮らしていた。3歳下の妹は、すでに結婚し子どもが2人おり他県で暮らしている。Mさんときょうだいの仲はとても良く、妹はよく病院に見舞いに来ていた。この時期には、主治医からMさんの退院の話も出たが、家族の受け入れ条件が整わないとの理由で見送られた。その後、Mさんの病状は安定し、医療保護入院への切り替えも行われたが、Mさんの退院意欲は次第に弱まり、主治医が何回か交替した事情もあり、退院話はその後うやむやとなった。

　それから10年近くの歳月が流れ、Mさんの保護者も母親から兄に替わった。O精神科病院では、新任のP精神保健福祉士のねばり強い働きかけもあって、Mさんの退院意欲も徐々に回復し、院内のグループワークにも参加するようになった。**（質問2）**

　そして、その後開かれたN市自立支援協議会において、Mさんが精神障害者地域移行・地域定着支援事業の対象者に決定した。そこでMさんは、P精神保健福祉士の勧めもあり、入

院中から自宅近くの地域活動支援センターに退院訓練のために通所し始めたが、同じ頃、79歳になる母親が肺炎で亡くなった。一緒に暮らしていた兄夫婦からは、Mさんを自宅には引き取れないとの相談（兄は引き取りたい気持ちがあるが兄嫁が拒否）が病院にあった。そのため、Mさんは兄と相談し、実家近くのアパートでの一人暮らしを希望したが、近所の人が入院前の状況を覚えていたこともあり、退院反対の署名運動が生じてしまった。このような状況の変化を受けて開かれたN市自立支援協議会では、退院訓練の中止を含めて協議がもたれた。

　Mさんの実家は、O精神科病院もある、都下のN市にある。N市の人口は約20万人。昼間人口は15万人と都心への通勤者が多い。電車・バス等の公共交通機関は充実しているが、道路のバリアフリー化はまだ進んでいない。公民館やデパート、球場、遊園地など、人の集まる施設がある一方、駅から離れた商店街には空き店舗が目立っている。マンション等が増え、都市化による人口増加のため、自治会の加入率に低下がみられる。高齢化率は現在ちょうど20％である。N市内の産業別就業者数は第三次産業が79％を占める。N市内の精神障害者数は推計で約5000人、精神障害者保健福祉手帳所持者は600人で、Mさんも取得している。また、自立支援医療承認数は2600人で、医療保護入院届出数は昨年度210件であった。N市には、精神障害者の訓練を行う地域活動支援センターが5か所あり、総受入数は112人である。他にグループホームが1か所ある。ホームヘルプサービスの利用者はまだ10人そこそこであり、一般就労に向けた自立訓練事業を行う事業所はまだない。また、相談窓口も十分にあるとはいえない。地域家族会はあるが、活動は弱く、精神保健福祉ボランティアグループは設立されていない。精神障害者のセルフヘルプグループも組織されていない。精神科病院はN市内にO精神科病院1か所があり、精神科診療所は3か所ある。N市には20人の保健師と、病院や施設に合わせて14人の精神保健福祉士がいる。作業療法士や臨床心理技術者は少ない。関係機関との連絡会や業務連絡会が他の市とも合同で組織されており、年に何回かの会議が行われている。**（質問３）**

　N市は現在、ニーズ調査やヒアリングをもとに「第１期障害福祉計画」を策定している。この計画では「病院や施設から地域生活への移行」「精神障害者への地域生活支援サービスの充実」も重点とされており、N市によれば今年度末までに「受け入れ条件が整えば退院可能な精神障害者数」が80人となっている。N市にはすでに自立支援協議会が設置されたが、具体的な課題の検討はこれからである。

STEP Ⅳのいくつかの事例では、演習の授業や現場のスーパービジョンなどの場面において、ディスカッションをして考えてもらいたいことなどを、「考えてみよう！」という質問項目にまとめました。それぞれの時点における事例の状況などを確認して、各質問について検討してみてください。

> **考えてみよう！**
>
> **質問1** 退院のめどが立たない状況が続いた背景にはどんなことが考えられますか。
> （解答例）
> ○措置入院での入院だったこと。
> ○症状（陽性症状）が消失しなかったこと。
> ○看護師の働きかけに本人が拒否的であったこと。
> ○院内の当時のケアプログラムが限定的であったこと。
> ○家族の受け入れ条件が不安定だったこと。
>
> **質問2** P精神保健福祉士の「ねばり強い働きかけ」の内容はどんなものが想像できますか。
> （解答例）
> ○Mさんの現在の気持ちを確認する。
> ○退院の話はしないが、退院への動機づけはする。
> ○現在の家族状況やMさんとの関係を把握する（特に兄への働きかけ）。
> ○主治医へMさんの経過に関する説明をする。
> ○任意入院への切り替えを進める。
> ○院内グループワーク参加に向けてMさんへ働きかける。
> ○外出の機会を増やす。
> ○地域の多様な資源を直に見てもらう。
> ○地域にある地域活動支援センターを見学する。
> ○障害年金の受給申請を援助する。
>
> **質問3** これでネットワークは促進されますか。どうすれば促進されますか。
> （解答例）
> ○年に何回かの関係機関の連絡会議では、情報の提供と共有だけに終始されやすく、目的をもったネットワークは促進されにくい。
> ○N市としての課題を明確にして、どのように取り組むことができるかの目的を明らかにした関係者の集まりに切り替えるとネットワークは促進されやすいと考える。その場合、行政と民間、医療と保健、福祉、労働機関、多様な専門職が一堂に会した継続的な集まりが重要になる。
> ○当面の具体的な課題としては、例えば当事者グループの育成と支援、精神保健福祉ボランティアの育成講座などが考えられる。

問題1 この事例をもとに、Mさんの問題点と思われる項目をリフレーミングして、下記の表に記入してみましょう。

No.	前の表現	リフレーミング後	No.	前の表現	リフレーミング後
1	49歳	人生これからの年齢	21		
2	統合失調症	病名が確定しており、治療法もある	22		
3	大学時代に発病	自我が侵食されていない	23		
4	再発再入院	服薬中断など理由がある	24		
5	教師を退職	教師以外にも仕事の道はある	25		
6	内向的な性格	シャイな人柄	26		
7	ストレスを溜めやすい	まじめ	27		
8	隣人宅に押しかける	行動力がある	28		
9	措置入院	本人や周りを保護できた	29		
10	院内作業や病棟レクリエーションに不参加	一定の価値観がある	30		
11	家族の受け入れ条件が整わない	家族がいる	31		
12	退院のめどが立たない	病状レベルでは問題ない	32		
13	退院意欲の低下	誰でもそうなる	33		
14	主治医が何回か交替する	いい主治医に巡り会えるかも	34		
15	退院話もうやむや	まだチャンスはある	35		
16			36		
17			37		
18			38		
19			39		
20			40		

> ソーシャルワーカーとしての実践力を養うSTEP Ⅳでは、事例に対するアセスメントや支援計画を考えるために、ワークシートやマトリックス表などを使った問題を設定しました。以下に例示するように、各問題に対応したワークシートなどを活用して、アセスメントやケアプランを完成させてみましょう。ワークシート等は、247頁以降に基本フォーマットがあります。

STEP Ⅰ（基礎編）
STEP Ⅱ（技法編）
STEP Ⅲ（応用編）
STEP Ⅳ（展開編）

問題2 次のマトリックスを用いて、Mさんの個別アセスメントを完成させてみましょう。

質・個人の性格	技能・才能
シャイな性格 まじめ 人生これからの年齢 自我が侵食されていない 病状が安定している	大学を卒業している 教員免許（理科）がある 就労経験がある 行動力がある
環境のストレングス	関心・願望
実家がある 兄と妹がいる 精神障害者保健福祉手帳を取得している 看護師・精神保健福祉士が熱心	小動物が好き 子どもが好き （本当は）退院したい

問題3 Mさんの個別ケアプランについて、次の表を用いて作成してみましょう。

1．援助の目標（本人の希望を基本に）

退院し、実家の近くで仕事をしながら暮らす

2．具体的な長期目標（本人の夢や願望）

自分の関心や技能、才能を活かした暮らし

3．短期目標

	支援内容など	支援担当者
1)	退院後の生活イメージをつくる	
2)	障害年金の申請と受給	
3)	関心や技能・才能が活かせる仕事の調査	
4)	仲間づくり	
5)	家族心理教育	
6)	市の担当保健師と連携	
7)	地元の民生委員との連携	

4．特記事項

（長期目標が達成できそうにない場合の次善の策やオプション、時間をかけないでできること、本人の願望など）
実家近くのアパートに住むことが困難な場合は、同じ市内に居住の場を拡大して考える。

問題4 次のマトリックスを用いて、N市の地域アセスメントを完成させてみましょう。

> このマトリックス（SWOT分析）の内容については、244頁を参照してください。

目標	機会（O）	脅威（T）
・精神障害当事者グループの育成と支援 ・精神保健福祉ボランティア講座の開催 ・上記の2課題を推進するための地域ネットワーク活動の促進	・O1 計画行政によるまちづくりの推進 ・O2 NPO、ボランティア活動の組織化 ・O3 技術発展による交通手段の多様化（電動スクーター、電動車いすの充実） ・O4 地域自立支援協議会が設置されている ・O5 病院や施設から地域生活への移行が国の政策になっている	・T1 首都直下型地震等大規模地震発生の懸念 ・T2 高齢化の進展 ・T3 単独世帯の増加 ・T4 無縁社会化 ・T5 地域経済の低迷
強み（S） ・S1 都市化の進展 ・S2 電車・バス等公共交通機関の充実（首都圏への高い交通利便性） ・S3 20万人と人口が多い ・S4 人の集まる施設（公民館、デパート、球場、遊園地等）が多い ・S5 地域活動支援センターが5か所ある ・S6 グループホームが1か所ある ・S7 精神科病院が市内に1か所ある ・S8 精神科診療所は3か所ある ・S9 市には20人の保健師と、病院や施設に合わせて14人の精神保健福祉士がいる ・S10 関係機関との連絡会や業務連絡会が他の市とも合同で組織されている	・交通の利便性を生かした広域交流拠点 ・NPO、ボランティアが活躍しやすい環境づくり ・スタッフが多いので結びつける	・障害者や高齢者が暮らしやすいまちづくり ・障害者を中心にN市ブランドの開発 ・障害者が働けるまちづくり

STEP I（基礎編） STEP II（技法編） STEP III（応用編） **STEP IV（展開編）**

弱み（W）		
・W1 道路のバリアフリー化が進んでいない ・W2 主要の駅から離れた商店街は空き店舗が目立つ ・W3 相談窓口が足りない ・W4 都市化による人口増加（マンション等集合住宅の増加） ・W5 自治会加入率の低下 ・W6 ホームヘルプサービスの利用者が少ない ・W7 一般就労に向けた自立訓練事業を行う事業所がない ・W8 地域家族会はあるが、活動は弱い ・W9 精神保健福祉ボランティアグループは設立されていない ・W10 精神障害者のセルフヘルプグループも組織されていない	・市民が主役のまちづくりの推進 ・空き店舗を活用して地域サロン・相談窓口の創設 ・就労支援の事業所をつくる	・災害に強いまちづくり ・小地域福祉コミュニティの創設 ・グループホームの計画的整備

問題5 N市に必要とされる新たな地域ケアシステムについて、次の表を用いて考えてみましょう。

名　称 (立ち上げプロジェクト名)	魔法のじゅうたん社　（仮称）		企画日　2013／02／16
			企画者名：
目　的	地域で足の確保が必要な住民への外出支援サービス		推計ニーズ量：月　　　回
設置主体	社会協同組合	運営主体	運営委員会方式 事務局：
利用対象	足の確保が必要な住民	主に高齢者・障害者	組合員である者
主なサービス内容	買物支援	理美容支援	配達支援
	銭湯支援	通院支援	生活用具の修理支援
機　能	お店等と個別に契約して顧客を紹介		サービス提供者：登録した有料ボランティア
財源①	利用者は組合員に登録（年会費制）		利用料金は利用回数・時間ごと（別途料金表あり）
財源②	お店は出資金の拠出（年会費制）		利用ごとにお店からのバックマージンの支払い
参加予定団体・組織 (該当を○で囲む)	行政機関（　　　　　課）・社会福祉協議会・ボランティアセンター・民生委員・児童委員・社会福祉法人・NPO法人（　　　　　　）・住民参加型在宅福祉サービス組織・生活協同組合、福祉協同組合、農業協同組合、漁業協同組合、ワーカーズ・コレクティブ・当事者組織・セルフヘルプグループ・ボランティアグループ・町内会・自治会・コミュニティビジネス・地域包括支援センター・居宅介護保険事業所・PTA・商店街連合会・医療機関・一般企業・労働組合・その他の組織・団体・クラブ・サークル（　　　　　　　　　）		
当面の会議日程	2013年　　月　　日（　）午後6時～　　場所：公民館会議室 2013年　　月　　日（　）午後6時～　　場所：公民館会議室 2013年　　月　　日（　）午後2時～　　商店街連合会会議室		

事例 71 「私が主人公」の物語を磨く支援

✚ 事例の学習目標

1 ナラティブアプローチの理解を深める。
2 外在化の技法の活用を学ぶ。
3 ドミナントストーリーとオルタナティブストーリーの違いを理解する。

✚ 事例の概要

　Qさん（18歳、女性）は、元来まじめな性格で両親と3人暮らし。父親と同じ弁護士になりたいと、進学校に入学した。しかし、Qさんは自由な校風に馴染めず、まもなくして不登校がみられた。2年次の担任教諭の配慮で再び登校が可能となり、友人もでき、弁護士への夢もふくらんだ。しかし、大学を選ぶ時期になり、発熱や胃痛がみられ、再び登校が難しくなってきた。友人とも連絡をとらなくなり、家族とも話をしなくなった。その時、担任教諭の勧めもあり、Qさんは学校のRスクールソーシャルワーカー（精神保健福祉士）と面接することになった。初回の面接で、Qさんは学校に馴染めない自分は「社会の落ちこぼれ」であり、「生きる価値がない人間だ」と泣きながら話した。そして「不登校の娘」と父親は話をしてくれなくなったと付け加えた。そこで、Rスクールソーシャルワーカーは、Qさん自身が現状を変えようと頑張ってきたことに共感的態度を示した。その後の面接でも、RスクールソーシャルワーカーはQさんのつらさや苦しみに耳を傾けながら、Qさん自身の将来に対する不安を受け止めた。
　6回目の面接では、Qさんは「心に押し込めてきたことを言葉にすると、気持ちが楽になってきました」と笑顔で言えるようになっていた。そこでRスクールソーシャルワーカーは今までの記録を振り返りながら、「人が問題ではなく、問題が問題と考えてみましょう」と提案した。Rスクールソーシャルワーカーが「今まで、Qさんを苦しめてきたものを何かに例えることができる？」と質問すると、少し間をおいて、Qさんは「幽霊……。ふっと現れて、私を不安にさせるのです……。その時はよりいっそう頑張って勉強してきました」と答えた。
（質問1）
　Rスクールソーシャルワーカーが「その『幽霊』はどのようにQさんを苦しめてきたの？」と続けると、Qさんは「高校に入って……、頑張ろうと思うと幽霊が出てきて、熱が出たり、胃が痛くなるのです。それで、学校に行くのが怖くなるんです……」と話した。そこで、RスクールソーシャルワーカーはQさんに、「幽霊が消えるように一緒に戦略をねってみよう！」と声をかけた。Qさんは「私は自分自身が問題児だと思い、学校に行けない自分を責めてばかりでした。幽霊さえいなくなれば問題がなくなると思えると気分が楽になりました」とほほ笑みながら涙を流した。

次の面接で、Rスクールソーシャルワーカーは幽霊が出てくるQさんの人生の物語に名前をつけることを提案した。Qさんは「『幽霊に支配された物語』……」と言うと黙ってしまった。その沈黙を共有したあと、RスクールソーシャルワーカーはQさんとの面接を振り返り、弁護士を目指して希望した高校に入学したこと、心のこもった弁当を作ってくれる母親がいること、ノートを見せてくれる友人がいること、そしてQさん自身が今の生活を変えようとしていることを確認し、「これって、『幽霊に支配された物語』かしら？」と語りかけた。するとQさんはあふれる涙とともに、「……応援してくれる人に囲まれていたんですね。頑張っている自分にも気づくことができました……」と語った。そして、RスクールソーシャルワーカーはQさん自身のことを信じて『物語』を作り直してみることを提案した。

　２週間後の面接では、Qさんが「『幽霊に支配された物語』は、自分のことを苦しめていました！」と言葉にすることができ、Rスクールソーシャルワーカーは、「今のQさんなら幽霊を消して、物語のタイトルを変えることができると思うの。一度、お父さんに気持ちを伝えてみたら？」と即応した。その言葉に勇気を得たQさんは、帰宅後父親に思っていることを打ち明けた。すると、父親はQさんが泣いたりイライラしたりしている姿をみて、どのように声をかけてよいのかわからなかったということが明らかになった。そして、次の面接でQさんは、「父は私を嫌っていたのではなく、焦っていた私を見守ってくれていたことがわかりました」と伝えた。父親に嫌われていると思った理由に関して「幽霊のしわざかも……。親といるときは幽霊が出てこないんですもの！」と笑顔で語った。そこで、Rスクールソーシャルワーカーは、次回は両親も交えて面談をすることを提案した。（質問２）

　そして、QさんはRスクールソーシャルワーカーの支援を受けて、両親の前で自分の物語の出来事を語り始めた。父親と同じ弁護士になる夢、進学への頑張り、校風に馴染む努力、友人の応援、両親の見守りなどが言葉にされた。そして、Qさんは「これが私の人生です。今思うと『女神さまがほほ笑んでいる物語』というタイトルですね」と語った。（質問３）

　両親もうなずきながら、Qさんの語りを聞いていた。その後、Qさんはありのままの自分を受け容れることができ、両親や友人の力を借りながら、再び登校できるようになった。

考えてみよう！

質問１　Rスクールソーシャルワーカーの質問方法は、Qさんの思いをどのように変化させましたか？

質問２　Rスクールソーシャルワーカーが両親も交えて面談することを提案した意図は何でしょうか？

質問３　『幽霊に支配された物語』（ドミナントストーリー）と『女神さまがほほ笑んでいる物語』（オルタナティブストーリー）の違いには、どのようなものがありますか？

問題1 RスクールソーシャルワーカーがQさんに「人が問題ではなく、問題が問題と考えてみましょう」と提案した意味について考えてみましょう。例えば、「Qさんが問題である」ととらえた場合と、「問題が問題である」ととらえた場合では、Qさんにとってどのような違いがあるでしょうか。そのほか、考えられることをあげてみてください。

問題2 Qさんが自身を苦しめてきたものに名前をつける意味について考えてみましょう。例えば、「Qさんの苦しさ」ととらえた場合と、「Qさんを苦しめてきたもの」ととらえた場合では、Qさんにとってどのような違いがあるでしょうか。そのほか、考えられることをあげてみてください。

問題3 Qさんの人生の物語において、「幽霊に支配された物語」から「女神さまがほほ笑んでいる物語」にタイトルを変えることができたRスクールソーシャルワーカーの支援について考えてみましょう。例えば、「幽霊が消えるように一緒に戦略をねってみよう」という言葉によって、Qさんは問題をどのようにとらえることができますか。RスクールソーシャルワーカーがQさんに働きかけたことを列挙しながら、そのほかについても考えてみましょう。

問題4 Qさんが「女神さまがほほ笑んでいる物語」を両親に語る意味について考えてみましょう。例えば、Qさん自身が「女神さまがほほ笑んでいる物語」と書き換えたものを両親に語ることで、両親はどのような気持ちを抱くでしょうか。そのほか、考えられることをあげてみてください。

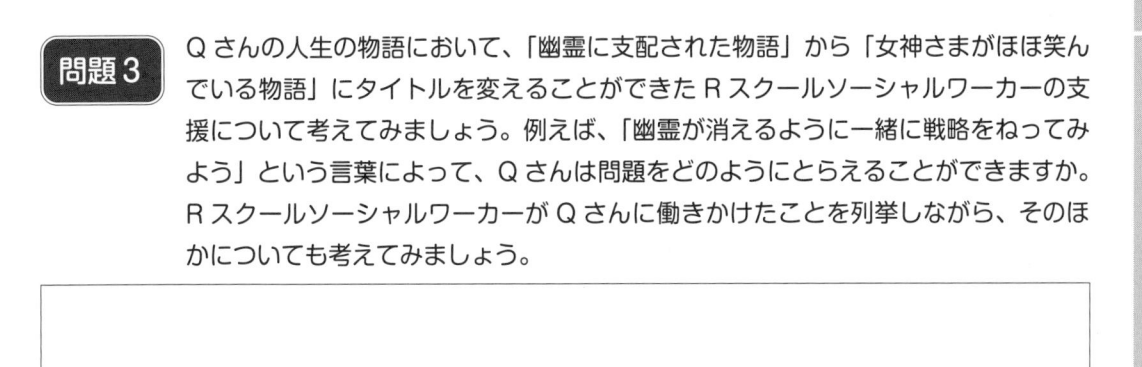

事例 72 心理教育を活用した精神障害者の家族への支援

◆ 事例の学習目標

1 ひきこもる精神障害者の家族への理解を深める。
2 心理教育の活用を学ぶ。
3 ひきこもる精神障害者の家族への支援方法を学ぶ。

◆ 事例の概要

　Sさん（42歳、男性）は、工学部系大学の学生時代に統合失調症を発病し、22歳のときにT市の精神科病院に初回入院（4か月）した。退院後は、留年しながらも何とか大学は卒業し、一般企業に就職した。しかし、上司との人間関係に悩み、1年後に退職した。その後は自宅の自分の部屋に閉じこもり、好きな音楽とパソコンでインターネットをして過ごし、昼夜逆転の生活になってしまった。Sさんは退院当初は自分で通院していたが、徐々に外出するのを嫌がり、母親のUさん（65歳）が病院に出向くようになった。Sさんは服薬は何とかしているものの、食事は自分の部屋に運んで食べていた。Uさんは、病院のV精神保健福祉士に相談し、精神科デイケアに参加することを勧められたが、Sさんは話を聞いたときには乗り気になったものの、いざとなると「行っても無駄」と言って動こうとはしなかった。

　Sさんが30歳のときに、父親が定年退職して単身赴任から戻り同居するようになった。そしてSさんは、父親から働かないことを叱責されるとますます部屋に閉じこもるようになった。そのようななか、Uさんはこの状況を何とかしなければと思い、市報で見かけた保健所主催の統合失調症の家族教室に参加することにした。家族教室では、「1回目：病気を正しく理解する——精神科医師の講話、2回目：家族の対応——回復を促す家族の接し方、3回目：生活のしづらさとリハビリテーション——暮らしに役立つ社会資源、4回目：家族にできること——精神障害者をもつ家族の話」の計4回で、講話等が終わり次第、家族同士で「うれしかったこと」「困っていること」について、グループで茶話会が行われた。

　家族教室に参加したUさんは、統合失調症という病気のこと、子どもとのかかわり方、サービス等の社会資源について学ぶ機会になったものの、長くひきこもっている息子に対する気持ちを分かち合うことができずに、いつも疎外感をもって帰路についていた。それでも、グループ終了後に結成された家族会に参加していたが、Sさんのひきこもりは相変わらず続いていた。

　そんな矢先、父親が肺がんで他界した。その後、SさんはUさんと食事をするようにはなり、精神科訪問看護を利用するものの、「人の視線が怖い」等、依然として自宅から外出するのを嫌がった。

　現在、Sさんも42歳となり、Uさんは自分亡き後のことを考えるとどうにかしたいとV精

神保健福祉士に相談したところ、地域活動支援センターⅠ型の相談支援事業所にいるW精神保健福祉士を紹介された。UさんとW精神保健福祉士は相談の結果、W精神保健福祉士が定期的に訪問支援し、徐々にSさんにかかわるようにしていった。半年後から、少しずつSさんもW精神保健福祉士と居間でお茶を飲みながら会話ができるようになった。W精神保健福祉士は、無理に外出するような促しはせずに、Sさんの好きなことを一緒にして過ごすことから始めて、そこからSさんの外出のきっかけができればと考えていた。

　ある日、W精神保健福祉士は訪問の際にUさんから、統合失調症があってひきこもっている人は身近にほかにもいて、その家族が苦労しているということを聞いた。そして、最近、地域活動支援センターの電話相談でも、ひきこもっている精神障害者の家族からの相談が何件かあったことを思い出した。そこで、W精神保健福祉士はT市の地域自立支援協議会において、ひきこもる精神障害者とその家族への支援の必要性について問題提起し、会議で協議された。

　会議での検討の結果、T市の地域自立支援協議会の中にひきこもり支援部会を立ち上げ、精神障害者の家族の実態調査を実施することになった。さらに、ひきこもる精神障害者をもつ家族のサポートグループを地域活動支援センターで定期的に開催することにした。そこでは、最初のうちはW精神保健福祉士が中心に進行したものの、徐々に家族同士の支え合いも生まれ、普段でも互いの家族を訪問し合い支え合う活動が活発になっていった。

　ある日、UさんからW精神保健福祉士に、地域活動支援センターで精神障害者の家族の電話相談をさせてもらえないかとの申し出があった。3か月の準備の後、Uさんが中心になりサポートグループのメンバーが、交代で週1回家族の電話相談を実施することになった。そうすると、ひきこもっている精神障害者の家族からの相談が増えてきて、サポートグループの参加者も少しずつ増えてきた。

　そのような頃、Sさんも少しずつ地域活動支援センターのパソコン教室に顔を出すようになってきた。そしてある日、Sさんは「いずれは一人暮らしをしたい」と、将来の希望を語るようになった。

問題1 この事例をもとに、家族のUさんをリフレーミングして、下記の表に記入してみましょう（No.1を参考に）。

No.	前の表現	リフレーミング後	No.	前の表現	リフレーミング後
1	病院に出向くようになった	Sさんに協力的である	21		
2			22		
3			23		
4			24		
5			25		
6			26		
7			27		
8			28		
9			29		
10			30		
11			31		
12			32		
13			33		
14			34		
15			35		
16			36		
17			37		
18			38		
19			39		
20			40		

問題2 次のマトリックスを用いて、Sさんとその家族のUさんの個別アセスメントを完成させてみましょう（例示を参考に）。

質・個人の性格
Sさん
・生活を楽しめる人
Uさん
・アクティブな性格

技能・才能
Sさん
・大学を卒業している
Uさん
・リーダーシップ能力がある

環境のストレングス
Sさん
・母親の理解がある
Uさん
・相談する専門職がいる

関心・願望
Sさん
・音楽が好きである
Uさん
・息子に自立してほしい

問題3 この事例を参考にしながら、ひきこもりがちな精神障害者をもつ家族の家族教室プログラムを、265頁の表を用いて企画してみましょう。

事例 73 在職精神障害者（気分障害）の復職に向けた支援

事例の学習目標

1. 在職中に精神疾患に罹り、休職に至る要因について理解する。
2. 精神疾患に罹って休職した従業員の復職支援方法について学ぶ。
3. 復職に向けたチームアプローチの方法について理解を深める。

事例の概要

　X精神保健福祉士（28歳、男性）は、大学卒業後、精神障害者を主たる対象とする障害福祉サービス事業所（就労移行支援、就労継続支援事業B型、生活訓練）に3年間勤務した後に、障害者就業・生活支援センターに異動となり、3年目となる。このセンターはすべての障害者を対象とするが、精神保健福祉士は彼だけであったため、精神障害者の就業支援は、X精神保健福祉士が一手に引き受けていた。

　あるとき、気分障害で会社を休職中のYさん（30歳、男性）が精神科病院の紹介で来所した。主治医からの紹介状とYさんのインテーク面接から、退院に伴う復職の援助が主訴であることがわかった。そして、X精神保健福祉士は、さっそくYさんの復職に向けた支援を開始した。**（質問1）**

　Yさんは飲食店を全国で展開している会社の地方支社に勤務していた。仕事は、7〜8県で構成されるブロック内の各店舗の売上げ促進と人事サポートであった。各店舗の売上げ状況は厳しく、Yさんはブロック内の各店舗を精力的に回り、連日夜遅くまで売上げ増に向けた取組みを行っていた。しかし、Yさんがいくら頑張ってもなかなか効果が表れず、Yさんは次第に焦りと不全感を感じ始めた。自分のエネルギーがだんだんと枯渇していくのを感じ、自分だけが犠牲になっているという思いが支配的になり、とうとう出社を拒否し、精神科病院に受診、入院となり、休職に至ったとのことであった。入院後2か月で症状は回復し、復職しようと思ったが、休職の仕方が会社側の感情を逆なでし、会社は復職させることに慎重になっていた。そこで、主治医の紹介により障害者就業・生活支援センターへとつながったのであった。

　X精神保健福祉士は、復職準備性を整えるために、障害者職業センターの職場復帰支援の利用を考えたが、Yさん宅から遠いため断念した。そこで、市内のZ精神科クリニックがデイケアの一環としてリワークプログラムを行っていたことを知っていたので、主治医を通じて依頼した。その結果、Yさんは主治医診察も含めてZ精神科クリニックを利用することとなった。

　X精神保健福祉士は、Z精神科クリニックでリワークプログラムを担当しているA臨床心理士、新たな主治医とYさんとでケア会議を開き、週5日のリワークプログラムを通じてA

臨床心理士が復職準備性についての援助を行い、主治医が疾病管理を担い、X精神保健福祉士は産業医、会社の人事担当者およびYさんの直属の上司などとかかわりをもち、復職に向けた職場環境調整と復職後のフォローアップ等の援助を行うこととした。そして、X精神保健福祉士は本社の人事担当者が支社に来るときに会社を訪問し、Yさんの上司であるBさんを交えて面談した。

X精神保健福祉士の予想どおり、上司のBさんはYさんの復職に前向きではなかった。Bさんの話から、Yさんが突然出社しなくなり、引き継ぎもしないまま休職してしまったため、後始末をBさんが必死になってやったことなど、Bさんの負担はかなりのものであったことが想像できた。しかし人事担当者の説得で、体調が戻れば復職することに同意してくれた。

(質問2)

そこで、X精神保健福祉士は、Yさんの職務に関するアセスメントを行い、Bさんとともに、精神的負担がかからない職務にするための検討と復職方法について協議した。その結果、①担当店舗を半減させること、②仕事の状況を毎日Bさんに報告し、BさんがYさんの仕事状況を管理すること、③毎月1回、BさんとYさんとで面談すること、④当初3か月は支社内でリハビリ出勤し、無事にできたら復職とすることなどを確認した。

リワークプログラム開始4か月後に、ケア会議においてYさんの経過について、A臨床心理士から報告があった。Yさんは途中で焦りから体調を崩し、後退したこともあったが、現在は自分の体調に関する認知の歪みの修正、体力や精神的エネルギーの回復、生活リズムの回復、柔軟な思考の獲得などの復職準備性が整ってきたとのことであった。主治医からも、疾病管理も順調であることが報告された。

そこで、X精神保健福祉士の働きかけで、支社において、YさんとYさんの妻、本社人事担当者、上司のBさん、会社の産業医、X精神保健福祉士、Z精神科クリニックのA臨床心理士による職場復帰に関するケア会議を会社主催で行った。Z精神科クリニックの主治医には書面で参加してもらった。

その結果、翌月からのリハビリ出勤が決まり、3か月後に再度復職判定会議を開き、経過が順調であれば正式に復職となることとなった。**(質問3)**

考えてみよう！

質問1 この時点におけるYさんの復職に向けたプランを検討しましょう。
質問2 この時点におけるYさんの復職に向けたストレングスをあげてみましょう。
質問3 Yさんが復職に成功した要因をあげてみましょう。

問題1 この事例をもとに、Yさんの問題点と思われる40項目をリフレーミングして、下記の表に記入してみましょう（№1を参考に）。

No.	前の表現	リフレーミング後	No.	前の表現	リフレーミング後
1	出社拒否	病状悪化を食い止められた	21		
2			22		
3			23		
4			24		
5			25		
6			26		
7			27		
8			28		
9			29		
10			30		
11			31		
12			32		
13			33		
14			34		
15			35		
16			36		
17			37		
18			38		
19			39		
20			40		

問題2　次のマトリックスを用いて、Yさんの個別アセスメントを完成させてみましょう（例示を参考に）。

質・個人の性格	技能・才能
・責任感が強い	・仕事の能力がある

環境のストレングス	関心・願望
・リワークプログラムを行っているクリニックが近くにある	・復職したい

問題3　Yさんの復職までを想定した個別ケアプランについて、262頁の表を用いて作成してみましょう。

事例 74 ICFをもとに作成した個別アセスメントシートを活用した居住支援

✚ 事例の学習目標

1. 国際生活機能分類（ICF）を活用したアセスメントの方法について学ぶ。
2. 居住支援にかかわるクライエントのニーズについて理解を深める。
3. 居住支援にかかわるソーシャルワーカーの役割について理解を深める。

✚ 事例の概要

　Cさん（66歳、女性）は、D市内にあるEグループホーム（以下、Eホーム）で暮らし始めて、今年で10年目を迎える。Cさんは明るく温和な人柄で、世話好きということもあり、若い入居者が多いEホームでは、母親的な存在であった。

　Cさんは高校を卒業後、食品会社の事務員として働いていた。まじめで、仕事も正確であったため、上司や同僚からの信頼も厚かった。25歳のとき、「自分の考えが、周りの人に知られてしまう」「私の中の仏様が苦しめる」などの訴えが現れ、家族の勧めで精神科病院を受診し、統合失調症の診断を受け、そのまま入院となった。

　それ以降30年間、入院生活を送っていたが、同じ病室で長い間一緒に生活していたFさんがEホームに退院したことをきっかけに、退院への意欲が高まり、Eホームへの入居となった。

　年の瀬のある日、宿直勤務に入ったEホームの世話人であるGさん（サービス管理責任者を兼務、精神保健福祉士）は、夕食後にいつものように入居者と談笑していると、階段のほうから「キャー」という悲鳴とともに、「ガタガタガタ」と大きな転落音を聞いた。驚いたGさんが他の入居者とともに階段に駆けつけると、Cさんが階段下でうずくまり、呻き声をあげていた。Gさんは、すぐに救急車を呼び、CさんはD市内のH病院（総合病院）に搬送された。

　Cさんを診察したH病院の医師は、右の肩（上腕骨頸部）を骨折しており、患部を医療器材で固定する手術が必要であること、術後は、リハビリテーションを含めて3週間程度の入院加療を要すること、術後の筋力低下や肩の可動域（肩が動かせる範囲）の制限により家事や入浴などの面で当分の間、介助を必要とすることなどをCさんとGさんに告げた。

　Cさんは手術後、早期に開始したリハビリテーションの効果もあり、2週間が経過した頃には、洗面や食事などをゆっくりながらも一人でできるまでに回復した。そのため、主治医からは、1週間後の退院を告げられた。このことを受けて、Cさん、Gさん、H病院の主治医および理学療法士との間で、退院に向けた話し合いがなされた。このなかで、確認された情報は、以下のとおりである。

□Cさんは、元の暮らしの場であるEホームに1日でも早く帰り、入院前の生活を取り戻したいと思っている（Cさん本人からの情報）。

□退院後もリハビリテーションのために週2回の通院が必要（医師、理学療法士からの情報）。
□利き手側の肩の可動域が十分ではないため、家事や入浴など肩を大きく動かす活動については、介助が必要となる（理学療法士からの情報）。

以上の情報を踏まえ、Gさんは、上司であり、Eホームの管理者であるIさん（精神保健福祉士）とともに、Cさんの退院後の受入れについて話し合い、次のことを確認した。

□Eホームは、障害者総合支援法における共同生活援助のみの申請で運営されており、世話人の配置が十分ではない。現時点で、常勤の世話人はGさんのみ。非常勤の世話人が、朝食前から夕食後にかけて交代で勤務しており、Gさんと非常勤の2名による世話人の体制である。さらに、夜間は世話人による支援体制がない。そのため、Cさんの介助をEホームの職員が担うことには限界がある。

□Eホームは、民間企業の古い寄宿舎を借り上げて使用しており、玄関や階段、風呂場の構造などに障壁が多い。Cさんは、大きなけがこそないが、加齢による身体の衰えのせいか、ここ2年ほど階段や風呂場での転倒を繰り返している。肩が自由に動かないことによって、Eホーム内での転倒のリスクがさらに高まったことが予測される。

□Cさんの親族は、他県に住む遠縁の親戚しかいない。生活保護を受けているため、Eホーム以外の住居を設定することは難しい。

□先日のEホーム入居者のミーティングで、Cさんの退院が話題になった。Cさんと仲のよい入居者のFさんからは、2階にあるCさんの部屋と1階にある自分の部屋を交換しても構わないとの申し出があった。また、Cさんの世話になることが多い入居者のJさんとKさんからは、Cさんが帰ってきたらできる限りのサポートをしたいとの申し出があった。他方、入居者のLさんとMさんからは、「再びCさんのために救急車を呼ぶことになれば、近所で何を言われるかわからない。近所でトラブルがあるたびにEホームが疑われるし、できればCさんには戻ってきて欲しくない」との意見が聞かれた。

Gさんは、Cさんの退院について、再度、Cさん、H病院の主治医および理学療法士と話し合う場を設けた。そのなかで、Cさんは、「絶対にEホームに帰る。30年間の精神科病院での生活からようやく自由になれた。Eホームで自分の人生を取り戻している最中なんだから」と涙ながらに語った。

問題1 ICFの考えをもとにして、Cさんのリフレーミングおよび個別アセスメントをしてみましょう（例示を参考に）。

[現に生じている健康と生活の問題状況]	
[心身機能／身体構造の状況] （否定的側面） ・右肩が自由に動かない （肯定的側面） ・加齢による衰えはあるが、右肩以外の心身の機能に目立った問題はない	**[活動／参加の状況]** （否定的側面） ・家事や入浴など肩を大きく動かす活動ができない （肯定的側面） ・洗面や食事など自分でできることもある
[環境の状況] （否定的側面） ・住居に障壁が多い （肯定的側面） ・Cさんにとっては住み慣れた住居である	**[個人の状況]** （否定的側面） ・精神科病院とEホーム以外での生活経験があまりない （肯定的側面） ・Eホームで暮らすという意志が強い

問題2 Cさんの個別ケアプランについて、262頁の表を用いて作成してみましょう。

事例 75 ストレングスを活用した統合失調症患者への生活支援

事例の学習目標

1. アセスメントに先立って精神障害のある人のリフレーミングの方法を習得する。
2. 入院中の統合失調症患者のストレングスアセスメントを習得する。
3. 退院を前提とした精神障害のある人のストレングスモデルの個別ケアプランを作成する。

事例の概要

　Nさん（53歳、男性）は、結婚歴はなく独身。統合失調症が発病したのは21歳のときである。30年前から十数回の入退院を繰り返し、半年ほど前からO精神科病院の開放病棟に入院中であった。O精神科病院のP精神保健福祉士は病棟でのケアカンファレンスからNさんにかかわることになった。カンファレンスの焦点は、Nさんの病棟での療養態度であった。

　例えば、起床時間になっても起きようとせず、卓球や歌、絵画や散歩などの日中の病棟プログラムにも一切参加しない。やや小太りで糖尿病があるにもかかわらず、コーヒーに砂糖を何杯も入れて日に3度、4度と飲んでおり、とにかく甘いものが好きである。入浴を嫌い、いつ洗濯したかわからない汚い寝間着で一日中病棟をブラブラしている。夜は眠れないと何度もナースステーションに睡眠薬を求めに来る。頑固な性格で同室の患者と些細なことですぐ口論する。主治医からは、急性期の症状はなく、服薬にも問題はないが、心気的訴えが強く、退院はまだまだ先になるとの意見が出された。数日前に近隣の地域活動支援センターを見学したが、内職仕事のような作業を見て「あんなの仕事じゃない」と言い、通うことを勧めてもあっさり拒否する。現実認識に乏しく、若いときに専門学校で学んだ写真技術から、プロカメラマンの夢を捨てきれず、他の選択肢に見向きもしない。2年前に亡くなった母親の遺産がもう底を突いたというのに生活保護を申請しようとしない等々である。また、入院費を3か月間滞納しており、O精神科病院の事務方からも、Nさんに生活保護を申請するよう説得してほしいと、P精神保健福祉士に依頼があった。

　なお、現在のNさんの所持金は5万3000円である。所持しているカメラは一眼レフの年代物であるが、新品であれば20万円はする。病棟の起床時間は午前6時30分、朝食は午前7時30分からである。母親は2年前に亡くなっており、他に身寄りはない。

　さて、Nさんは街のやや外れにある小高い丘に建てられた完全開放の単科のO精神科病院に入院している。母親と暮らしていた自宅は街中にあり、病院からは歩いて20分ほどの距離である。自宅や病院のある街は大都市であるが、近くの私鉄の最寄り駅からは歩いて30分ほど離れている。街には、さまざまな商店やスーパーマーケット、銀行、遊技場、飲食店、映画館などがあり、いつも賑わっている。また、図書館や公園、子どもの遊び場、小学校や中学校もあり、少し歩くと1級河川があり、生活しやすい環境でもあるため、最近ではマンションが

次々と建設され、人口が膨らんでいる。子育て世代が多く、そのため高齢化率は市内でも16％とそう高くない。

P精神保健福祉士はNさんを支援するにあたっては、Nさんのストレングスを発見し、それを活かすことが必要と考えた。

問題1 この事例をもとに、Nさんの問題点と思われる40項目をリフレーミングして、下記の表に記入してみましょう（No.1を参考に）。

No.	前の表現	リフレーミング後	No.	前の表現	リフレーミング後
1	頑固な性格	意志が強い	21		
2			22		
3			23		
4			24		
5			25		
6			26		
7			27		
8			28		
9			29		
10			30		
11			31		
12			32		
13			33		
14			34		
15			35		
16			36		
17			37		
18			38		
19			39		
20			40		

問題2 次のマトリックスを用いて、Nさんの個別アセスメントを完成させてみましょう（例示を参考に）。

質・個人の性格	技能・才能
・意志が強い	・写真技術がある

環境のストレングス	関心・願望
・自宅がある	・コーヒーが好き

問題3 Nさんの退院後までを想定した個別ケアプランについて、262頁の表を用いて作成してみましょう。

事例 76 気分障害のある青年へのインフォーマルな資源を活用した支援

✝ 事例の学習目標

1　インフォーマルな支援のあり方について学ぶ。
2　チームアプローチの方法を理解する。
3　連携のあり方について学ぶ。

✝ 事例の概要

　Qさん（27歳、男性）は、教育大学を卒業後、塾の講師として働いていた。現在は、58歳の父親と55歳の母親、23歳の弟と4人で暮らしている。29歳の姉はすでに結婚し、隣市に夫と住んでいる。

　Qさんはもともと子どもが好きで、大学時代は週末ごとに母校である小学校のサッカー部に行き、ボランティアで子どもたちの指導をしていた。また、家庭教師のアルバイトもしていた。教える仕事が自分には向いていると感じ、就職は迷うことなく塾講師を選んだ。仕事には、大きなやりがいを感じていた。

　Qさんは、保護者や生徒の期待に応えようと、授業の準備や保護者との面接などに力を注いだ。勤務時間が終わった後も、夜遅くまで職場に残る日々が続いた。しかし、塾では、生徒の成績や受験に対する保護者の高い要求があった。保護者からのクレームもたびたび寄せられた。こうしたクレームや同僚との人間関係は、Qさんにとって次第に大きなストレスとなっていった。

　就職して1年半が経った頃から、気分が沈み、やる気が出ず、夜も眠れなくなる日々が続いた。上司の勧めで受診した精神科クリニックで、Qさんは気分障害と診断され、薬が処方された。その後Qさんは、服薬はしていたものの症状は改善せず、仕事を休む日が徐々に増えた。Qさんは体調を回復させることが最優先だと考え、自宅で療養することを決心し仕事を辞めた。その後、定期的な通院・服薬で症状は改善したものの、Qさんはまったく外出しなくなり、自宅にこもる生活が、その後約3年間続いた。

　ある日Qさんは、通院している精神科クリニックのR精神保健福祉士に紹介された近隣の障害者就労支援センターを、母親とともに訪れた。Qさんは、23歳の弟がこの春、大学を卒業し就職したことをきっかけに、自分も働きたいと考えるようになったと、障害者就労支援センターのS精神保健福祉士に話した。母親は、Qさんの希望を叶えるために、自分はもちろん、父親や結婚した姉夫婦も協力するつもりであるという家族の意向を伝えた。しかしQさんは、就職することを強く希望してはいるものの、まだ自信がないとも語った。具体的には、すぐにフルタイムで働くことが体力的にも精神的にも難しいのではないかと思っていること、長い期間、外出をしておらず家から出るのが不安なこと、家族以外の人とかかわることに自信

がないことなどをS精神保健福祉士に打ち明けた。**(質問1)**

また、Qさんは、R精神保健福祉士にも前回の外来受診の際に話をしたと語った。とても信頼しているR精神保健福祉士とも、就職に関しては一緒に考えていきたいと希望した。早速S精神保健福祉士は、R精神保健福祉士に連絡をとった。

1週間後、Qさん、母親、姉夫婦、主治医、S精神保健福祉士、R精神保健福祉士でカンファレンスを行った。Qさんは最初は緊張した面持ちであったが、S精神保健福祉士の働きかけで少しずつ自分の言葉で気持ちや思いを伝え始めた。Qさんは、まだ正社員で働くのには自信がないこと、まずは家から出る機会を少しずつ増やしたいこと、家族以外の人たちとかかわる場が欲しいことなどを参加者に話した。**(質問2)**

話し合いのなかで義兄より、Qさんの自宅から電車で30分のところにある、義兄が経営する喫茶店で週2日程度のアルバイトをしてはどうかとの提案があった。この喫茶店には、Qさんと仲の良い姉も働いているため、Qさんは快諾した。そして、そこでの仕事に慣れてから、一般企業への就職を考えたいと話した。また、R精神保健福祉士から、その地域にある病院や事業所などに勤務する精神保健福祉士たちが企画・運営している障害者フットサル交流会への参加が提案された。Qさんは、大好きなフットサルをやりたいこと、そこで運動不足を解消し、就職に向けて体力づくりをしたいと思うこと、また、スポーツを通して仲間づくりをしたいことなどを話し、参加に意欲的な姿勢を見せた。さらに、同じ市内にある大学のボランティアサークルが主催するイベントへの参加も提案された。このイベントでは、映画やボウリング、小旅行、ハイキング、バーベキューなどが月1回定期的に実施されている。このイベントは当初、地域で生活する精神障害者とボランティアが参加していたが、年数を重ねるうちに地域住民も参加するようになり、多くの人たちの交流の場になっている。Qさんは、そこで家族以外の人と交流する機会を得たいと参加を希望した。**(質問3)**

考えてみよう！

質問1 Qさんの自信のない思いを表した発言をリフレーミングし直すと、どのようになりますか。

質問2 このときのS精神保健福祉士の働きかけとして、どのようなものが考えられますか。

質問3 この後、どのようにしたらかかわる機関や団体・個人などの連携が図られると思いますか。

問題1 この事例をもとに、Qさんの問題点と思われる40項目をリフレーミングして、下記の表に記入してみましょう（№1の例を参考に）。

No.	前の表現	リフレーミング後	No.	前の表現	リフレーミング後
1	就職に対する自信のなさ	自信のないことへの具体的な対応が可能	21		
2			22		
3			23		
4			24		
5			25		
6			26		
7			27		
8			28		
9			29		
10			30		
11			31		
12			32		
13			33		
14			34		
15			35		
16			36		
17			37		
18			38		
19			39		
20			40		

問題2 次のマトリックスを用いて、Qさんの個別アセスメントを完成させてみましょう（例示を参考に）。

質・個人の性格	技能・才能
・他者や周囲からの期待に応えようという意欲がある	・教えることができる（教える技術をもっている）

環境のストレングス	関心・願望
・家族がサポートしようとしてくれている	・働きたい

問題3 Qさんの個別ケアプランについて、262頁の表を用いて作成してみましょう。

事例 77　スーパービジョンによる新人ソーシャルワーカーへの支援

✚ 事例の学習目標

1. スーパービジョンにおけるストレングスアセスメント表の活用について学ぶ。
2. スーパービジョンにおけるリフレーミング技法の活用について学ぶ。
3. グループを活用し、スーパーバイジーのもつ支援方法のレパートリーが広がるよう支援することを学ぶ。

✚ 事例の概要

　Ｔ県には、県内の児童養護施設の職員を対象に、ストレングスモデルに基づくスーパービジョンを行うグループがある。このグループは、２か月に１回、１回２時間で実施され、参加メンバーは12名である。スーパーバイザーをベテランの家庭支援専門相談員が担い、毎回３〜４名がスーパーバイジーとして担当ケースの報告を行っている。

　ある回で、Ｕ児童養護施設に勤務する児童指導員Ｖ社会福祉士（23歳、男性）が、施設に入所するＷ君（10歳、男子、脳性まひ）の父親Ｘさん（45歳、男性）とのかかわりを報告することになった。Ｖ社会福祉士は、Ｘさんに関するストレングス・アセスメント表を参加者に配布し、Ｘさんとのかかわりの概要を説明し始めた。

　Ｖ社会福祉士がＸさんとかかわるようになったのは、Ｖ社会福祉士がＷ君の入寮する棟を担当するようになったときからである。Ｖ社会福祉士はＸさんと、Ｗ君の学校での様子や外泊などについて連絡を取り合ってきたが、１か月ほど前からは、Ｗ君の身体障害者手帳の障害等級再認定の対応について相談している。

　Ｗ君が身体障害者手帳３級を取得したのは、５年前である。当時、Ｘさんは離婚し、仕事とＷ君の養育との両立が困難な状態となっていた。そこで、児童相談所と相談し、Ｗ君が自宅で一人で過ごせるようになるまで、肢体不自由児施設に入所し機能訓練を受けさせることにした。手帳はそのときに取得した。取得の際、５年後の再認定を要する旨の要件が付されており、今年がその再認定の年にあたる。その後、Ｗ君は他の入所児童に比べ、ＡＤＬが高く訓練への動機づけが乏しくなりがちなことから、３年前にＷ君の家庭引き取りも視野に、Ｘさんの住むＹ市のアパートに近いＵ児童養護施設に措置変更となった。Ｕ児童養護施設では、Ｗ君の基本的な日常生活習慣の確立と家庭引き取りが可能となる環境の整備を目標に、Ｗ君の支援に取り組んでいるところである。

　手帳の再認定にあたりＶ社会福祉士はＸさんと面接を行ってきたが、懸案事項となったのが診断書の作成に関することであった。手帳取得の折には、手帳申請に精通していると評判のＺ指定医のことを知人から聞きつけてきたＸさんが、自分の車でＷ君をＺ指定医まで連れて行き、診断書を作成してもらっていた。今回もこのＺ指定医に依頼したいというのがＸさん

の希望であった。しかし、Xさんは昨年交通事故に遭い、そのときの怪我の後遺症で杖歩行となり、加えて失職して生活保護を受給する際に車を手離したことから、W君を自分の車でZ指定医まで連れていくことが困難となっていた。しかも、Z指定医は電車で2時間ほどのところにあり、歩行の不安定なW君をXさんが電車で連れていくことも困難であった。そこで、U児童養護施設は、施設近くの指定医で診断書の作成を行うことを条件に、再認定の手続きの代行を施設が行うことを提案していた。しかし、Xさんは「診断書の書きぶりが障害等級に影響するのでしょう。理解が十分でない医者の書いた診断書で、等級が下がったらどうするんですか」と、面識のない施設近くの指定医に依頼することに難色を示し、話し合いは平行線となっていた。V社会福祉士はXさんと再度話し合うことを約束しており、その前に他に方法がないか考えたいとスーパービジョンを希望したのであった。**(質問1)**

「Z指定医にこだわるXさんのわがままに困っています。これからXさんとどのようにかかわっていったらよいかアイデアをいただけないでしょうか。よろしくお願いします」と、V社会福祉士の希望が確認され、参加者はこの課題にともに取り組んでいくことになった。参加者とV社会福祉士との間で質疑応答が行われ、Xさんのストレングスに関する情報収集が行われた。その結果、次の点がさらに明らかとなった。

XさんはT県の隣県の出身で、田舎には年に数回連絡をとっている兄がいる。兄はW君のことを気にかけており、Xさんを通じて兄からW君に文具が届けられたこともあった。離婚した妻は他県で再婚しているが、XさんやW君に連絡を寄こしたことはない。W君は父親のXさんのことを慕っており、自宅への外泊を楽しみにしている。また、Xさんは町工場に15年間勤めており、退職後自宅での生活が中心のXさんを心配し同僚が訪ねてきたこともある。Xさんは事故後、身体障害者手帳4級を取得した。Y市には地域生活支援に取り組む障害者支援施設や相談支援事業所がある。**(質問2)**

質疑応答の後、V社会福祉士を除く参加者全員で、今後の支援案をブレインストーミングを用いて、検討していくことになった。参加者からは次々にアイデアがあげられ、それをV社会福祉士は黙々と書留めていった。その結果、20にものぼる支援の選択肢のリストが作成された。**(質問3)**

スーパーバイザーがV社会福祉士に、取り入れられそうなアイデアがあるか尋ねると、V社会福祉士は、「沢山の選択肢をもらいました。このリストをXさんにも見てもらい、どの方法を実行できるか一緒に検討したいと思います」と答えた。

考えてみよう！

質問1 Xさんが希望していることは何でしょうか。

質問2 Xさんのストレングスの発見に向け、ほかにどのようなことがわかるとよいでしょうか。

質問3 診断書作成の依頼先として、考えられるところをあげてみましょう。また、「地域は資源のオアシス」との立場から、児童養護施設のほかにXさんがアクセスできる資源がないか考えてみましょう。

| 問題1 | この事例をもとに、Xさんの問題点と思われる40項目をリフレーミングして、下記の表に記入してみましょう（No.1の例示を参考に）。|

No.	前の表現	リフレーミング後	No.	前の表現	リフレーミング後
1	面識のない施設近くの指定医に依頼することに難色を示す	W君の状態をよく理解したうえで、適切な診断書を書ける指定医を希望している	21		
2			22		
3			23		
4			24		
5			25		
6			26		
7			27		
8			28		
9			29		
10			30		
11			31		
12			32		
13			33		
14			34		
15			35		
16			36		
17			37		
18			38		
19			39		
20			40		

問題2 次のマトリックスを用いて、V社会福祉士の説明からXさんに関する個別アセスメントを完成させてみましょう（例示を参考に）。

質・個人の性格	技能・才能
・要望をはっきりと述べる	・身体障害者手帳を申請した経験がある

環境のストレングス	関心・願望
・連絡を取り合う兄がいる	・W君を家庭に引き取る目標がある

問題3 Xさんの個別ケアプランについて、262頁の表を用いて作成してみましょう。

事例 78

震災後に仮設住宅で生活する世帯への支援

✚ 事例の学習目標

1 被災した人たちの生活への理解を深める。
2 住民同士のネットワークの活かし方を学ぶ。
3 被災した人たちの生活再建や地域の再生・復興の意味を考える。

✚ 事例の概要

　Aさん（57歳、男性）は、ある中山間地方を襲った大地震により自宅が全壊し、建物の下敷きになった妻と一人息子を亡くした。自宅があった場所から車で15分ほど行った山の集落に住んでいた母親のBさん（83歳）の住む家屋も、大規模半壊した。Aさん親子は、自宅があったところから約20km離れた所にある、被害の少なかった市南部にある市立体育館の避難所で4か月間暮らした後、体育館近くの市立中学校の校庭に建てられたC仮設住宅団地に5か月前から入居している。

　Aさんは、実家でもあるBさん宅があった場所で、祖父が始めたこの地方の主な産業である養鶏業に35年間従事してきた。従業員を数人雇っていたが、地震被害により経営が難しくなり、他の養鶏業者と同じように、やむなく従業員を解雇して事業を畳んだ。

　Bさんは、60年前に同じ集落出身の夫と結婚し、養鶏業のかたわらAさんとその妹2人の1男2女を育てた。長女（55歳）と次女（49歳）は、被災地域から遠く離れた都市と海外でそれぞれ生活しているが、Bさんは、娘や孫からの便りを楽しみにしていた。現在は、震災前に日課になっていた畑仕事ができなくなり、ほとんど外出せずに過ごしている。足腰が弱ってきて、自宅の中でもよく転ぶようになった。

　Aさん親子が仮設住宅に入居して1か月ほど経過した頃から、Bさんにもの忘れの症状が現れた。やかんに火をかけたことを忘れてしまうことが何回か続き、Aさんから叱責されるたびに、Bさんは「地震でお前も大変なのに、私がおかしくなって申し訳ない。私を放り出してくれ」と泣いた。

　市社会福祉協議会では、被災者の入居が始まった頃から、入居者への見守りやサロン活動を実践するための「生活支援相談員」を仮設住宅団地に配置した。生活支援相談員は、担当区域を分担し、住民の声を聞いたり、孤立しがちな高齢者世帯への声かけを行ってきた。住宅設備に関する苦情には、「隙間風が入ってくる」「玄関の段差が危ない」というものがあり、その都度、社会福祉協議会や市役所に連絡してきた。また、仮設住宅団地での高齢化率が平均で35％を超えていることから、定期的な訪問も続けている。

　D生活支援相談員は、Aさん宅の隣の世帯を訪問した際に、「BさんがAさんから虐待を受けているのではないか。Aさんは一人息子が養鶏業を継ぐのを喜んでいて、近所付き合いも

よかったが、今は姿をあまり見ない。玄関先に酒類の空き缶が積んであり、体調も心配だ」と相談された。D生活支援相談員はAさん親子宅を訪ねたが、玄関先でAさんから「何も困っていません」と言われ、自宅の中には入れてもらえなかった。

　D生活支援相談員は、Bさんが震災前に住んでいた地区のE民生委員が同じC仮設住宅団地内に住んでいるので話を聞いてみたところ、「Aさん親子のような世帯がほかにもあるようだ」と気にしていた。そこで、Aさん親子への支援を行うことと同時に、仮設住宅団地での取組みの必要性を感じ、市社会福祉協議会のF社会福祉士に相談することにした。

　Aさん親子の住むC仮設住宅団地は、市内6か所にある仮設住宅団地の一つで、建設から半年後の現在では、120戸に108世帯203人が生活している。他の5か所の団地の規模は20戸から100戸程度で、平地が多い市南部に集中して建てられた。市の方針で、震災前の地区ごとの被災世帯が、なるべく同じ仮設住宅団地に入居するという対策がとられている。

　C仮設住宅団地の中には、集会所が1か所設置されている。被災住民の入居が始まって1か月後から自治会が組織化された。C仮設住宅団地と、すぐ近くにある民有地を借り上げた場所に建てられたG仮設住宅団地（50戸、48世帯、91人）の住民への支援をするため、被災住民の入居開始時より市外からボランティア団体が定期的に訪れている。市社会福祉協議会とボランティア団体が協働で、集会所で高齢者対象のサロンを開いているが、参加者はなかなか増えない。

　市全体では人口約5万3000人、地震被害が大きかった市北部の地域に人口の約3割が住んでいた。数百年前から続く伝承芸能が全国的に有名で、地元の保存会にはAさんも入っていた。特別養護老人ホームが1か所あったが、建物が全壊し、入所者は県外の福祉施設に移った。

　市の南部は隣接する県の主要都市が近いため、勤め人が多い。市立の総合病院が1か所あり、訪問看護ステーション2か所、特別養護老人ホーム1か所、グループホーム2か所、地域包括支援センター2か所がある。

　C、G仮設住宅団地の近くには、徒歩圏内に食料品や日用品を購入できる店舗がなく、自家用車を持たない高齢者が多いため、市が巡回バスを走らせている。先月から、市役所内に、震災で失業した人を対象にした瓦礫撤去や土木作業への緊急雇用のあっせんや、農業や養鶏業の再建のための資金貸付の相談窓口が開設された。

問題1 次のマトリックスを用いて、AさんとBさんの個別アセスメントを完成させてみましょう（例示を参考に）。

質・個人の性格	技能・才能
Aさん ・事業経営ができる Bさん ・子ども思い	Aさん ・養鶏業 Bさん ・畑仕事
環境のストレングス	関心・願望
Aさん・Bさん ・震災前からの知り合いが近所にいる	Bさん ・息子に迷惑をかけたくない

問題2 AさんとBさんの個別ケアプランについて、262頁の表を用いて作成してみましょう。

問題3 次のマトリックスを用いて、F社会福祉士の立場でC仮設住宅団地を中心としたこの地区の地域アセスメントを完成させてみましょう(例示を参考に)。

	機会(O)	脅威(T)
目標 ・被災後に周囲から孤立してしまう世帯の増加を防ぐ	・O1 仮設住宅団地に生活支援相談員が配置されている	・T1 仮設住宅団地のある周辺に日用品を購入できる店舗が少ない
強み(S) ・S1 被災した人たちは仮設住宅団地に従前の地域ごとに入居している	・生活支援相談員が確認した情報を社会福祉協議会で把握する	・地域ごとのつながりを活かした方法で、住民が集まる機会をつくる
弱み(W) ・W1 仮設住宅団地には周囲から孤立している世帯が複数ある	・民生委員やボランティア団体、他の福祉専門職とのネットワークをつくり、共有化する	・個別ケースに応じて訪問しながら働きかけ、世帯のメンバーが参加しやすい役割をつくっていく

問題4 C仮設住宅団地を中心としたこの地区に必要とされる新たな地域ケアシステムについて、264頁の表を用いて考えてみましょう。

事例 79 犯罪被害に遭った一人暮らし高齢者への支援

✚ 事例の学習目標

1 一人暮らし高齢者の在宅生活を地域で支えていく方法を学ぶ。
2 一人暮らし高齢者の権利を擁護する仕組みを地域で考える。
3 一人暮らし高齢者の生活課題を解決していくための地域ネットワークの組織化を学ぶ。

✚ 事例の概要

　H県の県庁所在地Ｉ市のＪ民生委員が、Ｉ市社会福祉協議会のＫ社会福祉士を訪ねてきた。話を聞いてみると、Ｊ民生委員の担当地区に単身で暮らすＬさん（71歳、女性）の今後のことについて、Ｌさんの弟のＭさん（67歳、男性）から相談を受けたという。Ｌさんは自宅で生活をし続けたい希望はもっているものの、Ｊ民生委員の目から見るといろいろな支援なしには自宅での生活を継続することは難しいのではないかと思われ、どうしたらよいのか、市社会福祉協議会で何か力になってもらえないだろうか、という内容であった。Ｋ社会福祉士はＪ民生委員から詳しく話を聞くことにした。Ｊ民生委員によると、Ｌさんの生育歴、取り巻く状況は、次のようなものであった。
　Ｌさんは20代前半に統合失調症を発症して数年間入院したこともあってか、生涯独身で過ごしてきた。統合失調症の症状は30歳になるころにはかなり落ち着きをみせて退院することができ、月に１回の心療内科への通院によって通常の日常生活はほぼ問題なく過ごせるようになった。しかし、肥満による糖尿病の発症と股関節脱臼によって、60代前半から介護保険による訪問介護や訪問入浴サービス等を利用しており、現在は障害者手帳を所持するとともに、要介護２の認定を受けて、ほとんど毎日、ホームヘルパーがＬさん宅を訪問している。
　Ｌさんが若いときには、もともとはＨ県の炭鉱町で坑内夫として働いていた父親のもとで、母親、弟Ｍさんとの４人家族であった。Ｌさんは地元の高校を卒業後、統合失調症を発症するまでは父親の勤める会社に事務職として勤め、珠算１級の腕前を生かして会計事務にあたり、性格的には内向的で消極的ではあるが、達筆で、伝票や文書を作るのもかなり上手にこなしていた。こうした性格や文字のうまさは、今でも変わりはない。弟のＭさんはＬさんの発症前に首都圏の大学に進学、卒業後は他県で就職・結婚し、別世帯を形成した。
　Ｌさんの発症からまもなくして父親は炭鉱を定年退職、Ｉ市に移り住み、退院後のＬさんもそこに同居して父と母との３人での生活が始まった。Ｌさんの母親は無年金であったが、父親には厚生年金のほかに、炭鉱労働による塵肺が労災に認められて労災年金が支給され、１か月にあわせて約50万円の収入があり、父親の退職金で購入した土地つきの一戸建てで、Ｌさんは両親に扶養されて比較的落ち着いて暮らしてきた。父親がＩ市の郊外に購入した戸建ての住宅団地は、父親の元同僚たちの多くも前後して移り住んできて、県庁所在地の新興住宅地であ

るにもかかわらず比較的近所同士の付き合いや交流が活発で、町内会の行事も盛んだった。

しかし、ここ10年ほどの間に、Lさんの家族状況も近隣の状況も大きく変わってきた。まずは7年前に、Lさんの両親が相次いで亡くなった。父親は塵肺による咳と呼吸困難がだんだんひどくなって入院した末の死亡であったが、死亡時の年齢がすでに90歳を過ぎていたこともあって塵肺による死亡とは認められず、労災遺族年金は不支給となった。母親は父親の死亡の7か月後に、10年来の認知症により入居していた特別養護老人ホームで老衰のため死亡し、厚生年金の遺族年金も打ち切られた。Lさんの手元には、以前からLさん自身が将来もし一人になってもこの家で暮らし続けたいと希望していたこともあって、両親が亡くなる数年前に父親がバリアフリーに改築した土地つきの住宅と約2000万円の預金が残され、不動産はLさんがすべてを、預金はMさんと半分ずつ相続した。両親が亡くなるまで親の年金収入に依存してきたLさんの毎月の生活費は、自分の障害年金の月額約6万円だけとなり、両親が亡くなった後数年はMさんが毎月多少は生活費を支援していたものの、Mさんも年金生活になった後は、毎月4〜5万円を預金から取り崩して暮らすこととなった。

そして、父親の元同僚たちが移り住んできて一定の交流があった近所との関係も、元同僚たちが徐々に亡くなり、独立して家を出ていた子どもたちが帰らぬまま空き家が増えてきたり、売りに出されて見知らぬ人が移り住んできたりして、かつてのような近所付き合いも影を潜めつつあった。

そうしたある日、一人暮らしとなったLさんの家をセールスマンが訪問し、言葉巧みに布団4組を300万円で売りつけてきた。もとよりそうした大金をLさんが現金で持っているわけはなかったが、セールスマンはLさんを銀行に連れ出し、預金を引き出させ、その場で巻き上げていったのであった。セールスマンは、毎日Lさん宅に来ているホームヘルパーが仕事を終えて帰った頃を見計らって訪問しており、Lさん自身にそうした悪質商法の被害に遭ったという実感もなかったため、この事件はすぐにはわからなかったが、数日後に届いた4組の布団を不審に思ったホームヘルパーがLさんに事情を聴いて、発覚した。ホームヘルパーはすぐに近くの交番に届けを出し、他県に住むMさんにもその旨を連絡した。連絡を受けた翌日に駆けつけたMさんにLさんが話したところによると、男性セールスマンの巧みな言葉にLさんは頭が真っ白になり、何も判断できず、言われるままに300万円を巻き上げられたとのことであった。

こうした様子をJ民生委員に相談に来たMさんによると、貴重な生活費である300万円をこの悪徳業者から当然取り返したいが、Lさんはこの事件の後、多少情緒が不安定になり毎日の服薬管理もできなくなってきているとのこと。そこでMさんは、Lさんが将来も暮らし続けられるように改築した自宅はあるものの、300万円の取り戻しやLさんの服薬管理はもとよりのこと、日常の生活管理や預金通帳、土地・家屋の権利証の管理など、本当にこれから一人暮らしができるのか、他県に暮らす自分はどうしたらよいのか思い悩んでいるのであった。

問題1 次のマトリックスを用いて、Lさんの個別アセスメントを完成させてみましょう（例示を参考に）。

質・個人の性格	技能・才能
・内向的で消極的	・字を書くのが上手

環境のストレングス	関心・願望
・土地つきの一戸建てを所有する	・このまま自宅で暮らし続けたい

問題2 Lさんの個別ケアプランについて、262頁の表を用いて作成してみましょう。

問題3 次のマトリックスを用いて、Lさんが住むI市郊外の住宅団地の地域アセスメントを完成させてみましょう（例示を参考に）。

目標	機会（O）	脅威（T）
・空き家を活用した新たな住民の獲得	・O1 訪問介護事業所のホームヘルパーが日常的に地域に入っている	・T1 近所付き合いも影を潜めつつある

強み（S）		
・S1 もともとは近所同士の付き合いや交流が活発だった	・長年住み続けることが可能な地域である	・町内会が交流の機会を拡大する

弱み（W）		
・W1 空き家が増えてきた	・高齢者が移り住むことのできる家がある	・空き家対策が重要になる

問題4 Lさんの個別ニーズに対応すると同時に、I市郊外の住宅団地を中心としたこの地区に必要とされる新たな地域ケアシステムについて、264頁の表を用いて考えてみましょう。

事例 80　超高齢社会における高齢者の地域支援

✝ 事例の学習目標

1. 地域における専門職間の連携について学ぶ。
2. 超高齢社会における専門職と地域住民の協力体制構築の方法について学ぶ。
3. 住民の力による活動の支援の視点について理解する。

✝ 事例の概要

　Nさん（82歳、女性）は、高齢化率40％を超える過疎の農山村に一人で暮らしている。Nさんは60年近く前に隣の集落からこの村に嫁いできた。現在、村の中心部から約2km離れた山間の集落に住んでおり、夫の死後ここ10年は、水田耕作はやめて、畑で野菜を作りながら暮らしていた。Nさんは、若い頃から仕事熱心であり、温厚な性格で、農作業や農閑期の土木作業への従事などを通じて、30戸ほどの近隣との関係は良好であった。

　あるとき、Nさんが「夜中に家に子どもが遊びに来る」と、社会福祉協議会（以下、社協）の心配ごと相談を訪れて訴えた。つじつまの合わないNさんの話に、対応した社協のO社会福祉士はNさんの認知症を疑い、日頃から連携している村唯一の診療所のPケアマネジャー（看護師を兼任）からもNさんについて、「診療日をよく間違える」という情報を得た。そこで、O社会福祉士とPケアマネジャーは、隣の市に住むNさんの一人息子であるQさん（59歳）に連絡し、近隣の認知症専門医の受診を勧めた。その後、Qさんとともに専門医を受診したNさんは、レビー小体型認知症と診断された。そして、O社会福祉士とPケアマネジャーの勧めで、Nさんは要介護認定の申請を行った。

　また同時期に、近隣では、最近Nさんの言動が妙だと噂にもなっていた。近隣住民は心配して、それぞれにNさんの様子を気にかけるようになり、自発的な見守りが行われていた。

　Nさんは要介護認定で要介護1と認定されたが、Nさんは誰かの援助を受けながら自宅で暮らしたいという思いをもっていたため、Pケアマネジャーは、Nさんの在宅生活を支えるためサービスの導入を検討した。Pケアマネジャーは、ホームヘルパーの利用をNさんに提案したが、Nさんの認知症を認めたくない様子のQさんの「近所の目もあるので、他人を自宅に招きたくない」という意見もあり、Nさんはデイサービスを利用することとなった。利用開始直後、Nさんは利用する日時を覚えることができず、間違えてデイサービスの送迎バスを待つことがたびたびあった。そのため、Pケアマネジャーは、初めのうちはデイサービスの日にNさん宅を訪問し、デイサービスに行く日であることを伝え、そのうちに、徐々に電話での連絡に移行するという支援を行った。その結果、デイサービスに行くことがNさんの生活の一部になり、現在では連絡がなくても一人での通所が可能になった。

　また、当初はQさんが行っていた薬の受け取りについても、デイサービスの利用が進むう

ちにNさんが行うようにまでなっていたが、ある日、Pケアマネジャーが Nさん宅を訪問した際、床に薬がいくつか落ちていることを発見した。Nさん一人ではきちんと服薬されていないことがわかったため、Pケアマネジャーは診療所の薬剤師に相談し、薬を分包にすることや、Nさんに服薬後の袋を保存してもらうなどいくつも工夫を重ねることで、Nさん一人で定期的に薬が飲めるようになった。

一方、O社会福祉士は以前からQさんに、専門職と地域住民を交えた、Nさんの見守りネットワーク会議の開催を提案していたが、しばらくたって、Qさんから開催への同意の連絡があった。Qさんははじめ、Nさんの認知症を受け容れきれていない様子であったため、O社会福祉士はNさんの生活の様子を電話等でQさんに伝えながらQさんがNさんの認知症を受け入れられる状態になるまで待ったのである。

そうした経緯を経て、Nさんの生活の支援について、社協の主催で見守りネットワーク会議が行われた。会議にはNさん、Qさん、Pケアマネジャー、デイサービス職員、近隣住民（民生委員、商店主）、社協支所長、O社会福祉士が参加した。会議では、①福祉関係者と近隣住民がNさんの福祉サービスの利用状況を含めNさんの生活状況の見守りを行うこと、②住民には認知症は病気であることを理解してもらい、今後もNさんとできるだけ通常の付き合いをすること、③今後も情報を共有しNさんの生活状況が変化した場合は相互に連絡し合うこと、が確認された。

見守りネットワーク会議によって、緊急時の対応やNさんを取り巻く環境の確認と、家族の心配ごととそれらに対する対応など、Nさんが地域で暮らしていくために必要な支援が共有された。その結果、それまで個々に見守りを行っていた近隣住民と専門職、そして家族といったNさんを取り巻く人々同士の横のつながりが形成された。

Nさんの見守りネットワーク会議に参加した地域の住民に対してO社会福祉士は、認知症に関する学習会を開催することを提案した。高齢化が激しく、高齢者の一人暮らしや高齢夫婦のみによる二人暮らしの多いこの地域の住民にとって、Nさんを取り巻く課題は、ただNさん一人の問題ではなく、「将来の自分自身」の問題でもある。提案を受けた住民たちは、早速、社協と診療所の協力を得て、認知症教室と認知症予防のために、ふれあいいきいきサロンを開催することとした。

現在、Nさんも地域の人々と一緒に認知症教室とふれあいいきいきサロンに参加しており、また、地域の人々もNさんを引き続き温かく見守っている。

なお、Nさんの住む村では、人口の減少に伴い、近年、町の中心部にあった雑貨屋、ガソリンスタンド、農協の金融窓口などが相次いで廃止され、生活を支える社会基盤が減少している。また、少子化により、村に２つあった小学校や保育所も統合された。

村の中心部を縦断する国道には、隣接する都市に１日６便のバスが通じているが、村の中心部のバス停からNさんの住む集落を結ぶ公共交通機関はなく、Nさんは村の中心部までは２kmの道のりを歩いて移動しており、タクシーを利用することも多い。また、近隣の住民から、自家用車の相乗りを勧められることも多い。

問題1 次のマトリックスを用いて、Nさんの個別アセスメントを完成させてみましょう（例示を参考に）。

質・個人の性格	技能・才能
・温厚な性格である	・仕事熱心であった

環境のストレングス	関心・願望
・一人息子であるQさんは離れて暮らしているが、Nさんのための支援を惜しまない	・自宅で一人での生活を続けたい

問題2 Nさんの個別ケアプランについて、262頁の表を用いて作成してみましょう。

問題3 次のマトリックスを用いて、Nさんが暮らす農山村の地域アセスメントを完成させてみましょう（例示を参考に）。

目標	機会（O）	脅威（T）
・住み慣れた地域で、お互い助け合いながら生活を続ける	・O1 社会資源は少ないが、専門職の連携がとりやすい	・T1 生活を支える社会基盤の減少
強み（S）		
・S1 見守りネットワーク会議が組織されている	・福祉関係者と住民が連携しやすい	・自家用車の相乗りができる
弱み（W）		
・W1 一人暮らし、二人暮らしなど、高齢者のみ世帯が多い	・見守りネットワーク活動で新たなサービスを開発する	・公共交通機関に代わる足を確保する

問題4 Nさんが住む農山村に必要とされる新たな地域ケアシステムについて、264頁の表を用いて考えてみましょう。

事例 ⑧1

一人暮らしをする特別永住在日コリアン1世の高齢者への支援

✝ 事例の学習目標

1　多文化ソーシャルワークのあり方について理解を深める。
2　コミュニティソーシャルワーク技法の活用を学ぶ。
3　在日コリアン1世の高齢化に伴う諸課題について理解する。

✝ 事例の概要

　Rさん（90歳、女性）は、5年前に自宅の階段で転倒し右足を骨折してからは杖なしの外出がほぼ困難になった。自宅での日常生活を営むことにそれほど大きな問題はなく、週2回、在日コリアンのために開設されたデイサービスに通っている。

　Rさんは、このデイサービスに来るまでは近所の特別養護老人ホームに併設するデイサービスに週1回通っていた。5年前の転倒事故をきっかけに担当地区のS民生委員と知り合い、介護保険の認定申請を勧められ、要介護1に認定されている。それまでは、介護保険制度についてほとんど知識がなく、自宅で毎日を一人で過ごす日々を送っていた。

　Rさんには、娘（70歳）と息子（68歳）の2人の子どもがいる。2人とも日本人との結婚を機に帰化しており、近隣都市において生計を別にしているが高齢でもあり、今はほとんどRさんとの往来もなく、たまに息子の子ども（40歳）から連絡が来る程度である。Rさんは持ち家の今の自宅で一人暮らしをしている。

　Rさんは、9歳のときに弟とともに韓国の釜山から両親に連れられ今の居住地であるT市U地区に定住するようになった。両親は皮革製品をつくる工場で働くことになった。当時の皮革製品の製造は3Kのように日本人からは敬遠される仕事であり、代わりに多くの韓国・朝鮮人が住み込みながら過酷な労働環境のなかで働いていた。

　戦前の朝鮮半島では女子には教育を行う必要がないという儒教的な考え方もあり、Rさんも来日前に学校に行ったことがなく、来日してからも正式に教育を受けたことがない。両親が働きに行く時間帯には母親の代わりに弟の面倒はもちろん、家事すべてを一人でこなす日々であった。弟の小学校入学を機にRさんも近所の皮革製品の工場で働き始め、18歳のときに工場で知り合った在日コリアン1世のVさんと結婚した。

　Rさんが終戦を迎えたのは22歳のときであり、弟は韓国へ帰ることを決心すでに帰国、Rさんも帰国するかどうかの決断を迫られるが両親の介護問題や帰国しても住む家もなく生活の基盤もないことからT市に残留することになった。

　Rさんの両親はRさんが結婚して10年目にそれぞれ老衰のため亡くなった。

　その後Vさんは、終戦後の高度経済成長に伴う好景気を機に自前の皮革製品工場を独立開業し、Rさんとともに二人三脚で工場を切り盛りした。

全盛期には従業員を雇うほどの規模にまで成長したが、Rさんが40歳のとき、Vさんにがんが発見され、工場の経営も不安定となり、5年間に及ぶ闘病生活もむなしくVさんはこの世を去った。

　Vさんの死を機にRさんは工場経営をやめることも考えたが、一人で工場を切り盛りしながら子どもたちの教育や結婚まで何とかそれなりのことをしてあげることができた。しかしその後、外国製の安い商品に押され、工場は閉鎖に追い込まれた。Rさんはその後もこの地区を離れることなく、Vさんとの思い出のある今の自宅で同胞たちのネットワークに頼りながらわずかな預貯金を崩して生活してきた。

　Rさんの居住地であるT市のU地区は、韓国での故郷をともにする人々同士のネットワークが発達し、同胞への就労や結婚など生活の面で互いに支え合う仕組みのなかで定住化が進んできた特殊な地域である。

　定住化が進むにつれて日本人との地域交流も進むことになり、自治会活動など地域行事にも在日韓国・朝鮮人がかかわるようになってきた。ただ、地域活動への女性の参加者は少なく、在日1世のネットワーク社会の外側におけるコミュニティへの接触は極めて限定的であった。

　U地区に住む在日1世の多くは、日本社会からの制度的、民族的な偏見と差別のなかで、在日のネットワークを拠り所に定住化の道を歩んできた。しかし、在日1世を取り巻く今日の社会的環境は急激に変わり、在日の生活を根本から支えてきた地域産業の低迷と特に無年金者が多い在日コリアン1世の高齢化は、経済的側面からも大きな課題を抱えるようになってきた。

　Rさんもまさにこのような時代を生き抜いてきた当事者である。Rさんは、韓国語、日本語とも日常会話は可能だが文字の読み書きは両方ともほとんど不可能である。これらの傾向は在日というコミュニティと外部とのかかわりを希薄化させる要因の一つであり、高齢化社会の孤立化問題を際立たせている。

　Rさんのこのような生育歴は、S民生委員の紹介で通うことになった近所のデイサービスには馴染むことができず、後に在日コリアンのためのデイサービスへ移るきっかけになった。しかし、このデイサービスはRさんの自宅から車で1時間もかかる場所にあり、Rさんも週2回の通所には疲れが溜まっている様子である。S民生委員は高齢であるRさんのことを考えて、よりよい方法を探すために、U地区の地域包括支援センターの社会福祉士に相談することにした。

問題1 次のマトリックスを用いて、Rさんの個別アセスメントを完成させてみましょう（例示を参考に）。

質・個人の性格	技能・才能
・我慢強い	・革製品製造技術者

環境のストレングス	関心・願望
・在日のネットワークがある	・自宅で暮らしたい

問題2 Rさんの個別ケアプランについて、262頁の表を用いて作成してみましょう。

問題3 次のマトリックスを用いて、T市U地区の地域アセスメントを完成させてみましょう（例示を参考に）。

目標	機会 (O)	脅威 (T)
・在日コリアンのためのコミュニティから、多文化共生のコミュニティに発展させる	・O1 在日コリアンを支援する民団がある	・T1 在日に対する地域からの偏見
強み (S)		
・S1 在日コリアン対象のデイサービスがある	・在日1世の高齢化現象は、民団の新たな役割として高齢者支援の強化につながっている	・2002年の日韓ワールドカップを機に韓国への関心が高まり、在日への認識も少しずつ変わりはじめている
弱み (W)		
・W1 在日地区と日本社会との地域交流は限定的である	・定住化が進むにつれて日本人との地域交流も進んできた	・近年の日本社会への韓流ブームや韓国文化への関心は、この地区においても在日に対する偏見を少しずつ減少させるきっかけとなっている

問題4 Rさんが住むT市U地区に必要とされる新たな地域ケアシステムについて、264頁の表を用いて考えてみましょう。

事例 82 認知症の一人暮らし高齢者への地域での支援

✦ 事例の学習目標

1　ストレングスモデルによる支援方法を学ぶ。
2　コミュニティソーシャルワークへの理解を深める。
3　個別事例をもとに地域の普遍的課題を考える視点を学ぶ。

✦ 事例の概要

　Wさん（75歳、女性）は首都圏の閑静な住宅街の庭付き一戸建てに一人で住んでいる。しかし、最近認知症のような症状が目立ってきた。近隣の人たちによると、雨の日も家の前で水撒きをしていたり、いつも同じ汚れた服を着ていたり、ゴミの出し方が悪くカラスにつつかれてゴミが散乱していたり、という状態だったという。近隣住民は認知症による出火などの心配もあるので、このままでよいのかと心配していた。
　あるとき、近隣者のXさんがたまたま家の前でWさんと会ったので、施設入所や福祉サービス利用のことを話してみたが、会話がちぐはぐで続かず、Wさんは会話を途中で打ち切り、家の中にそそくさと入ってしまった。困ったXさんは、今後のWさんの一人暮らしを心配し、民生委員に相談し、民生委員を通じて地域包括支援センターに相談があった。
　Wさんの相談を受けたセンターのY社会福祉士は、まず民生委員にWさんの状況を聞いてみた。Wさんは、かつて華道教室を自宅で開いており華道流派の役員としても活躍していた。会社役員だった夫が6年前に死亡するまで2人で暮らしており、夫の亡くなる直前の3年間は在宅介護をしていた。Wさん夫妻に実子はなく、自分のきょうだいの子どもを養子に迎えたが、養子は国際結婚し現在日本には住んでいない。他の親戚は姪が電車で1時間程度のところに住んでいるようだが、あまり訪問はない。
　民生委員は、Wさんが夫の介護をしていた頃は時々話していたが、短期入所や通所・訪問サービスへの不満をよく口にしていたという。そのせいかサービス利用に不信感があるようで、現在のような状況になっても、自分は大丈夫だと言っているし、介護保険や福祉サービス利用にも拒否感が強いということであった。
　その後、Y社会福祉士はWさん宅に電話して家庭訪問の話をしたが、電話では話がかみ合わず電話を切られてしまった。そのため、Y社会福祉士は民生委員と相談のうえ、一緒にWさん宅を訪問してみたが、ドアを開けてもらえなかった。
　その後、Y社会福祉士は民生委員と近隣者Xさんに再度相談したところ、華道の弟子たちが時々Wさん宅を訪問し世話をしているということがわかった。Xさんも同じ華道の流派であり、Wさんの弟子たちもWさんのことを心配していた。Wさんは認知症が進んでいるようだが、本人はそれを認めず頑固な性格もあり困っているということだった。そこで、Y社会

福祉士はWさんの弟子の訪問時間に合わせて訪問し、以下のような状況を把握することができた。

　Wさんは、自宅での生活継続を望んでいる。経済的には夫の遺族年金と自宅を含めた資産が十分あり、有料老人ホームにも入居できるが本人にその意思はない。自宅は広い庭付き2階建て一軒家で、定期的に庭師が入り管理している。家の中は夫の在宅介護のため手すりを設置し段差をなくし、トイレ・浴室改造も行っていた。身体状況は、軽度の慢性関節リウマチがあるが、服薬を自分の判断で調整してしまい薬が多量に残されていた。白内障は左右両眼とも手術済みだが、認知症については未受診である。ADLは、室内は歩行可で、屋外も家の近辺ならゆっくり歩くことができる。排泄は自分でできるが間に合わず失敗することもある。入浴は一人でできると言っているがあまりしていない。食事づくり・掃除等は自分ではせず、買い物は宅配、食事は民間の配食サービスを利用している。近隣関係は、同じ華道流派のXさん以外との付き合いはない。夫が存命中は、近隣との関係はよかったが、夫の葬儀のとき、近所の人とトラブルがあり、その後徐々に交流がなくなった。華道の弟子は長年の付き合いで信頼しており、今でも週2回程度謝礼を渡し交代で訪問してもらい家事援助等の助けを受けている。

　Wさんは人口25万人の首都圏のZ区に住んでおり、Z区の高齢化率は24％である。交通の便が良く自然環境の豊かなZ区は、住宅地と商業地のバランスのとれた地域であり、犯罪件数も比較的少ない安全な町である。そして、男女とも単身率が高く、高齢化に伴い高齢単身女性の増加も目立っている。Z区の中でもWさんの住んでいる地域は、古くからの住宅地で区内でも年少人口の割合が最も低く高齢者人口の割合が高い。自治会・老人会の組織もあるが、役員が高齢化し、若い住民の自治会離れも課題となっている。

　Z区の介護保険事業計画の重点的な取組みとして、認知症支援策の充実、在宅医療の連携体制の推進、高齢者住宅等の整備等住宅施策との連携があげられている。そして、住民の参加を得て地域福祉の一環として介護保険制度を運営するとともに、高齢者の生活を総合的に支える観点から医療・介護・予防・生活支援サービスが一体的に提供される「地域包括ケアシステム」の構築を目指している。

問題1 この事例をもとに、Wさんの問題点と思われる40項目をリフレーミングして、下記の表に記入してみましょう（№1の例示を参考に）。

No.	前の表現	リフレーミング後	No.	前の表現	リフレーミング後
1	頑固な性格	自分の意思をはっきり表現し判断が揺るがない	21		
2			22		
3			23		
4			24		
5			25		
6			26		
7			27		
8			28		
9			29		
10			30		
11			31		
12			32		
13			33		
14			34		
15			35		
16			36		
17			37		
18			38		
19			39		
20			40		

問題2 次のマトリックスを用いて、Wさんの個別アセスメントを完成させてみましょう（例示を参考に）。

質・個人の性格	技能・才能
・プライドが高く弱みをみせたくない	・華道教授や流派の役員としての実績

環境のストレングス	関心・願望
・Wさんのような単身高齢者が多い地域で、地域住民の問題への関心が得やすい	・自宅で暮らし続けたい

問題3 Wさんの個別ケアプランについて、262頁の表を用いて作成してみましょう。

事例 83 病気のために離れて暮らすことになった高齢者夫婦への支援

✚ 事例の学習目標

1 個別ニーズから地域支援を行う視点を学ぶ。
2 チームアプローチの重要性を理解する。
3 ストレングスを活かした支援の重要性を理解する。

✚ 事例の概要

　Aさん（83歳、男性）は、妻のBさん（77歳）と2人で暮らしている。Aさんは市内で生まれ育ち、65歳まで食料品関係の会社に勤務していた。若いときから自治会等の地域活動にも積極的に参加し、退職後は長く老人会で役員を務めていたが、78歳のときに転倒して腰部を強打してからは地域活動にほとんど参加しなくなっていた。今年の高齢者健診時に肝臓がんが見つかってから通院治療を始め、医師からは入院を勧められている。

　Bさんは近隣市の出身であり、38歳のときにAさんと結婚してから現在の地域で暮らしている。60歳まで近所の加工食品工場でパートで働き、社交的な性格で婦人会活動にも熱心に参加していたが、70歳頃に不安神経症と診断されてからは、ほとんど外出することがなくなり、買い物や金銭の支払い等、外出を伴う用事はすべてAさんが行ってきた。住宅は築40年の戸建てであり、ローンは完済している。

　Aさん夫婦には子どもがなく、親族はBさんの弟Cさん（68歳）だけであり、近隣市に暮らしているが、互いの行き来はほとんどない状況であった。**(質問1)**

　ある日、Aさんが通院する病院の医療ソーシャルワーカーから地域包括支援センターに電話があり、医師はAさんにできるだけ早く入院するように促しているが、妻を一人にするのは心配ということを理由に入院を拒否しているとのことだった。そのため、地域包括支援センターの職員とAさん宅に近い場所にある居宅介護支援事業所のケアマネジャーが訪問し、Aさん夫婦の思いを聞いたうえで、AさんとBさんの要介護認定の手続きを行い、Aさんの入院中はBさんが訪問介護やショートステイを利用することとなった。担当となったケアマネジャーは、特にBさんが生活上の不安を感じないように丁寧に話を聞くことを大切にし、Bさんから強く信頼されるようになっていった。

　Aさんが入院することとなり、ホームヘルパーがBさん宅で家事援助を行っていたとき、姉を心配したCさんが訪ねてきた。自分にできることがあれば手伝いたいと思ってのことだったが、BさんはCさんがお金を無心しに来たと思い込んで怒鳴り、追い返してしまった。Cさんはひどく傷つき、それ以降、姉を訪ねることはなくなり、一方でBさんはケアマネジャーへの依存がますます強くなり、頻繁に電話をかけてくるようになった。そのため、ケアマネジャーはBさんとの距離を置こうとしたが、そのことが逆にBさんからケアマネジャー

に対する攻撃的な態度へとつながってしまった。同じ頃、Bさんが夜中にCさんの名前を叫んでいると近隣住民から民生委員を通じて地域包括支援センターに連絡が入った。

そこで今後の対応について検討するため、ケアマネジャーはケア会議を開催することとした。（質問2）

他の専門職と協議したところ、ホームヘルパーからは、Bさんが昔から年齢の離れたCさんを心配しており、お金に困っているのであれば、きちんと相談してほしいと話していること、また、ショートステイ担当者からは、利用者同士では楽しく会話をして過ごしているが、居室に一人でいると落ち着かず、夫はいつ退院するのか、弟は来てくれないのかと繰り返し話していることがわかった。

夫や弟を想い、会いたい気持ちがあることがわかり、ケア会議のメンバーは、入院中の夫の代わりを行うのはケアマネジャーではなく、弟のCさんであることが大切だと考え、Cさんに対して姉の不安神経症について医師から説明してもらう機会をつくり、Cさんとの関係を修復することとした。また、Bさんは良好な人間関係を築く力をもっていること、近隣の人々や民生委員もBさんを気にかけてくれていることから、地域との関係性を取り戻していくことも視野に入れて支援を行っていくこととした。（質問3）

また、Aさんは一日も早い退院を望んでおり、残された人生をBさんとともに過ごしたいと思っていることから、医師からAさんの病状と今後の見通しを伺い、医療連携による在宅生活支援に向けてケアプランを見直すこととした。

この地域は、1970年代から住宅都市として発展し人口が急増したが、2000年以降は微減が続いている。人口15万5000人、世帯数は6万5000世帯、高齢化率は22％。Aさん夫婦が住んでいる地区は、約40年前に分譲住宅として開発された地域で、単身高齢者世帯や高齢者夫婦世帯が年々増加しており、高齢化率は27％と市内の他地区に比べて高い。昔から自治会活動は活発に行われてきた地区であるが、最近は空き家も目立ち始め、役員の高齢化が進み、自治会加入率も減少傾向にある。一方で中学校区を単位に地区社会福祉協議会が組織化されており、市社会福祉協議会では、Aさん夫婦が暮らすこの地区で災害時要援護者把握を通して、サロンや見守り声かけ活動をモデル事業として始めることが検討されている。

考えてみよう！

質問1　この時点でAさん夫婦のもつストレングスには何が考えられますか。
質問2　ケア会議のメンバーとしてどのような人々を招集したらよいと思いますか。
質問3　Bさんが地域との関係性を取り戻していくために、どのような取組みが考えられますか。

問題1 次のマトリックスを用いて、AさんとBさんの個別アセスメントを完成させてみましょう（例示を参考に）。

質・個人の性格

Aさん
・妻を思いやっている

Bさん
・年齢の離れた弟を昔から心配している

技能・才能

Aさん
・自らの考えを専門職に伝えることができる

Bさん
・人間関係を築くことができる

環境のストレングス

Aさん・Bさん
・近隣住民が気にかけてくれる

関心・願望

Aさん
・妻と一緒に暮らしたい

Bさん
・弟に会いたい

問題2 Aさん夫婦を支える個別ケアプランについて、262頁の表を用いて作成してみましょう。

問題3 次のマトリックスを用いて、Aさん夫婦が暮らす地区の地域アセスメントを作成してみましょう（例示を参考に）。

目標	機会（O）	脅威（T）
・高齢者世帯の社会的孤立を防いでいく地域をつくる	・O1　市社会福祉協議会のモデル事業地区である	・T1　地域活動の担い手が減少していく
強み（S）	・地域住民による支え合い活動の仕組みをつくる	・地区社会福祉協議会の運営委員にPTA役員を入れる
・S1　地区社会福祉協議会がある		
弱み（W）	・モデル事業として若い世代との協働事業を行う	・高齢者同士による見守りやサロン活動を進めていく
・W1　自治会役員の高齢化が進んでいる		

問題4 Aさん夫婦が住む地区に必要とされる新たな地域ケアシステムについて、264頁の表を用いて考えてみましょう。

事例 84 患者と介護する家族の生活の再構築に向けた支援

✚ 事例の学習目標

1. 患者・家族の立場を理解する。
2. リハビリテーションチームアプローチを学ぶ。
3. 患者・家族の生活の再構築に向けた支援を理解する。

✚ 事例の概要

　Dさん（29歳、女性）の母親Eさん（62歳）は、脳梗塞による右片麻痺と失語症の治療のためにリハビリテーション病院に入院している。Dさんは契約社員として働いており、父親が病気で死亡した後、母親のEさんと2人で暮らしてきた。

　入院当初の治療計画では、Eさんがトイレや入浴の介助を受けながら、車いすで日常生活を送れるようになることをリハビリテーションの目標とした。そしてDさんとも話し合い、Dさんが仕事を辞め介護者となって、Eさんが自宅で療養できるように、退院後の生活の準備をすることになった。入院から1か月目のカンファレンスでは、Eさん担当の理学療法士、作業療法士、言語療法士からリハビリテーション訓練が順調に進んでおり、自宅で生活するための準備に入ることが確認された。

　しかしその後、Eさん担当の作業療法士から医療ソーシャルワーカーに次のような依頼があった。自宅でEさんの介護をしやすいように、作業療法士からDさんにベッドや手すりの準備、介護の方法などについての説明をしてきたが、なかなか自分で取り組もうとする様子がなく、本当に自宅で療養生活ができるのか心配なので、Dさんの気持ちを確認してほしいということである。

　そこで医療ソーシャルワーカーはDさんと話し合うことにし、「今後の生活について何か心配なことがありますか？」と尋ねてみた。するとDさんは「心配なことはない」という。「それでは今後のリハビリテーションの進め方と自宅での生活の準備について、もう一度確認しておきましょう」と医療ソーシャルワーカーが話しかけると、Dさんは「スタッフの人たちから言われて準備は考えているが、母はもうこれ以上よくならないのでしょうか」と、やや語気を強くして語った。「治療計画では、Eさんが車いすで日常生活を送れるようになることを目標にしていたと思いますが……」と答えると、Dさんは「母のことは自分が介護するしかないが、この状態では介護のほかには何もできなくなってしまう」と負担に感じていることを語りだした。

　「母は専業主婦として家族を支え、父が病気のときにも熱心に介護をし、看取りまで気丈に振舞っていた。そんな姿を見ているので母親の介護をしてあげたいし、介護するのは自分しかいないことはよくわかっている。母親が病気になったことで親戚の者たちも心配し、何かあっ

たら手伝うと言ってくれている。だから余計にこれからのことは自分がいろいろと考え、決めていかなければならないと思う。しかし、自分にはやりたい勉強があり、専門学校に通うことも考えていた。これから先のことを考えると、結婚して家庭をもつこともあると思う。そのときに母親の介護を自分一人で背負っていけるのか自信がなくなってきた」と言うのである。

　Eさんの療養場所をどうするかということを検討するのであれば、介護保険サービスの利用、療養型病院への転院や施設への入所などの方法があるが、それらのことは入院してから医師や看護師、医療ソーシャルワーカーからたびたび説明がなされている。Dさんはその点については十分理解しているという。Dさんのここでの悩みは、自分のやりたいことがやれなくなる、一人で介護を背負っていく自信がなくなってしまったことにあるが、それには一番の相談相手であった母親が失語症のために話ができないこと、母親には心配をさせたくないと思っていることが大きく影響しているようであった。

　リハビリテーションチームとしては、当初に設定した入院期間内でEさんが退院できるように準備することが求められており、Eさんが自宅で生活することを想定し、車いすでのADL訓練と、Dさんの介護方法の習得という支援計画を立ててきた。しかしDさんの気持ちが揺らいだままであれば、生活場所に応じた訓練や準備を進めることができない。そうなると再度カンファレンスを開き、リハビリテーションの目標や支援計画の修正をしなくてはならない。

問題1 この事例をもとに、Dさんの問題点と思われる40項目をリフレーミングして、下記の表に記入してみましょう（№1の例示を参考に）。

No.	前の表現	リフレーミング後	No.	前の表現	リフレーミング後
1	Eさんの介護に自信がない	介護の大変さを自覚している	21		
2			22		
3			23		
4			24		
5			25		
6			26		
7			27		
8			28		
9			29		
10			30		
11			31		
12			32		
13			33		
14			34		
15			35		
16			36		
17			37		
18			38		
19			39		
20			40		

問題2 次のマトリックスを用いて、Dさんの個別アセスメントを完成させてみましょう（例示を参考に）。

質・個人の性格	技能・才能
・母親の介護に責任感をもっている	・契約社員として働いてきた

環境のストレングス	関心・願望
・親戚が心配して、手伝うと言ってくれている	・勉強したいことがあり、専門学校に行きたいと思っている

問題3 Dさんの個別ケアプランについて、262頁の表を用いて作成してみましょう。

事例 85

発達障害者に対する
チームアプローチによる支援

✚ 事例の学習目標

1 チームアプローチにおけるアセスメント表の活用について学ぶ。
2 チームアプローチにおけるリフレーミング技法の活用について学ぶ。
3 チームアプローチを活用した援助の技法を学ぶ。

✚ 事例の概要

　発達障害者支援センターのF社会福祉士（35歳、女性）は、発達障害のある人やその保護者、関係機関からの相談に応じ、障害との向き合い方やかかわり方などについて助言している。日常生活に関するさまざまな相談に応じるとともに、障害者への就労支援も行い、また、発達障害者を雇用している事業所等からの相談にも応じ、関係機関と連携して就労に向けた支援を行っている。ある日、F社会福祉士はGさん（22歳、男性）とかかわることになった。
　Gさんは、会社員の父親Hさん（54歳）、専業主婦の母親Iさん（58歳）、県外に住んでいる兄Jさん（25歳）の4人家族である。Gさんは、幼児期から特定のおもちゃにしか興味を示さず、同じ単語や言葉を繰り返すという特徴が認められ、同年齢の子どもと遊ぶことがなかった。3歳児健康診査時に言葉の発達の遅れを指摘されたが、両親は問題とはとらえず、専門機関に相談することもなかった。小学校・中学校では特別支援教育の対象とはならず、休み時間は一人で本を読んで過ごすことが多かった。対人関係では、自分の思いや考えを一方的に話すが、同級生の話への反応が乏しかったり、関心をもとうとしなかったりしたため、自己主張が強くて少し変わっていると思われていた。雑誌や書籍を読み始めると周りが声を掛けても耳に入らず、何時間も集中して過ごしていた。中学2年生頃から服へのこだわりが強くなり、何を着ていくかに迷い、学校の始業時間に遅刻してしまうことがあった。
　その後、Gさんは高校に進学したが、決まった時間に起きることが難しくなりたびたび学校を休んだ。人間関係では、先輩に対する言葉遣いが原因で嫌がらせを受けることがあった。学業の面では、美術や生物といった科目には高い関心を示し、優秀な成績を修めた。2年生頃から情緒的な不安定さが表れ始め、ある日、掃除に協力しないと言われたことに対してパニックを起こし、椅子を同級生にぶつけてしまった。クラスメイトから苦情が出るようになり、担任教諭も対応に苦慮するようになった。次第にGさんは保健室で過ごすことが多くなり、養護教諭が家族に専門的な医療機関での受診を勧めたが受診には至らなかった。
　高校卒業後、Gさんは大学に進学したが、授業には出席しても居眠りすることが多く、グループ学習では他の学生と協力して課題を達成することができないことがあった。授業を欠席することが多くなっていったが、ゼミの教員や学生の働きかけにより徐々に出席できるようになった。4年生に進級した頃には卒業後の進路を就職に決め、就職活動に取り組んだ。Gさん

は興味・関心のある服飾関係の職種・業種のみに特化して採用試験を受けたが、筆記試験は合格するものの面接試験で不採用となり、次第に意欲が低下し大学に行かなくなった。ゼミの教員や学生課職員からGさんの携帯電話に連絡しても応答がないため自宅に電話をしたところ、母親のIさんが出て、Gさんは自分の部屋に閉じこもり、家族とも話をしたがらないとのことであった。その後ようやくGさんと連絡をとることができ、学生課職員が学内の保健管理センターの保健師を交えて面接を行う約束をした。保健師と面接を行うなかで、他人と円滑な関係を築き、問題を解決したいという気持ちを口にするようになった。そして、保健師との面接を数回実施した後、Gさんは発達障害者支援センターにつながった。

F社会福祉士は、Gさんと個別相談を実施した。初めはGさんが緊張していて詳しい話をすることができなかったが、3回目以降の面接から徐々に成育歴やライフステージでの行動や悩みを話すようになっていった。F社会福祉士はGさんの認知・発達像をアセスメントし、今後予測される困難や支援のポイントなどを記録し、今後、関係機関が具体的にどのような支援方法を選択すればよいかを整理するためのサポートノートをGさんと一緒に作成した。そして家族に対しても個別相談を行い、悩みや成育歴、家庭での生活状況、学校生活などについて情報を収集した。発達障害の特徴について理解するための話し合いを丁寧に重ね、家庭内での対応方法などについて説明を行った。

そしてF社会福祉士は、Gさんのニーズを把握し、ニーズに対応したサービスや専門機関に適切につなげるためコーディネートを行った。また、ケース会議や支援会議を開催し、連携する専門機関がそれぞれの専門性と役割を発揮することができるようにも調整した。

まず、大学におけるGさんへの支援については、コンサルタントとして大学の支援体制等の状況や問題解決の力量等を確認し、Gさんのコミュニケーション課題への対処法や有効な支援を展開するための助言および就労準備のサポートを行った。医療機関の受診については、発達障害に関するGさん自身による理解を深める意味も含めて、発達障害に詳しい精神科クリニックを紹介した。紹介するにあたり、F社会福祉士とクリニックの間でGさんの支援のための役割や診断後の支援内容等を確認し合った。また、Gさんの承諾を得たうえで、生活状況や生活問題、本人や家族のニーズなどの情報をクリニックに提供した。そのほか、Gさんが生活する地域で活用できる社会資源の現状に関する情報を共有した。Gさんは受診した結果、広汎性発達障害の診断を受け、その結果は家族にも伝えられた。

その後もGさんは就職活動を続けたが、面接試験において面接官と話が噛み合わず視線を合わせることができない状況にあり、試験結果はすべて不合格となった。そのような状況を受け、F社会福祉士は面接にSST（社会生活技能訓練）やロールプレイを取り入れ、状況に応じたコミュニケーションスキルの確認を行った。また、Gさんの希望と特性に応じた専門支援機関との連携を図った。具体的には、Gさんに障害者職業センターを紹介し、センターでは職業能力評価を実施した。ハローワークでは、一般相談窓口に配置された就職チューターがカウンセリングや対人技能トレーニングなどの相談を行うとともに、Gさんは若年コミュニケーション能力要援助者就職プログラムを体験した。

自治体との連携としては、市障害福祉課および保健師と協力し、地域自立支援ネットワーク事業によるケース検討会を実施した。そこでは、Gさんを含め、家族、大学関係者（ゼミ教員、学生課職員、保健師）、ハローワーク相談員、精神科クリニックの担当医が参加し、これからの生活と就職に向けた取組みを話し合い、それぞれの役割と協力体制の確認を行った。それにより、Gさん本人の気持ちも安定し、改めて就職活動に取り組むようになった。

| 問題1 | この事例をもとに、Gさんの問題点と思われる40項目をリフレーミングして、下記の表に記入してみましょう（No.1の例示を参考に）。|

No.	前の表現	リフレーミング後	No.	前の表現	リフレーミング後
1	雑誌や書籍を読み始めると何時間も集中して過ごす	読書が好き、集中力がある	21		
2			22		
3			23		
4			24		
5			25		
6			26		
7			27		
8			28		
9			29		
10			30		
11			31		
12			32		
13			33		
14			34		
15			35		
16			36		
17			37		
18			38		
19			39		
20			40		

問題2 次のマトリックスを用いて、Gさんの個別アセスメントを完成させてみましょう（例示を参考に）。

質・個人の性格	技能・才能
・一人で過ごすことが好き	・衣服に関心がある

環境のストレングス	関心・願望
・支援者が多く、ネットワークがある	・服飾関係の業種に就職したい

問題3 Gさんの個別ケアプランについて、262頁の表を用いて作成してみましょう。

事例 86 知的障害者の地域移行と家族への支援

✛ 事例の学習目標

1　知的障害者の教育・生活環境を理解する。
2　知的障害者の支援方法を学ぶ。
3　知的障害者とその家族を理解する。

✛ 事例の概要

　Kさん（29歳、男性）は、自閉症で療育手帳Bを所持し、障害程度区分6である。
　Kさんは幼児期において言葉の遅れや知的発達の遅れがみられたものの、市立小学校に入学した。しかし、対人関係がうまくつくれず孤立傾向がみられ、学習にもついていくことができない状況であった。家庭では厳格な父親を避けるようになり、それから父親も一切かかわりをもたなくなった。小学6年時より特殊学級に通うようになり、その後県外へ転居し、中学校では3年間特殊学級に通った。高校は、県立養護学校高等部に入学して寄宿舎生活をした。そこでは農耕班に所属し、除草作業を時間と範囲を限定してこなしていたが、高校3年時の12月末にパニックの頻度が多くなり退学となった。
　翌年から、Kさんは自宅から10分ほどの距離にある知的障害者通所授産施設（現在は障害者就労継続支援B型事業所）を利用するようになった。その2年後には同じ敷地内のL知的障害者入所授産施設（以下、L施設とする。現在は施設入所支援を提供している）に入所した。Kさんは、簡単な会話は可能だが、一方的な発語が多く、コミュニケーション能力は劣っていた。また、強いこだわりがあり、思いどおりにならないとパニック状態（地団駄を踏む、自傷、作業材料をひっくり返す、近くにいる人を叩く、突き飛ばす等）となり、作業等の課題で些細なつまずきにも混乱しやすかった。その後Kさん本人のやりたい作業がなくなってしまってからは、毎日、作業中でも駐車場を円を描くように歩いていた。夜間は入浴後、自室でDVD等を観たりして過ごしていた。生活においてストレスや不安を感じると、すぐに自分で自宅へ電話連絡をして母親を呼び出して外出（月に2回程度）し、気分転換（DVD、お菓子、ジュース等を購入）して施設へ戻ることを繰り返していた。
　Kさんが24歳となった年の10月のある日、母親は、これまで利用していた福祉事業所とは別の事業所の相談支援職員に電話で相談をした。母親は「現在、L施設で特に作業もせず、駐車場を歩いているだけのような状況である。本人も楽しそうに見えない」と話した。母親の相談は、以前にKさんと一緒に知的障害者育成会の行事で施設見学をした際に施設の方針等の話を聞いたM知的障害者入所更生施設（以下、M施設とする。現在は生活介護と施設入所支援を提供している。電話連絡した相談支援職員の担当地域）にKさんを入所させたいとのことであった。そこで、Kさんへの今後の援助としては、翌月に障害程度区分の認定調査を受ける

予定もあり、区分が出た後、1週間、M施設で短期入所（Kさんが新たな施設での生活に適するかどうかを見極めるため）を行い、結果をみて入所を決めていくこととなった。翌月には、Kさんは障害程度区分5と決定され、12月に母親よりM施設への入所に向けて進めていきたいとの意向が示された。

翌年1月、KさんはM施設で1週間の短期入所を実施した。施設では、施設の日課に沿って行動を促しながら、日常生活能力、日中活動等において新たな環境でのKさんの様子をみた。ADLでは、不十分さがあり、行えないことには支援が必要であった。言葉かけの理解やコミュニケーションについては、事前説明と場面ごとのかかわりや説明においてある程度理解でき、行動できた。他の入居者との関係性においては自らかかわりをもとうとしなかった。Kさんからの要求として、自宅へ電話をしたい等が示されたが、不安に感じていることを聞き取り、説明をすることでKさんは納得した（1週間後に迎えに来るかどうか、何時に迎えに来るのかを確認したいとのことであった）。そして、1週間後の短期入所終了時、短期入所の結果と保護者、Kさんの希望もあり、L施設を退所し、2月にM施設に入所（障害程度区分再判定区分6）して利用を開始することとなった。

M施設に入所してからのKさんは、日中活動（生活介護）では、集団での活動を行うが、円を描くように集団から離れた所を歩いていた。そのため、個別役割を設定し、10人以下の小集団で活動を行うことで、Kさんは次第に歩く円が小さくなり、直線的に集団のなかを往復するようになった。Kさんは、集団プログラムの次の場面を知りたがったり、行事の確認等、詳しいことを知りたがったりするために、丁寧な説明をその都度繰り返すことで落ち着いて過ごせるようになった。他の入居者との関係性においては、自らかかわりをもたず、距離が近いと叩くことがあった。M施設の職員は、集団生活や他の入居者との関係性においてKさんにとっての最適な生活環境を考え始めた。

Kさんは、26歳となった3年前の7月に、Nケアホームに移行した。小集団、個室での生活により日中、夜間とも安定した生活を送っており、現在に至っている。なお、同じ年の12月には母親ががんにより54歳で病死した。母親の死については、妹から母親の葬儀の後、Kさんに直接伝えられたが、Kさんの表情等において変化は見られなかった。しかし、母親の話題は現在もしない。現在、クリスマスや連休時にわずかな時間だが妹がKさんに会いに来ている。父親との関係は現在、間接的な関係となっている。

Nケアホームの場所はO市（人口約7万9000人、高齢化率19.7％）北東部に位置し、幹線道路に面しているが市街地には車で20分ほどかかる。Nケアホームは水田と運動公園に面しており農村地帯にある。日中活動は市郊外の障害者入所支援施設に併設の生活介護事業所へ車で15分ほどの送迎で利用している。

問題1 この事例をもとに、Kさんの問題点と思われる40項目をリフレーミングして、下記の表に記入してみましょう（No.1の例示を参考に）。

No.	前の表現	リフレーミング後	No.	前の表現	リフレーミング後
1	療育手帳Bを所持	簡単な日常会話はできる	21		
2			22		
3			23		
4			24		
5			25		
6			26		
7			27		
8			28		
9			29		
10			30		
11			31		
12			32		
13			33		
14			34		
15			35		
16			36		
17			37		
18			38		
19			39		
20			40		

問題2 次のマトリックスを用いて、Kさんの個別アセスメントを完成させてみましょう（例示を参考に）。

質・個人の性格	技能・才能
・他者とかかわりをもたない	・職員と一緒の行動がとれる

環境のストレングス	関心・願望
・療育手帳Bを所持している	・決めた人以外かかわりたくない

問題3 Kさんの個別ケアプランについて、262頁の表を用いて作成してみましょう。

事例 87 育児不安を抱え地域とのつながりが乏しい親子への子育て支援

✝ 事例の学習目標

1 表明されたニーズだけでなく潜在化するニーズに気づくことの大切さを学ぶ。
2 多職種協働による地域の社会資源の活用・調整・開発の方法を考える。
3 セルフヘルプグループづくりへの支援方法を考える。

✝ 事例の概要

　Pさん（33歳、女性）は、夫のQさん（34歳）と子どもR君（3歳、男児）、Sちゃん（3か月、女児）の4人家族である。
　Qさんは大学卒業後、大手食品会社に就職し、営業職として10年目。帰宅は遅く朝は早い。仕事熱心で職場の信頼は厚く、休日出勤も多い。たまの休日は親子で公園に遊びに行くなど子どもと過ごす時間を大切にしている。
　美術大学出身のPさんは、出版社でイラストデザインを担当していたが、高校の同級生Qさんとの結婚を機に退職。その後、R君の出産から1年経った頃には、元上司から単発的な仕事の依頼を受けるようになった。Pさんは手狭ながらも快適な賃貸住宅で、子育てと好きな仕事ができることに幸せを感じていた。
　Qさんは第2子の妊娠を知り、子どもたちが健やかに育つ環境を考え、郊外のT市に分譲一戸建て住宅の購入を単独で決めた。Pさんは夫の身勝手な行動に戸惑ったが、子どものためには望ましいと気持ちを切り替え、新居に引っ越し、市外の産婦人科病院でSちゃんを出産した。産後は他県に暮らす実母を頼りにしていたが、持病の腰痛がひどく来てもらえなかった。
　その頃Qさんの会社の状況が厳しくなり、家のことはPさん任せになった。Pさんは産後の体調もよくないなか、妹が生まれ赤ちゃんがえりするR君とSちゃんの育児と家事に専念せざるを得なくなり、友人にも会えず、イラストの仕事もできなくなった。引越しの片付けも終わらず、子どもの病院や遊び場など近隣の様子を確認する余裕もなく、出かけるのは近くの大型スーパーマーケットに買い物に行く程度だった。以前の地域では自宅の前に児童公園があり、R君と遊んでくれる友達がいた。母親学級で出会ったママ友に誘われ、公民館の子育てサロンにも参加し、子育てと自宅での仕事のバランスはよかった。しかし、引っ越してきたニュータウンの街区内には公園と小さな広場があるが、遊具は整備されていなかった。何も知らない地域であらためて子育てのいろいろなことをしなければいけないと思うと、Pさんは煩わしくなった。
　Pさんは、第1子のときにはなかった大学時代の過食嘔吐が再び始まった。その最中に子どもに泣き出されると何もできず、このままでは母親失格と自分を責めたが、過食で紛らわし

た。Pさんは、高校教員だった父親に厳しく育てられ、母親は優しいがすべて父親の言いなりだった。Pさんは大学時代から一人暮らしを始め、当時、外食関係のアルバイト先で大量の食べ物を貰うようになり、一気に食べては吐くようになったことがあった。その時間はたまらなく開放的な気分であった。

　Pさんが引っ越した地区を担当しているU保健師は、分譲住宅への入居を確認し、乳児家庭全戸訪問事業の対象者を訪ねた。U保健師は公民館と子育てママが作った「子育てガイドマップ」を手渡しながら、情報提供と養育環境の把握を行った。そしてPさんはU保健師に、越してきたばかりで何もわからなくて困り、特にR君に十分栄養を与えられているか不安な思いを話した。

　U保健師は、過度に食事を気にするPさんに、個人的な悩みも抱えているように感じたが、健診、各種相談、育児教室などの情報を伝え、また連絡すると伝えた。U保健師は、このニュータウン地区の乳幼児をもつほとんどの母親が、不慣れな生活環境で父親の協力を得られず、ストレスと孤立感を高めかねない育児不安を抱えていることがわかった。また、共働き世帯は、病児・病後児保育の心配が多かった。

　U保健師は、Pさんを含む地区の状況を家庭児童相談員や主任児童委員にも伝えておこうと考えた。まずは、T市社会福祉協議会の地域子育て支援として始まった、子育ての先輩が週1回訪問する話し相手ボランティアをPさんにつなぐことを考えた。

　また、育児不安を抱える母親へ、この新しい地域での取組みの必要性を感じ、T市社会福祉協議会のボランティアセンターと地区社会福祉協議会などを担当するV福祉活動専門員、子育て講座やサロンとサークル支援をする公民館のW職員、NPO法人の子育てママの会に相談することにした。

　相談するなかでU保健師は、個々の課題とともに子育てに関する地域課題を解決するために、保健師だけでなく、多職種が連携し、社会資源を生かし、新たな活動をつくったり、同じ悩みをもつ者同士や経験した者が相互に支え合うセルフヘルプグループづくりを支援したりする方法を考えるようになった。

　T市は、人口15万人。世帯数は6万7000世帯。Pさんの地区は850世帯。人口1650人。都心部から約30kmの圏内に位置。私鉄が乗り入れ、都心部まで交通の利便性に恵まれている。

　前述以外の乳幼児の子育て支援事業は、養育支援訪問事業、地域子育て支援拠点事業、一時預かり事業、子育て短期支援事業、ファミリー・サポート・センター事業、家庭的保育事業などがある。その他、病児・病後児保育、保健センターの健診、健康相談や乳幼児相談、離乳食教室やおやつ・歯磨き等の教室、同じ悩みや話題を持つ親の会、児童虐待防止電話相談、小児科医院、小児救急電話相談などもある。関係機関・団体としては、子育て支援課、公民館、子育て支援センター、子育てサークル、NPO法人などがある。

問題1 次のマトリックスを用いて、PさんとQさんの個別アセスメントを完成させてみましょう（例示を参考に）。

質・個人の性格	技能・才能
Pさん ・自分の内面だけで気持ちを受けとめてしまう Qさん ・家族を養う仕事が第一	Pさん ・イラストデザインのプロ Qさん ・行動力がある
環境のストレングス	関心・願望
Pさん・Qさん ・新しくつくられた住宅街で暮らし始めた	Pさん ・家で仕事がしたい Qさん ・子どもとゆっくり過ごしたい

問題2 PさんとQさんの個別ケアプランについて、262頁の表を用いて作成してみましょう。

問題3 次のマトリックスを用いて、PさんとQさんが暮らす地区の地域アセスメントを作成してみましょう（例示を参考に）。

目標	機会（O）	脅威（T）
・子育て講座を開催する	・O1 保健師・社会福祉協議会・公民館・NPOが連携できそう	・T1 育児不安を抱える母親の増加
強み（S）	・専門家の協力や集まりに公民館が使える	・子育てのセルフヘルプグループをつくる
・S1 同地域に同じような悩みをもつ人が暮らしている		
弱み（W）	・つながりの機会をつくる	・子どもの遊び場（遊具）がニュータウンの街区内の公園にない
・W1 新しい地域のために人のつながりが乏しい		

問題4 PさんとQさんが住む地区に必要とされる新たな地域ケアシステムについて、264頁の表を用いて考えてみましょう。

事例 88 医療、介護の介入が困難な低所得者への支援

✚ 事例の学習目標

1　経済問題へのアプローチの難しさを理解する。
2　高齢者へのケアマネジメント（チームケア）技法を学ぶ。
3　重層的な課題分析に向けて関係機関の協力体制の構築を学ぶ。

✚ 事例の概要

　Xさん（80歳、女性）はY病院に入院中。脳梗塞、糖尿病があり、1日1回のインスリン注射が必要である。Xさんは、退院の時期が近くなり、病院の医療ソーシャルワーカーの勧めにより介護保険の要介護認定を申請した。

　3週間後、Xさんは要介護3の認定を受けた。そしてXさんと医療ソーシャルワーカーはXさんの退院後の在宅生活を維持するためのケアプランを立ててもらうため、地域包括支援センターに相談し、その紹介によりZ居宅介護支援事業所のAケアマネジャーが担当になった。Aケアマネジャーは医療ソーシャルワーカーと情報を共有しながらケアプラン（原案）を策定し、退院時ケアカンファレンスに出席した。退院計画策定にあたりAケアマネジャーが事前にXさん宅を訪問した際には、Xさんの妹のBさん（75歳）が応対してくれたが、話の要領を得ず自宅の状況も十分には把握できなかった。Xさん宅の建物はかなり老朽化しており室内は乱雑な状況ではあったが、BさんもXさんが間もなく退院することは知っている様子だったので、AケアマネジャーはXさんの退院時の状況を想定して、福祉用具、訪問介護、訪問看護、通所介護等の介護保険サービスを組み込んだケアプラン原案を策定した。

　退院時ケアカンファレンスで介護保険制度の説明を聞いたXさんは制度の概要は理解したようで、ところどころ確認のための質問もしており、AケアマネジャーはXさんが制度の理解や意思決定はできると判断した。しかしXさんは、ケアプラン原案については自分のことをよく考えてくれた計画であるが、こんなに介護保険サービスは利用できない、通院も継続しなければならないし、食べていくのがやっとでとても金銭面で無理だと主張した。

　Xさんの話を聞いたAケアマネジャーは、同居の家族の状態、居住環境、経済関係の情報収集などについて短期間に対応するのは困難と考え、地域包括支援センターに協力を要請した。その結果、同居の家族である妹のBさんは精神障害と軽度の認知症もあり要支援2の認定を受けているが、介護保険サービスは利用せず地域包括支援センターの介護予防ケアマネジメントの対象ケースになっていることがわかった。Bさんは訪問販売の詐欺まがい商法の被害にあったことがあり、それ以降、お金に対する警戒心は強くなったが、金銭管理や手続きなどは苦手で地域包括支援センターとしてはいずれ権利擁護の必要性があると考えていたが、具体的な手続きは進められていなかった。**（質問1）**

AケアマネジャーがXさん家族に関する情報を集めたところでは、Xさんは両親とBさんと一緒に生活していたが父親は20年前に死亡、その後母親、Bさんと3人で暮らしていたが母親も10年前に死亡した。Xさん家族はアパートの家賃収入とXさんが近所の商店のパート等で得た収入で生活していたが、母親死亡後はXさんも脳梗塞、糖尿病のためパート勤務もできなくなり、Bさんと2人で暮らすようになった。Bさんは会社勤めをしていたこともあったが、長続きせず自由気ままに暮らしてきた。XさんもBさんもともに未婚。親戚は母親の系列に甥がいるが、高齢であり従来からほとんど付き合いはない。両親が残してくれたアパートは老朽化が進み風呂もないため空き部屋が多く、家賃収入は月に10万円程度。XさんとBさんは無年金である。Bさんには少しは貯金があるが、Xさんのための経済援助は拒否している。現在の住居は、名義はXさん、Bさんの共有名義で、土地は借地で借地料を支払っている。トイレは和式。玄関、台所、浴室は20～30cmの段差があり、現在のXさんの身体状況では自分で身の回りのことをすることができない。しかしBさんがXさんの介護の手助けをすることも期待できない。2人は性格的にも対照的で、口論のみならず物を投げたり殴り合ったりの激しい喧嘩をすることもあったことがわかってきた。**(質問2)**

　Aケアマネジャーは1週間後にはXさんが退院すると病院から告げられたため、在宅生活に慣れたらサービスを減らすこともできるので、ひとまずケアプランに組み込んだホームヘルパーによる入浴介助週2回、訪問看護週2回（インスリン自己注射指導）、通所リハビリテーション週2回のサービスを利用するように手配をして、Xさんも一応了解して退院した。しかし、その後、ホームヘルパーからの連絡によると、Xさんは週に1回程度はサービスを受け入れてくれるが、当日になって「今日は来なくてもいい」とキャンセルの電話が多いとのことであった。また、通所リハビリテーションも1回利用しただけで、「自分には合わない」「スタッフや他の利用者に迷惑をかけるから」という理由で休んでいることがわかった。訪問看護師からは、「食事制限が守られていない」「不衛生でゴミ出しもできていない」との情報があり、何よりも姉妹喧嘩が激しく、相互に暴言、暴力があるようだとのことであった。なお、Bさんはお金に対する警戒心も強く公共料金の支払いも滞っていた。

　Aケアマネジャーは、どこから手をつけていいのか、事業所内の管理者に相談しても答えが出ないので、地域包括支援センターに「困難事例に対するケアマネジャー支援」を要請した。**(質問3)**

考えてみよう！

質問1　経済問題については個人情報のなかでも情報収集がしづらい領域ですが、退院が迫られているなかで、どのようにアセスメントすべきでしょうか。

質問2　不動産や預貯金に関する調査、評価ができる機関にはどのようなものがあるでしょうか。

質問3　退院に向けて、課題の優先順位をどのように考えればよいでしょうか。また、介護保険のケアマネジャーの技能の枠を超えている事例について、地域包括支援センターの主任ケアマネジャーは、どのような支援をするものでしょうか。

| 問題1 | この事例をもとに、Xさんの問題点と思われる40項目をリフレーミングして、下記の表に記入してみましょう（№1の例示を参考に）。|

No.	前の表現	リフレーミング後	No.	前の表現	リフレーミング後
1	ケアプランの提案に同意しない	金銭感覚がある。意思決定できる	21		
2			22		
3			23		
4			24		
5			25		
6			26		
7			27		
8			28		
9			29		
10			30		
11			31		
12			32		
13			33		
14			34		
15			35		
16			36		
17			37		
18			38		
19			39		
20			40		

問題2 次のマトリックスを用いて、Xさんの個別アセスメントを完成させてみましょう（例示を参考に）。

質・個人の性格	技能・才能
・支出に関して敏感である	・介護保険制度の概要を理解できている

環境のストレングス	関心・願望
・住む家がある	・退院後は家で生活したい

問題3 Xさんの個別ケアプランについて、262頁の表を用いて作成してみましょう。

援助アプローチ・援助技法解説

1．ケアマネジメント

　生活が困難な状態となり支援が求められるクライエントに対し、必要とされるすべての保健・医療・福祉サービスを受けられるように調整することを目的とした援助展開の方法である。クライエントにとって必要とされるケアを調整する機能をもち、最適なサービスを迅速、かつ効果的に提供することを目的とする。

　クライエントの多くは複数のニーズを抱え悩んでいる。よって、それらのニーズを充足するためには、さまざまな社会資源とクライエントを適切に結びつけることが必要となる。なお、クライエントと社会資源の結びつけや、関係機関・施設との連携においては、日常生活は横断的に成り立っているという視点から再考し、従来の縦割りのサービスをクライエントの立場から再構成することが求められる。

　北米ではケースマネジメントという。なお、わが国の介護保険制度において、ケアマネジメントは「介護支援サービス」と呼ばれ、サービス提供の窓口を介護支援専門員（ケアマネジャー）に一元化することで、容易に社会資源の情報を得ることができる点が特徴である。

2．アウトリーチ

　社会福祉の利用を必要とする人々のすべてが、自ら進んでサービスの申請等をするわけではない。このため、社会福祉の実施機関がその職権によって潜在的な利用希望者に手を差し伸べ、利用を実現させるような積極的な取組みが必要になる。

　ソーシャルワークでは、アウトリーチとは、ソーシャルワーカーが積極的に地域に出向いてニーズを発見したり、支援するための援助手法をいう。多くの場合、自ら援助機関を訪れない接触困難な者に対し、援助者の責任において行われる積極的な介入である。

　アウトリーチによるソーシャルワークは、接触困難なクライエントなどに対し、援助者側から積極的に働きかけ、クライエントに援助の必要性を感知させ、課題解決に取り組んでいく方法で、援助を受けることに対して消極的な者や拒否的な感情を抱く者のニーズを発見したり、潜在的なニーズを掘り起こすことに有効な技法である。

3．ネットワーク

　一般には、網目状の構造とそれを力動的に維持するための機能を意味する。対人サービスにおけるネットワークとは、資源・技能・接触・知識を有している人々ないし組織相互のインフォーマル、またはフォーマルな結びつきとその働きであり、さまざまなサービス間における連携の網の目のようなきめ細かな活動のことをいう。1990年代後半より、社会福祉の領域では、地域を基盤とした総合的な支援力を形成する新たな調整・協議・組織化の方法として注目されてきた。

　ネットワークのタイプには、(1)福祉利用者を地域レベルで直接支援する小地域ネットワーク、(2)福祉社会づくりを目指す市民活動レベルのネットワーク、(3)公私の社会機関相互の組織的なネットワークがある。また、ネットワークの特性は、①発した起点者が誰であるかによっては、つくりやすい場合とそうでない場合との振幅が激しい、②横並びの緩やかな組織原理（多中心性）をその生命としている、③構造は、柔軟性や開放性をもつ。ネットワーク構成員は決められた制限や基準から拘束されることなく、自由な参加意志でいつでも加わることができる、④起点者の意図とその後の構成員の課題共有という持続性や同心円的な広がりを期待する方向性と強度（関係の強さ）に左右される、⑤相互作用的で発展的なものであり、複数の行為者が存在するときに限って生じることができる特性である「創発特性」がある。

4．社会資源の活用・開発・調整

　ソーシャルワークでいう社会資源（Social Resources）とは、クライエントの抱えたソーシャルニーズを充足・解決するために動員・活用される有形無形の人的・物的・制度的・情報的資源を総称したものをいう。物的・人的・情報的・関係的・内的資源といった分類や、フォーマルなものとインフォーマルなものとに区分できる。社会資源の開発・活用には、人の確立、組織化、地域社会の協同と連帯意識の発展が不可欠である。公的な管理の制

度化には必ずしもなじまない。社会資源の不足・不備状態では、資源の活用、改造、再編、結合、開発（既存資源の再資源化、新規資源の開発）の方法が考えられる。ソーシャルワークの効果的役割も当然必要ではあるが、たとえ社会資源が十分であっても地域住民が適切に社会資源を活用できないとき、ソーシャルワークを行うことで効果的な役割を果たすといえる。なお、援助者には既存の社会資源に関する知識はさることながら、適切な援助を展開するためにも、新たな社会資源を開拓していく責務がある。社会資源を開拓するには、田中によれば、次の9原則が示されている。

第1原則：地域には問題を解決する力がある。
第2原則：個別支援の限界が地域社会資源の不足によるものかどうかをアセスメントする。
第3原則：地域全体の資源状況をマクロ的に把握する。
第4原則：地域を過去・現在・未来の変化のプロセスでとらえる。
第5原則：ストレングス・リングを発見し、その開拓による予想される効果を見通す。
第6原則：資源開拓にはビジョン・目標・戦略を明確にする合意形成が基本である。
第7原則：資源開拓は戦略的で計画的な実践である。
第8原則：人を動かすのは支援者の決意と誠実さである。
第9原則：実践のもう一つの目標は「ひと」を発見し、育てることにある。

5．スーパービジョン

スーパービジョンとは、指導・助言をする側（熟練した援助者）であるスーパーバイザーが、指導・助言を受ける側（経験の浅い援助者）であるスーパーバイジーの能力を最大限に活かしてよりよい実践ができるように援助する過程であり、主な機能には、支持的機能、教育的機能、管理的機能がある。

スーパービジョンの支持的機能は、スーパーバイジー（ワーカー・実習生）を支えるもので、情緒的関係である。バーンアウトの防止、自己覚知の促進とそれに伴う痛みの軽減、自己実現とそれに伴う葛藤の軽減などの機能がある。

教育的機能は、一人前の専門職の養成であり、学習の動機づけを高めたり、具体的事例による理論と実践の結合、知識・技術・価値の伝授などの機能がある。

管理的機能は、職場環境の整備、ワーカーが組織の一員として援助活動ができるように管理することなどである。

また、スーパービジョンは、実施される規模や内容に応じて次のような種類がある。

個別スーパービジョンは、スーパーバイザーとスーパーバイジーの1対1の関係（スーパービジョン関係）で契約を結び、意志の確認がなされる。事例に合わせて定期的に長期にわたってなされるものから、必要なときに不定期に行い、しかも継続的になされるスーパービジョンなど、さまざまある。スーパーバイジーの自己覚知をうながすことが、面接での介入効果をあげるのに有効である。

グループスーパービジョンとは、スーパーバイザーと複数のスーパーバイジーによる定期的なスーパービジョンをいう。グループアプローチはスーパービジョンの考え方を拡大したものである。事例研究などは、スーパービジョンとして用いることが多い。

ライブスーパービジョンの特色は、記録によらず「生の」場面を両者が直接経験できることにあり、援助者がクライエントと面接している傍らにスーパーバイザーが座る場合や、ワンサイドミラーから見る場合もある。

ピアスーパービジョンは、学生同士、ワーカー同士が、互いに事例研究などを行うものをいう。自由な雰囲気のもとで自己を表現する場合に有効な方法といえる。アメリカでは、スーパーバイザーやスーパービジョン後独り立ちしたワーカーが、自主的に学習集団をつくって活動している形態をピアスーパービジョンと呼ぶ。

セルフスーパービジョンは、自分自身で行うスーパービジョンである。自分自身を客観視することにより、困難な場面から今後の見通しを得るのに効果がある。

6．チームアプローチ

　チームアプローチとは、共有する目標のもとに複数の人の知恵と力を結集する総合的な援助の布陣であり、課題解決の手法である。このチームは、一般に2人以上のインフォーマルな人的資源を含む、多領域多職種の人々で構成される。

　チームアプローチの目的は、クライエントの自己決定の行使を支えることにあり、ケア判断の客観化やケアのパッケージ化により、サービスの質と効率性を確保し、ケアの安定性と継続性を図ることにある。また、チームアプローチは、専門職もその専門性を高める効果をもたらす。つまり、各自の役割理解、多角的な視点による援助力量の向上など個々の構成員はもちろんのこと、チーム全体の結合力を高め、レベルアップをもたらすことが期待される。ラップ（Rapp, C. A.）は、チームアプローチの利点と課題を次のように紹介している。①1人の援助者が提供できる範囲を越えた支援ができる、②課題解決や資源の知識の共有、③個人担当の負担感やバーンアウトの減少、④ケアの連続性を高める、⑤クライエントを知っている人の活用を増やす、⑥より創造的なサービス計画である。しかし、個人担当制に代表される伝統的なソーシャルワークの立場から見れば、チームアプローチは、クライエントと専門的に親密な関係を発展させにくいことや、連絡や会議などで時間消費的になりやすく、チームの機能不全が生じないという保証もないことも事実である。

　チームの形態と構成では、①同一組織内、同一施設・機関内のチームか、他の組織や施設・機関間のチームか、②同一職種内のチームか、他の職種とのチームか、③同一分野のチームか、複数分野のチームか、④スタッフ全員が統合された一つのクラスター・チームか、複数のクラスター・チームか、⑤専門職だけのチームか、非専門職を含めたチームかなどに類型化できる。またそれらのチームも、上下関係が厳格な軍隊式か、横並びの協調式かでも異なる性格を帯びる。専門職の代表的なチームは医療チームである。医療チームには、ソーシャルワーカー（社会福祉士や精神保健福祉士）のほかに、直接または間接的にかかわりがある専門職には、医師をはじめ、看護師、保健師、助産師、臨床心理技術者、作業療法士、理学療法士、言語聴覚士、栄養士、薬剤師、診療放射線技師、臨床検査技師などがいる。「医師をはじめ」と述べたのは、医療法の規定により医師が包括的な指示をできる指揮者の役割と権限を有しているからである。地域においては、非医療関連の専門職または準専門職として、学校の教員、施設の管理人、グループホームの世話人、福祉施設の職員、ホームヘルパー、公共職業安定所の職業相談員、地域障害者職業センターの職業カウンセラー、福祉事務所の現業員、保護観察所の社会復帰調整官、介護福祉士、介護支援専門員なども日常的な連携の相手になる。また、民生委員・児童委員、保護司なども参加する。さらには、クライエントやその家族や友人、近隣の人々、ボランティア、町内会役員などインフォーマルな人的資源もチームに加わることが多く、地域での多分野協働チーム（インターディシプリナリーチーム（interdisciplinary team）やトランスディシプリナリーチーム（transdisciplinary team）、と呼ばれるチーム構成に広げつつある。地域における援助の実際では、このようにチームの構成が多様で拡大しており、専門職だけで、チームを組むことはきわめて限定的である点が一つの特徴でもある。

7．システム論的アプローチ

　システム理論は、ソーシャルワークを支える理論の一つで、ソーシャルワークの統合化に大きな影響を与えた。システムとは諸要素のまとまりという意味をもち、全体は諸要素より成り立っており、その個々の要素は全体と無関係のものではなく、相互に作用し合って全体を構成しているという考え方で、全体的モデルという。ソーシャルワークにおいて、個人、集団、地域社会は、ソーシャルワーカーが援助を行う対象であり、それぞれをシステムとしてとらえられることから、ソーシャルワークの状況を理解するための理論としてシステムという概念が援用されることとなった。システム論を機能的に理解する立場は、個人、集団、地域社会との関係を機能調和的システムと把握し、クライエントの抱える問題を機能不全の問題と見たことにより、機能の回復、社会への適応の問題ととらえる傾向があり、個々人

の福祉の実現という視点が欠けていた。ベルタランフィ（Bertalanffy, L. von.）による一般システム理論の概念には、解放システム－閉鎖システム、エントロピー、定常状態、インプット－アウトプット、情報・資源処理システムなどがある。

全体は諸要素から成り立っており、その個々の要素は全体と乖離したものではなく、相互に作用し合って全体を構成しているという理論である。システム（相互作用し合う諸要素の全体）の一般に共通する法則を体系化して、自然科学、社会科学のさまざまな分野で応用が試みられている。社会福祉においては、ホリス（Hollis, F.）、ストレーン（Strean, H. S.）、ヴィッケリー（Vickery, A.）等によってソーシャルワークとの関係が指摘されている。

8．家族療法アプローチ

システム論的アプローチを応用したものである。家族を一つの有機体システムとしてとらえる。つまり、家族システムの歪み（不適切なコミュニケーション、役割、力関係）が問題を発生させると認識し、家族（関係）を観察し、その家族関係に働きかけ、家族システムの変容を促す。具体的には、家族関係の歪みを修正するために、家族の問題は、構成員の相互関係から生じるのであり、誰から問題が生じても、同じ結果になると理解する。問題を単純な因果関係ではなく、円環的に考える。一人の変化が家族全体の変化を引き起こし、家族全体の変化が一人の変化をもたらすと考える。そこで問題を抱えた家族成員を、従来のクライエントという呼び方ではなく、家族を代表して問題を表現している人という意味で、IP（Identified Patient；患者と見なされた人）と呼ぶ。

家族療法アプローチには戦略派家族療法、構造派家族療法、コミュニケーション派家族療法、精神力動的家族療法、ミラノ派家族療法などさまざまな流派があるが、共通していることは、①原因（患者）探しをしない、②個人の人格を変えることに深くかかわらない、③システムの変容の結果、問題の解決を目指す、④現在、そして今後のことに目を向ける、⑤家族の問題解決能力を引き出し、高めることなどである。

9．治療モデルアプローチ

治療モデルアプローチとは、ソーシャルワーカーが行う実践を「一連の過程を踏むもの」としてとらえ、医師による診断の結果から特定された、原因としての社会環境の改善と、クライエントのパーソナリティの治療的改良を目的とする実践モデルをいう。

治療（矯正）モデルは、予防的およびリハビリテーション的モデル、組織モデルとも呼ばれ、グループに参加する個人の矯正や治療を目的としている。また、治療モデルは、客観的証拠（エビデンス）を重視したもので実証主義に裏づけられているが、クライエントが、限定された特定の人だけではなく、生活環境が異なるなど、援助対象者の拡大に伴い対処できない場面が多くみられるようになった。

10．生活モデルアプローチ

生活モデルアプローチとは、ジャーメイン（Germain, C. B.）とギッターマン（Gitterman, A.）によって提唱されたケースワークのモデルである。生態学の理論を援用し、クライエントを環境との交互作用関係にある生活の主体者としてとらえ、援助者は個人と環境との接点に介入するものとした。人と環境との相関関係と、それを基盤として展開される人の日常生活の現実に視点を置いてソーシャルワークを行おうとすることであり、生態学（エコロジー）の立場を基盤としている。

ソーシャルワークでは、精神医学の影響を受けた伝統的な医学モデルの理論が支配的であったが、援助対象の拡大に伴い対処できない点が表面化してきた。こうして、医学モデル（治療モデル）に反省・批判が加えられ、人と環境との関係やクライエントの生活実態に合わせた生活モデルの理論に基づくソーシャルワークの体系が模索されることとなった。

ソーシャルワークにおける人と環境との関係は、人が環境に影響を与えたり（医学モデル）、環境が人に影響を与える（社会モデル）といった原因・結果に基づく相互関係の把握ではなく、人と環境が相互に影響し合っている相互作用関係としてとらえら

れる生活モデルの考え方を意味する。生活モデルの特色は、①クライエントの問題に焦点をあてること、②短期間の処遇、③対処の方法に重点が置かれる、④多様な介入の方法をクライエントに合わせて応用し活用する、などがあげられる。

11. ストレングスアプローチ

クライエントのもっている「ストレングス」（意欲・自信・志向・技能・才能・環境の資源や機会など）に焦点をあてて援助していく方法である。こうした援助を行うことによって、要援助者が自ら課題を解決していく力を高めることにもつながる。

サリービー（Saleebey, D.）によれば、ストレングスとは、人間は困難でショッキングな人生経験を軽視したり、苦悩を無視したりせず、このような試練を教訓にし、耐えていく能力である復元力（レジリアンス）を基本にしているとしている。よってストレングスアプローチは、長所あるいは強さに焦点をあて、その人の残存能力の強みを評価するもので、クライエントの弱点や課題点のみを指摘し、その不足や欠点を補う従来の否定的なクライエント観からの脱却を図るものである。

なお、ストレングスの種類には、次のようなものがある。

ストレングスの種類

- 質・個人の性格（Qualities／Personal Characteristics）
  - 正直である・思いやりがある・希望をもっている・勤勉である・やさしい・辛抱強い・感性豊かである・話好きである・親しみやすい・犠牲者からの立ち上がり
- 技能・才能（Skills／Talents）
  - トランプが得意な人（スペード）・数学と金儲けが上手な人・車の運転ができる・石積み壁を積むことが得意・フラワーアレンジメント・野球カードをすべて知っている・コンピューター・ウィザード・クラシック・ロックをよく知っている・記憶力がすごい
- 環境のストレングス（Environmental Strengths）
  - 彼や彼女が本当に好きな安全な家がある・兄がいる・犬のマックスは親友である・毎月535ドルのSSIを受給している・2年前は、コミュニティは地方特有の信頼できる部分があった・汗をかく小屋—文化的な癒しの伝統
- 関心・願望（Interests／Aspirations）
  - ロックスターになりたい・魚つりが好き・テレビで昔の映画を見るのが好き・コーヒーショップや行きつけの場所に行くのが好き・姪と時間を過ごすのが好き・いつか自分の車をもちたい

---

12. 心理社会的アプローチ

心理社会的アプローチとは、ホリス（Hollis, F.）によって1960年代に提唱された実践的なアプローチである。ホリスは、アメリカの社会福祉研究者で、精神分析、自我心理学、力動精神医学をケースワークのなかに応用し、『ケースワーク—心理社会療法』を著した。診断派に立ちつつも、「状況のなかの人」という視点をもとにクライエントの社会的側面の援助を含め、心理社会的アプローチを確立した。特に、家族関係の課題や精神医学的な課題、医療的な課題などの解決に用いられる。人と環境、あるいはその両方に変化を起こさせることを目的とする。

心理社会的アプローチを提唱したハミルトン（Hamilton, G.）は、アメリカの社会福祉研究者で、診断主義ケースワークの理論的体系化をした。ケースワーク過程の中心をワーカー・クライエント関係を意識的に、また統制しつつ利用することにあるとし、クライエントに変化と成長を遂げる能力のあることの自覚を促すことを強調した。

13. 機能的アプローチ

機能的アプローチは、クライエントがもつ意志の力を十分に発揮できるように促す実践的なアプローチである。クライエントが援助者や機関のサービスを有効に活用できるように、パーソナリティの健康な部分に焦点をあて、人間がもつ意志の力を十分に発揮できるように援助することを中心として展開される。

ロビンソン（Robinson, V.）は、アメリカの社会福祉研究者で、機能的アプローチを提唱した。クライエントの成長や変化をもたらす「成長の過程」を重視したクライエント中心の立場をとり、機関の機能を重視したアプローチを行う。

14. 問題解決アプローチ

問題解決アプローチとは、ケースワークにおいて、クライエントとソーシャルワーカーが、まずは意識的、段階的に当面解決していくべき問題に焦点をしぼりながら、その特定問題の諸事実を明らかにしていくなかで、クライエントの問題の緩和・改善

やその解決に向かっていく組織だったアプローチのことである。クライエントが問題解決に向けての動機づけや対処能力を高め、そのための機会を積極的に活用することを中心に据え、クライエント自身の問題解決に対する主体性を考慮した援助方法をいう。

パールマン（Perlman, H. H.）によって示された問題解決アプローチは、人の生活は問題解決の過程であるという視点に立ち、自我心理学を導入して「動機づけ―能力―機会」という枠組みを中心に構成されている。パールマンの問題解決アプローチの特色は、クライエントを社会的に機能する主体的な存在としてとらえる点と、ケースワークを施設・機関の機能を担った援助者と、問題を担っているクライエントの役割関係を通じて展開される問題解決の過程としてとらえている点にある。

15. 課題中心アプローチ

課題中心アプローチは、リード（Reid, W. J.）とエプスタイン（Epstein, L.）によって開発・提唱されたもので、標的とする課題を確定し、その課題を解決していくために取り組むべき課題を設定し、期間を限定して計画的に進めていく方法である。

ケースワークには課題そのものに対処する方法と、課題をもつ人自身に重点を置き対処する方法とに大別できるが、課題中心アプローチとは、課題そのものに対処する方法のことを指す。具体的な課題を設定して、クライエントと援助者の協力により、短期間（2～4か月）で取り組む点が特徴といえる。

課題中心アプローチは、パールマンの問題解決アプローチの影響を受け、それを基盤として発展したものである。

16. 危機介入アプローチ

危機介入アプローチは、アグレア（Aguilera, D. C.）、メズイック（Messick, J. M.）らの各研究者によって理論化された。精神保健分野などで発達した危機理論をケースワーク理論に導入したもので、危機に直面して社会生活状況が困難な状態にあるクライエントに対して、適切な時期に積極的に危機に介入していく援助方法である。

危機に直面している個人や家族に対して積極的に働きかけることによって、その危機的状態から脱することを目的とする援助方法であり、危機理論に基づいて実践の体系が構築され、他領域でも応用されるようになった。この場合の危機とは、発達に伴う予期できる危機、死別や事故などの予期できない危機、自然災害等による危機に分類できる。クライエントの課題状況によっては極めて有効な援助方法であり、これまでに獲得した対処方法では乗り越えられない困難に直面し、不安定な状態（危機状態）に陥ったクライエントに対して、ソーシャルワーカーが積極的かつ集中的な援助を行い、クライエントが危機状態から抜け出すための援助モデルである。

17. 行動変容アプローチ

行動変容アプローチは、行動修正モデル、行動変容モデルともいわれ、条件付けの理論から発展した学習理論をケースワーク理論に導入したもので、正や負の刺激を与えることによる条件反射の消去あるいは強化によって特定の症状の解決を図るものである。

ソーシャルワーカーは援助活動を行うにあたって、クライエントの抱える課題に焦点を置き、変化すべき行動を観察することで、問題行動が除去されたり、修正されることを目標に据えた考え方・方法をいう。

18. エンパワメントアプローチ

ソーシャルワークにおいて、個人、グループ、地域社会などが力（パワー）を自覚して行動できるような援助を行うことである。クライエントなどの主体性、人権等が脅かされている状態において、心理的、社会的に支援する過程をいう。その目的は、脅かされている状態に対して、個人、グループ、地域社会などが自律性を取り戻し、その影響力、支配力を発揮できるようにするところにある。

エンパワメントアプローチとは、何らかの生活課題を抱え、その困難な状況から無力な状態にある者であっても、クライエント自身が内的な力を有しているという視点に立ち、その力を引き出し強化する

ことによって、自ら課題の解決を行うことができるように援助を展開していく方法をいう。人は、個人と敵対的な環境（自然環境・社会環境など）との相互関係によって無力な状態に陥ることもあるが、クライエントに内在する力に着目し、その力を引き出して積極的に利用、援助していく。そのためには、クライエントの内面に対する働きかけや社会的障壁の除去が必要となる。

エンパワメントアプローチは、ソロモン（Solomon, B.）によってソーシャルワークに取り入れられた。1980年代以降、アメリカ、イギリスを中心に発展してきた手法であるが、現在ではソーシャルワーク活動の主流として根づいてきている。

19. エコロジカルアプローチ

エコロジカルアプローチとは、有機体と環境との関係を研究する生態学の考え方を取り入れたソーシャルワーク実践であり、クライエントの抱える課題を個人のものとしてではなく、環境との相互関係の中で統合的・全体的にとらえる援助方法をいう。代表的な研究者として、ジャーメイン（Germain, C.B.）やギッターマン（Gitterman, A.）らがあげられる。エコロジーとは生態学のことで、人間と環境（自然環境、社会環境等）の関係のシステムを研究する学問である。

人間と環境（自然環境・社会環境など）との相互関係を重視しており、クライエントを環境と切り放した個人としてではなく、家族・近隣・地域といった集団の一員としてとらえ、環境との相互関係の中でクライエントをみていく考え方である。これによって援助者は、クライエントのエンパワメントを高め、生活環境の改善や社会的抑圧からの解放、不平等の改善を目指していく。ジャーメインとギッターマンは、人が生活環境と共存するための能力を対処能力（コーピング）、環境が人間のニーズに適応することを応答性（レスポンス）と呼び、対処能力が弱かったり応答性が親和しない場合に生活ストレスが発生するとした。そしてエコロジカルアプローチでは、この生活ストレスを改善するために、クライエントの能力が高められるように能力付与（エンパワメント）を行い、周囲の環境を変えたい

という動機に働きかけると同時に、環境に対しては組織や集団による圧迫や支配的な権利の乱用を指摘し、その修正に働きかける活動を行う。

20. ナラティブアプローチ

ナラティブアプローチ（物語モデル）は、クライエントの語る物語を通して援助を行うものである。クライエントの現実として存在し、支配している物語を、ソーシャルワーカーは、クライエントとともに共同して見出していく作業が求められる。援助者は、主人公の持ち込んできた主流の物語（ドミナントストーリー）に耳を傾け、問題を人から切り離し、物語を解体する。ドミナントの陰にあった別の真実を発見し、新しい物語（オルタナティブストーリー）を創っていく。こうして、クライエントが新たな意味の世界を創り出すことにより、問題状況から決別させる。

「現実は社会的に構成される」「言葉が現実をつくり出す」という社会構成主義の考えを、ナラティブアプローチは基礎としている。クライエントは自分のこと（障害や病気など）を物語として語ることで、それを意味づけ、受け入れることができるようになる効果に期待する。援助者はクライエントの語りを助け、その物語に耳を傾けることで、クライエントにとっての主観的意味を理解することができ、さらに新たな意味を見出してもらうこともできる。

つまりナラティブアプローチとは、クライエントと援助者との共同的関係性の中でクライエントの語る物語を重視し、新たな意味の世界を創り出すことによって、問題状況から解放させようとする援助方法である。このことから、ストレングスモデルの一種といえる。ナラティブアプローチの成立背景には、伝統的な科学主義・実証主義への批判がある。主観性と実存性を重視し、現実は人間関係や社会の産物であり、人々はそれを言語によって共有しているとする認識論の立場に立つ。

21. SST（生活技能訓練）

言語的、非言語的、親和的、道具的社会生活技能の改善と向上を目的に開発された訓練技法である。対人状況における情報処理の段階で、①受信技能、

②処理技能、③送信技能に着目し、1970年代からリバーマン（Liberman, R. P.）らが、行動療法、社会的学習理論、統合失調症の疾患モデルから理論化した。SSTの技法では、社会的モデリング、促しと教示、実技演習とリハーサル、強化、弁別、行動形式など行動療法の応用や、モデリングや自己主張訓練の活用、脆弱性―ストレス―対処技能モデルにみる対処技能の強化のためにさまざまな学習プログラムがある。

　実践では、本人の希望を出発点にし、達成可能で生活改善に役立つことが訓練課題として取り上げられる。目標は進歩の度合いが評価できる具体的なことを設定し、練習セッションは個人でも実施できるが、通常はグループを基本に1回1時間、週1回以上行われる場合が多い。ロールプレイによる技能演習、モデリング、正のフィードバック、宿題（般化）、学習パッケージ（モジュール）、他の療法と組み合わせて実施する。

22. ケースワーク

　ケースワークとは、自力で解決できない社会生活上の困難を抱える個人もしくは家族、グループの構成員に対するソーシャルワーク実践をいう。通常、援助者とクライエントとの間で結ばれる援助関係によって成立し、課題解決という目的のために、社会資源を活用するなど、サービスを提供する形をとる。ケースワークは、こうした援助を円滑に展開するための専門的な技術である。

　歴史的には1869年のイギリスの慈善組織化運動に端を発し、1887年の全米慈善・矯正会議で正式に呼称され、アメリカの慈善組織化運動とケースワークの指導者リッチモンド（Richmond, M. E.）によって理論化が試みられ、発展した。

　ケースワークは、援助を必要としている個人や家族が援助対象となり、主に面接をもって展開される。また、その具体的な方法ではさまざまなアプローチ（特定の実践理論に依拠して展開される体系的な援助実践の過程）とモデル（援助実践が依拠する特定の理論的枠組み）がある。

23. グループワーク

　グループワークとは、援助媒体としてのグループのもつ力動やそこで展開されるプログラム活動を活用して、個人や集団の抱える問題の解決を目指した家族および小集団に対するソーシャルワーク実践をいう。厳密には、ソーシャル・グループワークという。援助を必要としている家族・サークル等の集団を対象として、グループ・ダイナミクスの理論等によって展開される。歴史的には、1860年代からのイギリスのセツルメント運動や1930年代のアメリカのセツルメント運動に端を発する。言葉は1920年代から使われた。機能的な点から社会教育的な側面と治療的な側面の両方をもつ。

　児童、高齢者、障害者等の社会福祉施設、少年院、刑務所等の矯正施設等、広範な分野において活用される。心理的安定感、連帯感、集団行動による学習等、集団の特性を生かして援助に当たるのが特色である。

24. コミュニティワーク

　コミュニティワークとは、地域社会において、地域の住民がその地域社会の課題を自ら解決できるように、専門的知識・技術を有したコミュニティワーカーが地域組織化等の活動を通じて援助することである。住民の地域活動を側面から援助するという意味で、間接援助技術に分類される。コミュニティワークは主に地域組織化活動に代表されるが、その活動においての、①地域の診断、②組織化の方法、③社会資源の開発、④連絡・調整の方法、等が中心的な援助技術である。また、その過程は、①準備・開始期、②地域アセスメント期、③地域活動計画期、④計画実施とモニタリング期、⑤評価期、そして新たな活動計画へと展開される。歴史的には、イギリスにおいて、発展途上国の援助活動の方法として発展したコミュニティ・ディベロップメントを基盤にして、アメリカのコミュニティ・オーガニゼーションの方法が融合され社会福祉援助技術として発達してきた。

25. コンサルテーション

　コンサルテーションとは、一般的には相談、助

言・指導といった意味で使われ、主に企業経営や自治体の計画策定等についての知識、経験、技術の相談を指す場合が多い。ソーシャルワークにおいては、個別援助の隣接領域として、医師をはじめとする医療専門職等によるコンサルテーションの方法が活用されることがある。専門職をコンサルタント、受け手をコンサルティと呼び、任意で対等な関係となる。助言を受けるがソーシャルワーカーの業務に責任を負うものではない。

コンサルテーションは、援助者が関連する他分野・他領域の機関や専門家から、対等な立場で、専門的な知識や技術についての助言・指導を受ける活動であり、スーパービジョンと似ているが、助言を求める対象が他の領域であることや管理的機能をもたないことなどの点で区別される。

26　SWOT分析

SWOT分析とは、4つ（強み；Strengths、弱み；Weaknesses、機会；Opportunities、脅威；Threats）のマトリックスによるクロス分析の手法をいう。S（強み）とW（弱み）は内部環境とその現状評価であり、O（機会）とT（脅威）は外部環境とその将来予測である。この場合重要なことは、①組織体であれば管理者や上層部が考えてくれるのではなく、構成員全員参加やボトムアップ方式で検討することが基本となる、②現状分析では、強みや弱みを理解したうえでその原因探しや過去を振り返るのではなく、組織体の強みを活かして弱みを減少させるか変えることである、③将来予測では、機会と脅威の両方を理解したうえで、強みを膨らませ脅威を回避することや、機会を膨らませ、脅威のリスクを抑制することである。また、機会に乗じて弱みを強みに転換する戦略を検討することや、脅威と弱みが鉢合わせになるリスクの回避策を練る。そのためには逆転の発想が必要になる、④最終的には、ビジョンと戦略を明らかにしたうえで、強みを一層強固にし、SWOT分析を経て、最終的に何を達成するかという成果指標であるKGI（Key Goal Indicator；重点目標達成指標）やCFS（重要成功要因）、KPI（重要業績評価指標）などを設定する。内部環境（強みと弱み）と外部環境（機会と脅威）の考え方は、246頁で例示する。

SWOT分析を進めるには、4つのマトリックスのそれぞれを発言しやすい数名のグループ討論により埋めていく作業が行われる。その手順は、①現状における組織や地域の強みをおおよそ10項目程度で抽出する、②現状における組織や地域の弱みもまたおおよそ10項目程度を抽出する、③次に、組織外や該当する地域外で組織や地域にとっての機会は何かを抽出する、④最後に、組織外や該当する地域外で組織や地域にとっての脅威は何かを抽出する。機会と脅威は、法人や団体などであれば、5年後、10年後の将来予測に置き換えてもよい。SWOT分析の話し合いの最初は自由な雰囲気でアトランダムにメンバーが出し合い、一つひとつ合意していなくても黒板や模造紙に書き出していく。その後で、話し合いのグループの中で一つひとつの合意や確認を行い、合意が過半数の項目のみを、優先順位をつけて箇条書きに番号を振って書き出す。実際この作業を行ってみると、最初のうちは現在の弱みや将来の脅威ばかりが出てくるかも知れない。しかし、誰かが強みや機会を発言すると連鎖的に広がることも多い。この作業をすると、組織や活動を取り巻く全体像が見えてくる。そして新たな活動の方向性やアイデアが見えてくることに利点がある。本書では、地域アセスメントにあたって、SWOT分析の手法を用いている。

【参考文献】
・社会福祉士養成講座編集委員会編『新・社会福祉士養成講座⑥　相談援助の基盤と専門職　第2版』中央法規出版，2010.
・社会福祉士養成講座編集委員会編『新・社会福祉士養成講座⑦　相談援助の理論と方法Ⅰ　第2版』中央法規出版，2010.
・社会福祉士養成講座編集委員会編『新・社会福祉士養成講座⑧　相談援助の理論と方法Ⅱ　第2版』中央法規出版，2010.
・日本精神保健福祉士養成校協会編『新・精神保健福祉士養成講座④　精神保健福祉の理論と相談援助の展開Ⅰ』中央法規出版，2012.
・日本精神保健福祉士養成校協会編『新・精神保健

福祉士養成講座⑤ 精神保健福祉の理論と相談援助の展開Ⅱ』中央法規出版, 2012.
・柳澤孝主・坂野憲司編『相談援助の基盤と専門職』弘文堂, 2009.
・柳澤孝主・坂野憲司編『相談援助の理論と方法Ⅰ』弘文堂, 2009.
・柳澤孝主・坂野憲司編『相談援助の理論と方法Ⅱ』弘文堂, 2009.
・中央法規出版編集部編『六訂 社会福祉用語辞典』中央法規出版, 2012.
・社会福祉士受験ワークブック編集委員会編『社会福祉士受験ワークブック 2013（専門科目編）』中央法規出版, 2012.
・社団法人日本精神保健福祉士協会監『MINERVA福祉資格テキスト 精神保健福祉士 専門科目編』ミネルヴァ書房, 2012.

● SWOT分析の例

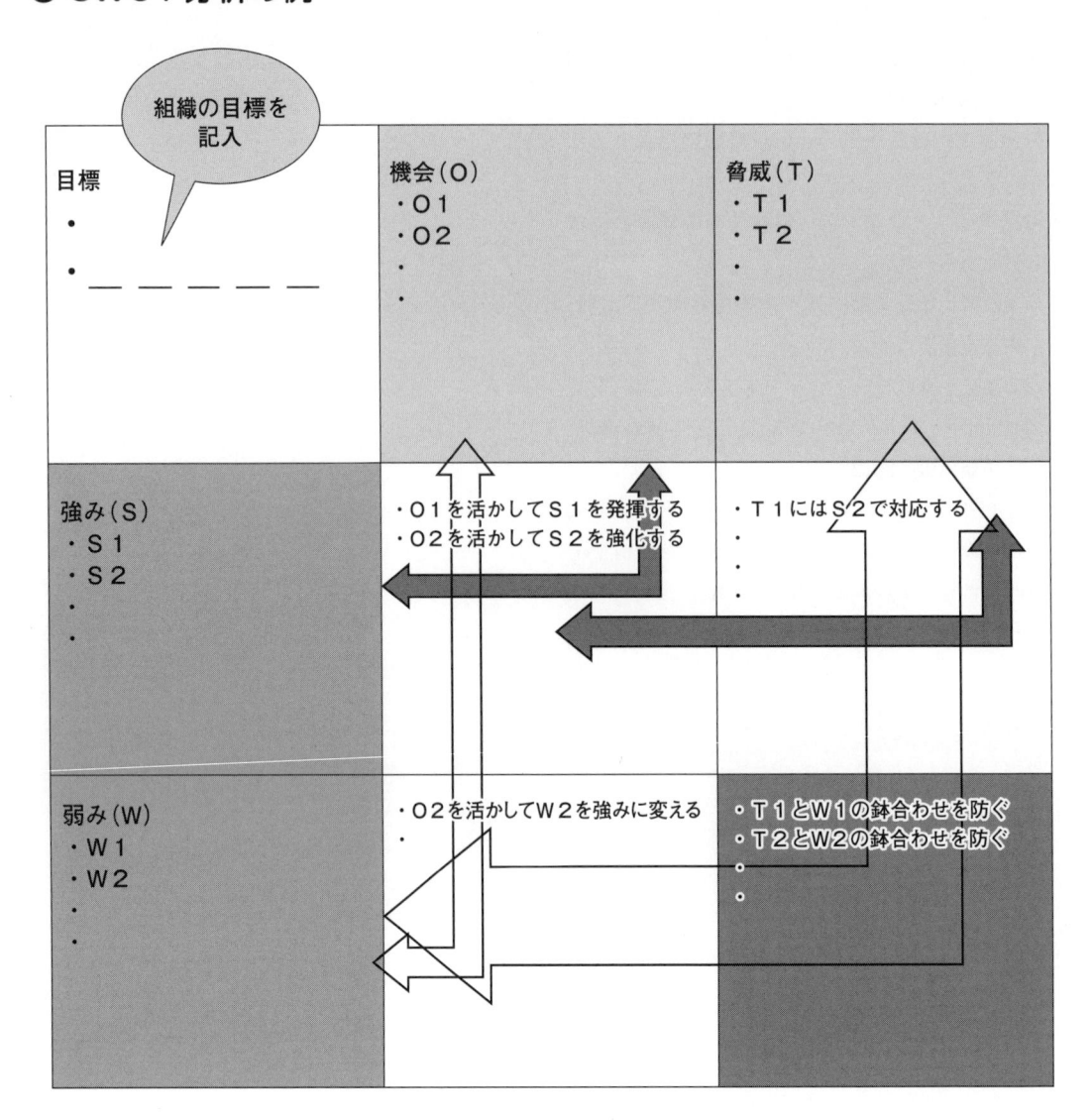

	機会(O)	脅威(T)
目標 ・ ・＿＿＿＿＿ （組織の目標を記入）	・O1 ・O2 ・ ・	・T1 ・T2 ・ ・
強み(S) ・S1 ・S2 ・ ・	・O1を活かしてS1を発揮する ・O2を活かしてS2を強化する	・T1にはS2で対応する ・ ・
弱み(W) ・W1 ・W2 ・ ・	・O2を活かしてW2を強みに変える ・	・T1とW1の鉢合わせを防ぐ ・T2とW2の鉢合わせを防ぐ ・ ・

ワークシート一覧

※福祉の現場では、クライエントのニーズをアセスメントすることや、必要なケアプランを作成するために、さまざまなワークシートなどのツールを組み合わせて支援を行います。ここでは、現場で活用できるワークシートの一部を紹介します。使用例を示しているものもありますし、また、各STEPの冒頭にも使用法などが示されていますので、参考にしてください。なお、本書で紹介しているのは実際、現場で使用されているツールの一部で、他にも活用できるものが多くありますので、自分の使いやすいものを学びながら探してみてください。

●フェイスシート

ID：
受付日時 ：　　　年　　月　　日（　）　　時　　分
受付担当者：

本人氏名：		性別：男/女	生年月日：　　年　　月　　日（　　歳）
本人住所：			TEL/FAX：
相談者・同伴者氏名：		性別：男/女	本人との続柄：
相談者・同伴者住所：			TEL/FAX：
相談経路：			
診断名：		既往症：	
医療保険区分：　国保（　　）/ 健保（　　）/ 自費 / 生活保護（　　福祉事務所、担当：　　　）			
手帳所持：　　　　　　　　　　　（　　級）		年金：　障害（　　級）/ 老齢 / 福祉	
障害程度区分：区分　　（認定日：　年　月　日）		自立支援医療費：有（認定日：　年　月　日）/無	

家族構成

氏　名	続柄	年齢	備　考	エコマップまたはジェノグラム記入欄

経済状況：

住環境　：

現在利用中の機関・施設

機関・施設名	担当者氏名	連絡先	備考（利用開始日、利用頻度など）

主訴：
相談までの経緯：
生活歴：
治療歴：
サービス利用歴：
対応：
備考：

●心身の状況、社会活動や介護者等の状況表

聞き取り項目	
生活歴・現病歴	
介護者関連	
就労関連	
日中活動関連	
居住関連	
サービス利用	
希望やニーズ	

●心身の状況、社会活動や介護者等の状況表（使用例）

聞き取り項目	
生活歴・現病歴	今までの生活、これまでの暮らしについて 現在の病気・症状、既往歴と治療歴など
介護者関連	主たる介護者の状況 家族の状況と支援内容 家族の思い、考え、活動や行動について
就労関連	今までの仕事と現在の状況 （家事など家庭内での役割など）
日中活動関連	現在の生活状況や活動状況について 趣味や生きがいなど 「できること」と「していること」を中心に
居住関連	建物の状況と環境について 地域などの周辺状況と交通アクセスなど
サービス利用	福祉的支援サービスの利用状況 フォーマル（制度的）とインフォーマル（非制度的）な支援
希望やニーズ	デマンド（要求）：本人が話してくれた希望。 デザイア（欲求）：本人が自覚している欲求。 ニーズ（必要）：本人が本当に必要としている客観的なもの。

●エコマップ

◯＝ジェノグラムライン

エコマップの基本表記法

① 性別　　□ 男性　　○ 女性

② クライエント（またはIP）　▫ または ⊙

③ IP（症状をもっている人）とクライエントが別人の場合　IP または ⓘP
　※IP=Identified Patient

④ 子どもの年齢〈出生順に左から右に記号内に数字で記入〉　⑳ ⑱ ⑯ ⑬ ⑪

⑤ 亡くなった人〈上にD.と記入し、死亡年を西暦で記入。（　）内は死亡時年齢または死亡原因疾病。たとえば高血圧(HBP)、ガン(CA)、脳血管障害、脳卒中(CVA)、自殺(Sui)。×＝死亡〉
　　D.1971( )　D.1980( )
　　　⊠　　　　⊗

⑥ 結婚〈横線上にM.と記し、結婚年を記入。年齢上を左、年齢下を右に〉　□—M.1987—○

⑦ 同棲もしくは恋愛関係　□┄┄○

⑧ 離婚〈上にDiv.と記し、離婚年を記入〉　Div.1986 ——//——

⑨ 別居〈上にS.と記し、別居年を記入〉　S.1989 ——/——

⑩ 胎児〈妊娠中〉　△

⑪ 双生児　○—○（二卵性）　や　○—□—○（一卵性）　など

⑫ 養子もしくは里親　——┊

⑬ 三世代両親　⊠—○
〈年齢上を左、年齢下を右に記入〉

⑭ 同居家族〈点線で囲む〉

⑮ 相互関係　←——→（矢印はエネルギーの方向）

⑯ 片方の関係　←———　あるいは　———→

⑰ 強力な関係　＝＝＝＝＝

⑱ 疎遠な関係　・・・・・・・・・

⑲ 切り離し関係〈2人の人間の感情的、肉体的あるいはどちらか一方の切り離し関係〉
　——|→　あるいは　←|——

⑳ 別離（相互に）の関係　——⟩⟨——

㉑ 葛藤関係　～～～～～

㉒ 一体だが仲が悪い関係　〰〰〰〰

㉓ 家族外社会資源〈人。大きな楕円形〉
　点線はこれから必要なもの

㉔ 社会資源〈機関・物ほか。大きな長方形〉
　点線はこれから必要なもの
　機関名　人・関係者

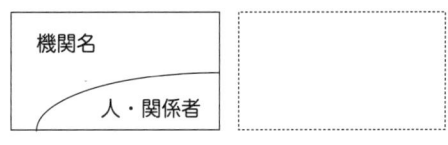

資料　田中英樹「精神保健福祉士からみた相談記録の書き方」『精神科臨床サービス』2巻1号, p.99, 2002. を一部改変

エコマップの記入例

○次の事例をエコマップで表すと、以下の図のようになります。エコマップの記入例として参考にしてみましょう。

　Aさん（80歳、女性）は10年前に夫を亡くし、現在一人暮らしを続けている。Aさんには55歳になる一人娘のBさんがいる。Bさんは28年前に3歳年上のCさんと知り合い結婚。2人の間には長女、次女、三女、長男の4人の子どもをもうけたが、長女に障害があったことがきっかけで、その後、夫婦間の折り合いが悪くなり、別居状態がしばらく続いた後、1998年に離婚。現在Bさんは、昼間、運送会社の事務をしながら、独立した次女を除く子どもたちと一緒にアパート暮らしを続けている。
　一方、Cさんは、以前から知り合いだった女性と2000年に再婚したが、その3年後には父親をがんで亡くし、2008年には母親も脳卒中で亡くしており、現在はBさんとの連絡も途絶えている。
　Bさんの長女（24歳）は、脳性麻痺のため幼い頃から車いすの生活で、現在も定職にはついていない。昼間は近所の主婦がボランティアとして長女の身の回りの世話をしてくれている。次女（21歳）は、高校を卒業すると家を出て県外の企業に就職した。三女（17歳）と長男（16歳）は、同じ高校に通っており、共通の友人がいることで、普段から何かと相談しあう仲のよいきょうだいである。Bさんにとって、三女は家族の中でも頼りがいのある存在で、互いに親密な関係にあった。
　そんなBさんにとって最近気がかりなのは、ここのところ認知症の症状が進み始めた母親のAさんのことである。一人暮らしのAさんは、現在、介護保険サービスとして地域の社会福祉協議会が派遣するホームヘルプサービスを週3回利用している。ゆくゆくはAさんを自宅に引き取りたいと考えているBさんだが、障害のある娘に加え、大学受験を控えた子どもたちとの同居が難しいこともまた悩みの種である。

【図　エコマップの記入例】

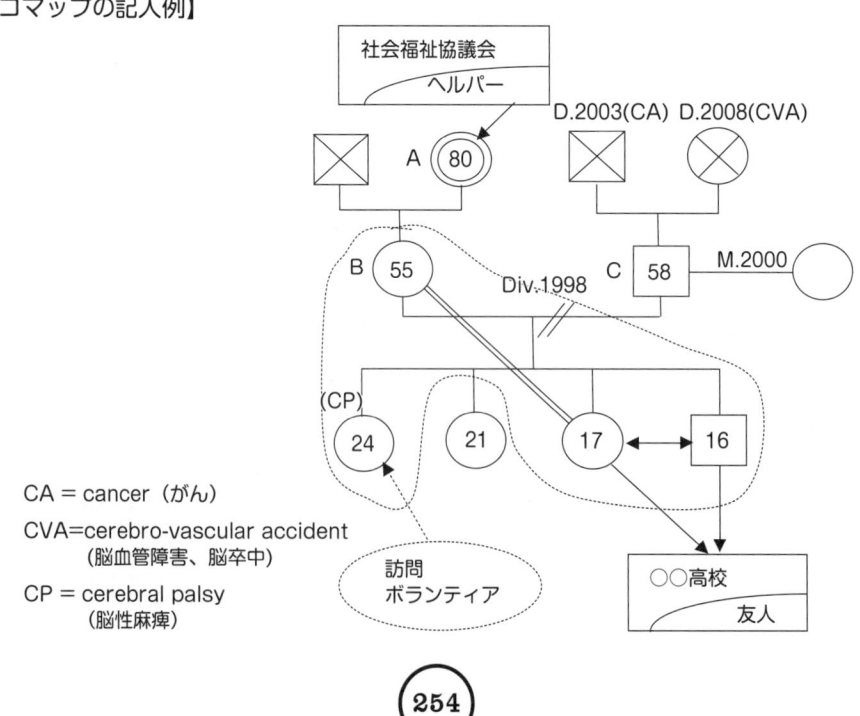

CA = cancer（がん）
CVA = cerebro-vascular accident
　　　（脳血管障害、脳卒中）
CP = cerebral palsy
　　　（脳性麻痺）

● タイムラインシート

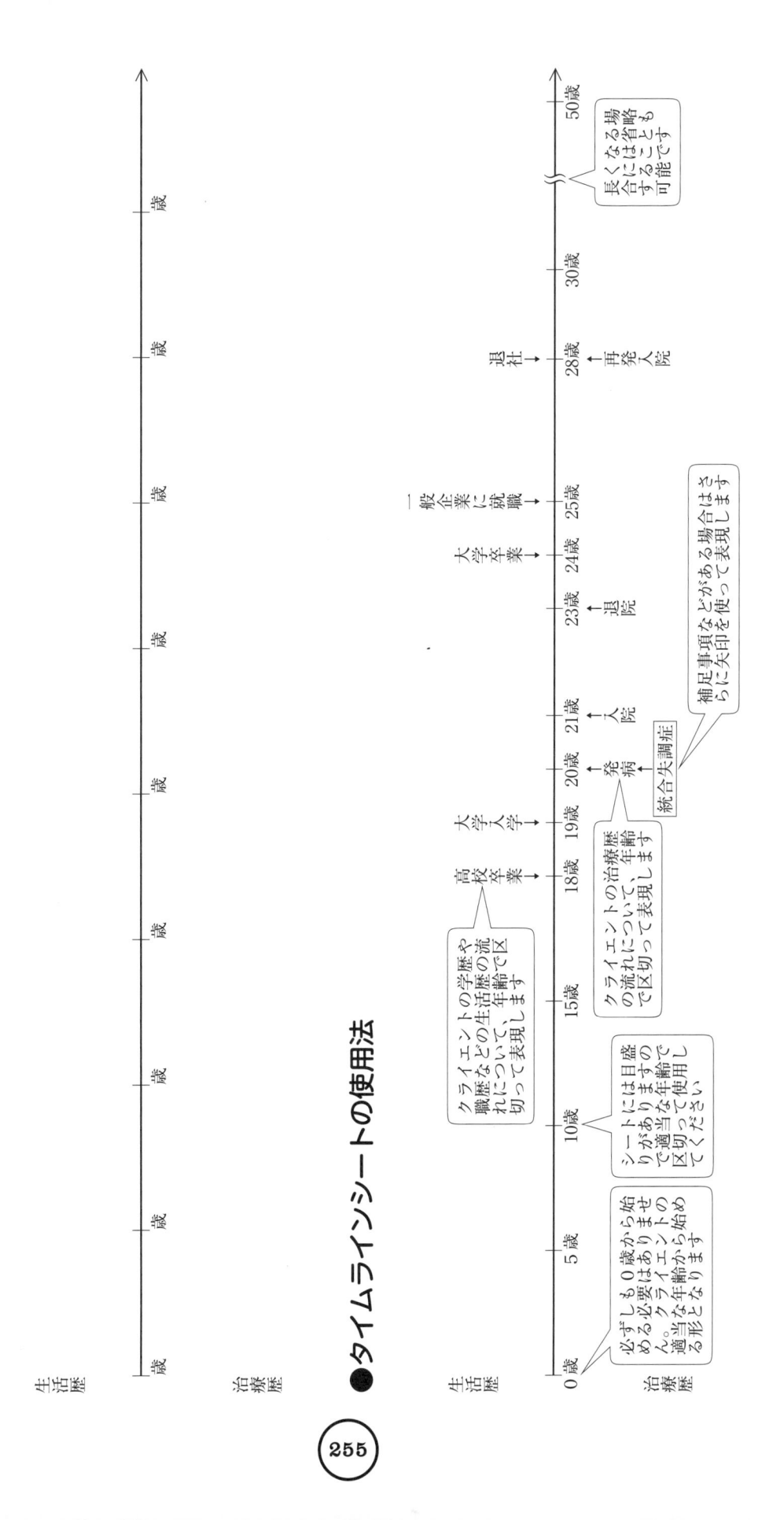

生活歴

｜歳　　｜歳　　｜歳　　｜歳　　｜歳　　｜歳

治療歴

● タイムラインシートの使用法

生活歴

```
                         高校卒業→  大学入学→                       大学卒業→  一般企業に就職→
  ｜──────｜──────｜──────｜──────｜──────｜──────｜──────｜～｜
  0歳     5歳    10歳    15歳   18歳 19歳  20歳 21歳  23歳 24歳 25歳  28歳  30歳        50歳
                                          発病↑ ↑入院  ↑退院              ↑退社
                                          統合失調症       ↑再発入院
```

治療歴

- 必ずしも0歳から始める必要はありません。クライエントの適当な年齢から始める形となります
- シートには目盛りがありますので適当な年齢で区切って使用してください
- クライエントの学歴や職歴などの生活歴の流れについて、年齢で区切って表現します
- クライエントの治療歴の流れで区切って、年齢について表現します
- 統合失調症
- 補足事項などがある場合はさらに矢印を使って表現します
- 長くなる場合には省略する事とも可能です

●ニーズ・アセスメント票

ニーズ・課題	望ましい目標・結果	順位

●ニーズ・アセスメント票（使用例）

ニーズ・課題	望ましい目標・結果		順位
			優先順位をつけること
「デマンド」や「デザイア」をもとに「真のニーズ」を考えること。取り組むべき課題について考え、本人の将来に結びつけること。	ニーズを満たすための短期的な目標、中長期的な目標を考えること。課題を克服するための方策を考えること。さらに、その根拠を明らかにすること。		

吹き出し（望ましい目標・結果欄より）:
緊急性や継続性、そして即時性、即効性を検討しつつ、何に対して優先的に取り組むべきかを考える。

吹き出し（ニーズ・課題欄より）:
○○ができない、については…
⇒ ○○ができるようになりたい、○○したい、と当事者目線により、ポジティブにとらえる。

257

●サービス利用計画

ニーズ・課題	望ましい目標・結果	サービス内容等 (給付名)	ケア提供者	日／週	時間／日	費用	承認

●サービス利用計画（使用例）

ニーズ・課題	望ましい目標・結果	サービス内容等（給付名）	ケア提供者	日／週	時間／日	費用	承認
ニーズ・アセスメントの優先順位が高い順番に記載する。簡潔に記載する。	ニーズ・アセスメント票の優先順位が高い順番に記載する。簡潔に記載する。	インフォーマルなサービスの活用についても考えること。					

インフォーマルサービス…家族や近隣の住民、ボランティアなどによる非公的な支援

フォーマルサービス…制度に位置づけられる公的なサービス

●リフレーミング表

No.	前の表現	リフレーミング後	No.	前の表現	リフレーミング後
1			21		
2			22		
3			23		
4			24		
5			25		
6			26		
7			27		
8			28		
9			29		
10			30		
11			31		
12			32		
13			33		
14			34		
15			35		
16			36		
17			37		
18			38		
19			39		
20			40		

●個別アセスメント表

質・個人の性格	技能・才能

環境のストレングス	関心・願望

●個別ケアプラン表

1．援助の目標（本人の希望を基本に）

2．具体的な長期目標（本人の夢や願望）

3．短期目標

	支援内容など	支援担当者
1)		
2)		
3)		
4)		
5)		
6)		
7)		

4．特記事項

（長期目標が達成できそうにない場合の次善の策やオプション、時間をかけないでできること、本人の願望など）

●地域アセスメント（SWOT分析）表

目標	機会（O）	脅威（T）
・	・O1	・T1
・	・O2	・T2
・	・O3	・T3
・	・O4	・T4
・	・O5	・T5
・	・O6	・T6
・	・O7	・T7
・	・O8	・T8
強み（S）		
・S1	・	・
・S2	・	・
・S3	・	・
・S4	・	・
・S5	・	・
・S6	・	・
・S7	・	・
・S8	・	・
弱み（W）		
・W1	・	・
・W2	・	・
・W3	・	・
・W4	・	・
・W5	・	・
・W6	・	・
・W7	・	・
・W8	・	・

●地域ケアシステムの企画プラン表

名　称 (立ち上げプロジェクト名)			企画日 企画者名：	
目　的			推計ニーズ量：月　　　回	
設置主体		運営主体		方式 事務局：
利用対象				
主なサービス内容				
機　能			サービス提供者：	
財源①				
財源②				
参加予定団体・組織 (該当を○で囲む)	行政機関（　　　　　課）・社会福祉協議会・ボランティアセンター・民生委員・児童委員・社会福祉法人・NPO法人（　　　　　　　　　　）・住民参加型在宅福祉サービス組織・生活協同組合、福祉協同組合、農業協同組合、漁業協同組合、ワーカーズ・コレクティブ・当事者組織・セルフヘルプグループ・ボランティアグループ・町内会・自治会・コミュニティビジネス・地域包括支援センター・居宅介護保険事業所・PTA・商店街連合会・医療機関・一般企業・労働組合・その他の組織・団体・クラブ・サークル（　　　　　　　　　）			
当面の会議日程	年　　月　　日（　）　　時〜　場所： 　　年　　月　　日（　）　　時〜　場所： 　　年　　月　　日（　）　　時〜　場所：			

●家族教室の企画プラン表

1．プログラムの目的

２．具体的な内容

○対象者

○日時

○場所

３．具体的なプログラム内容

	プログラム	講師（支援者）
第1回		
第2回		
第3回		
第4回		
第5回		

● ICF の考えをもとにしたリフレーミング・個別アセスメント表

［現に生じている健康と生活の問題状況］

［心身機能／身体構造の状況］
（否定的側面）
・
・
・
・

（肯定的側面）
・
・
・
・

［活動／参加の状況］
（否定的側面）
・
・
・
・

（肯定的側面）
・
・
・
・

［環境の状況］
（否定的側面）
・
・
・
・

（肯定的側面）
・
・
・
・

［個人の状況］
（否定的側面）
・
・
・
・

（肯定的側面）
・
・
・
・

●ストレングスアセスメントのワークシート

利用者の名前 _____　　　　　　　ケースマネジャーの名前 _____

現在の状態： 今日何が起きているか？ 今何が利用できるか？	個人の希望・願望： 何を要望するのか？	資源（個人的・社会的）： 過去に何を利用したことが あるのか？
	日常生活状況	
	経済／保険	
	職業／教育	
	社会的支援	
	健　康	
	レジャー／余暇	
	精神性／文化	

優先順位は何ですか？
1.　　　　　　　　　　　　　3.

2.　　　　　　　　　　　　　4.

利用者のコメント　　　　　　　　　　ケースマネジャーのコメント

利用者のサイン　日付　　　　　　　　ケースマネジャーのサイン　日付

資料：C.A.ラップ・R.J.ゴスチャ，田中英樹監訳『ストレングスモデル──精神障害者のためのケースマネジメント　第2版』金剛出版，p.136，2008.

■「ソーシャルワーク演習のための88事例」編集・執筆者一覧

編集

田中　英樹	早稲田大学人間科学学術院教授	
中野　伸彦	長崎ウエスレヤン大学現代社会学部教授	

執筆者（執筆順）

山口香菜実	長崎ウエスレヤン大学福祉実習教育室実習助手	事例1
曽場尾由香里	長崎ウエスレヤン大学福祉実習教育室実習助手	事例1
髙月　優	長崎純心大学大学院人間文化研究科	事例2
北川　皇史	法務省福岡保護観察所主任保護観察官	事例3・14
伊東　良輔	社会福祉法人北九州市福祉事業団視覚障害生活訓練等指導者	事例4・10
太田　勝代	元長崎ウエスレヤン大学現代社会学部教授	事例5
井手　博美	長崎ウエスレヤン大学キャンパスソーシャルワーカー	事例6
開　浩一	長崎ウエスレヤン大学現代社会学部准教授	事例7～9
金　文華	長崎ウエスレヤン大学現代社会学部准教授	事例11・12
樋口由起子	国立がん研究センター中央病院相談支援センター医療ソーシャルワーカー	事例13・16
山口　弘幸	長崎ウエスレヤン大学現代社会学部准教授	事例15・22・24
中野　伸彦	長崎ウエスレヤン大学現代社会学部教授	事例17
曽場尾雅宏	大村さくら法律事務所弁護士	事例18・27
倉知　延章	九州産業大学国際文化学部教授	事例19・21・73
村上　清	長崎ウエスレヤン大学現代社会学部教授	事例20
裵　瑢俊	長崎ウエスレヤン大学現代社会学部教授	事例23
大西　良	久留米大学比較文化研究所講師	事例25・40
橋本美枝子	大分大学教育福祉科学部准教授	事例26・64
村岡　則子	長崎ウエスレヤン大学現代社会学部准教授	事例28
蘭　香代子	駒沢女子大学人文学部教授	事例29
森永　佳江	沖縄大学人文学部助教	事例30
畑　香理	福岡県立大学人間社会学部助教	事例31・54
尾口　昌康	別府大学文学部講師	事例32・43
谷川　和昭	関西福祉大学社会福祉学部准教授	事例33
橋本　圭子	広島文教女子大学人間科学部准教授	事例34・52
井岡由美子	浦和大学総合福祉学部講師	事例35
滝口　真	西九州大学大学院健康福祉学研究科教授	事例36
森山　治	金沢大学地域創造学類福祉マネジメントコース教授	事例37
荒川裕美子	久留米大学文学部助教	事例38
大原　朋子	久留米大学大学院比較文化研究科	事例39

ポドリヤク＝ナタリヤ	久留米大学大学院比較文化研究科	事例41
森永　牧子	九州大谷短期大学専攻科福祉専攻准教授	事例42
松永　公隆	長崎純心大学人文学部教授	事例44
中村　年男	聖カタリナ大学人間健康福祉学部講師	事例45・46・60
藤島　法仁	長崎短期大学保育学科講師	事例47
冨田比呂志	冨田綜合社会福祉事務所社会福祉士	事例48
山本　主税	長崎国際大学人間社会学部教授	事例49
山口理恵子	長野大学社会福祉学部准教授	事例50
澤　宣夫	長崎純心大学人文学部教授	事例51
重松　義成	西九州大学短期大学部准教授	事例53
山下　和美	麻生医療福祉専門学校専任教員	事例55・61
鍋田　耕作	日本文理大学経営経済学部准教授	事例56・57
西村　明子	東京福祉大学社会福祉学部講師	事例58
中村　卓治	広島文教女子大学人間科学部准教授	事例59
大岡　由佳	武庫川女子大学文学部講師	事例62・68
横尾惠美子	聖隷クリストファー大学社会福祉学部教授	事例63
辻丸　秀策	久留米大学文学部教授	事例65
米川　和雄	帝京平成大学現代ライフ学部講師	事例66
金子　宏明	美祢社会復帰促進センター矯正教育プランナー	事例67
日比　眞一	久留米学園高等学校教諭	事例69
馬場　敏彰	九州大谷短期大学福祉学科講師	事例70
栄　セツコ	桃山学院大学社会学部准教授	事例71
坂本智代枝	大正大学人間学部教授	事例72
鈴木　孝典	高知県立大学社会福祉学部准教授	事例74
田中　英樹	早稲田大学人間科学学術院教授	事例75・援助アプローチ・援助技法解説
松本すみ子	東京国際大学人間社会学部教授	事例76
森田久美子	立正大学社会福祉学部准教授	事例77
大島　隆代	法政大学大原社会問題研究所客員研究員	事例78
髙橋　信幸	特定非営利活動法人日本地域福祉研究所主任研究員	事例79
草平　武志	山口県立大学社会福祉学部教授	事例80
趙　晤衍	敬和学園大学人文学部教授	事例81
神山　裕美	山梨県立大学人間福祉学部准教授	事例82
菱沼　幹男	日本社会事業大学社会福祉学部講師	事例83
木戸　宜子	日本社会事業大学専門職大学院准教授	事例84
添田　正揮	川崎医療福祉大学医療福祉学部講師	事例85
菊地　達美	那須共育学園施設長	事例86
佐藤　陽	十文字学園女子大学人間生活学部准教授	事例87
國光登志子	特定非営利活動法人日本地域福祉研究所主任研究員	事例88
占部　尊士	長崎ウエスレヤン大学現代社会学部准教授	援助アプローチ・援助技法解説

（所属・肩書きは執筆時）

ソーシャルワーク演習のための88事例
実践につなぐ理論と技法を学ぶ

2013年4月20日　初版発行
2019年10月10日　初版第3刷発行

編　集	田中英樹・中野伸彦
発行者	荘村明彦
発行所	中央法規出版株式会社
	〒110-0016 東京都台東区台東3-29-1　中央法規ビル
	営　　業：Tel 03(3834)5817　Fax 03(3837)8037
	書店窓口：Tel 03(3834)5815　Fax 03(3837)8035
	編　　集：Tel 03(3834)5812　Fax 03(3837)8032
	https://www.chuohoki.co.jp/
印刷所	株式会社アルキャスト
装　幀	大下賢一郎
装　画	押金美和

定価はカバーに表示してあります。
ISBN 978-4-8058-3813-6

本書のコピー、スキャン、デジタル化等の無断複製は、著作権法上での例外を除き禁じられています。また、本書を代行業者等の第三者に依頼してコピー、スキャン、デジタル化することは、たとえ個人や家庭内での利用であっても著作権法違反です。
落丁本・乱丁本はお取替えいたします。